井上篤夫

# 志高く
# 孫正義正伝 決定版

実業之日本社

実業之日本社文庫

# 私も知らない「孫正義」がいる

孫　正義（ソフトバンクグループ代表）

私が著者の井上篤夫氏とはじめて出会ったのは一九八七年なので、もう三〇年以上のお付き合いになります。そのときは、ビル・ゲイツにインタビューした作家ということでお目にかかったのです。以来、井上さんは私を変わらぬ眼差しで見続けてきてくれました。

この『志高く』が雑誌連載中から、私も読者のひとりとして楽しませてもらいました。井上さんの熱心な取材ぶりには心底、驚かされました。私がもっとも影響を受けた福岡の小学校の恩師のもとを訪ね、母校のカリフォルニア大学バークレー校に何度も足を運び、父祖のルーツの地である韓国・大邱（テグ）にまで取材する徹底ぶりです。

ここには、私も知らない「孫正義」がいる。それを発見する喜びを味わいました。

今回、大幅に加筆したこの本を改めて読みとおすことで、どんな孫正義と出会うことができるのか。私自身わくわくしています。

# 志高く　孫正義正伝　決定版

目次

第二部

# 第一部

# 序　無番地

孫正義には、いまでも夢に見る原風景がある。それは線路下のトンネルと、そこを駆け抜ける幼い自分の姿だ。

「いつも暗いトンネルが怖くて、通るとき、うわーんって泣いてたんです」

大声で泣きながら全速力で走って、声が涸れるころ、トンネルの先に光が広がってくる。明るい世界が開けている。

二〇二〇年一〇月、孫は生地である佐賀の当時住んでいた地域、トンネル、線路、川を訪ねた。

三歳とか、五歳のころ、いとこや兄たちも通ったトンネルは、まだあった。大人になった自分が見てもけっこう長い。記憶にあるより出入口は狭く、一般車両は入れない。

暗いトンネルを泣きながら通った感覚がいまでもまざまざとよみがえる。どきどきして、胸が締めつけられるような感じになる。

「でも、トンネルを抜けたときの喜びは、また何ともいえない虹のような世界なんです」

佐賀県鳥栖市五軒道路無番地。ここが孫の原点だ。

「国鉄の所有地でした。そこに不法侵入で、韓国から小さな漁船の底に隠れるようにして、おやじの両親なんかが渡ってきた」

食べるものがない。住む場所もない。日本語もわからない。だから、一からのスタートではない。ゼロにも達しない、マイナスからのスタートだった。

「無番地です。住むところもないホームレスが、番地のない場所にたどり着いた」

韓国から渡ってきた祖父たちは、トタン板を拾ってきて、雨風をしのぐバラックを建てた。集落は自然にできた。

無番地は住んではいけない場所だ。国鉄の職員などが、野焼きのように焼き払う。

「せいせいした」と思ったかもしれない。だが、翌朝には元通りになっていた。また別のトタン板が張ってある。それを何度も繰り返すうちに、焼いても無駄だ、すぐまたよみがえると諦めた。

「勝手に住み着いた人たちです。逞しい。生存能力というか、踏まれても蹴られても、生きていくという意欲が強いんです」

　生きるなと言われても、生きていかなければならない。

「おやじたちには、そういう逞しさがある。だから、ぼくはおやじのパート2で、ぼくが創業者というより、おやじが創業者のパート1です。映画『ゴッドファーザー』だったら、『ゴッドファーザーPART2』を見るほうが好きだ。父と子の物語を描いているから」


　同年一一月一四日、福岡PayPayドームで孫は父・孫三憲（みつのり）と日本プロ野球、パシフィックリーグのクライマックスシリーズを観戦した。そのとき、父は息子を驚かせた。

「正義、最近はクジラらしいな。イワシは食っちゃいかんぞ。小魚は食うな。食うならプラットフォーマーだぞ」

　父の口から「プラットフォーマー」という言葉が出てきた。しかも最近、ソフトバンクグループがNASDAQ（ナスダック）のクジラと呼ばれていることに掛けてある。

　驚きはこれだけではなかった。

「エヌビディア（Nvidia）はいいな。アーム（Arm）はエヌビディアとくっつくから、ほんとうのプラットフォーマーになれる」

八五歳の父が最先端の最先端を知り抜いている。真の姿を誰より理解していた。

「おやじは最強の教育者です」

孫が小学一年生に上がった、六歳か七歳ぐらいから、父は母に厳命した。

「正義と呼び捨てにしてはいかん。正義さんと言え」

その後、母は常に「さんづけ」で呼んだ。

「六歳から正義さんですよ。母が尊敬を込めて接してくれるから、そういう立場の人間にならなきゃいけないと思った。いわば六つ子の魂」

それが父の帝王学だった。六歳の息子に、人々のために生きる心構えを教えた。

小学校一年生のときから、大人になったら何万人もの部下を持つ、そういう責任ある立場になると決めていた。だから、クラスで学級委員長を選ぶときにも、最初から自ら手を挙げて、「おれがやる」と立候補した。常に自分が先頭に立つ、そういう気概でいた。

父の教育方針に則ったものだ。

「物の考え方を教わりました。だから、おやじからは褒められたことしかない。それはもう最強の教育だったと思います」

少年時代の孫は、なぜトンネルを抜けて行ったのか。

「トンネルの向こうに大木川(だいきがわ)という川がありました。おやじの一番末の弟を成憲(しげのり)と言うんですが、叔父だけど年が近いから、いとこのお兄さんみたいな感じ。いつもいっしょに遊んでくれて、そこにもいっしょに魚を捕りに行ってた」

大木川は九千部山（くせんぶさん）（山頂からは北に博多湾、南に筑紫平野と有明海を望む、標高約八四八メートルの山）を源流に鳥栖市を貫いている。夏は子どもたちの水遊びの場だった。

孫は幼いころは、みんなが川で魚を捕る様子を見ているだけだったが、小学校の中学年になると一緒に川のなかに入った。網を川の端に据え、みんなと協力して魚を網に追い込む。ザリガニやドジョウが入ったりもするが、捕りたいのはハヤだ。きれいですばしこい魚で、体長は七センチから一〇センチぐらい。祖父（孫鐘慶（ソンジョンギョン））は川魚が好きだった。捕った魚を祖母（李元照（イウォンジョ））が佃煮や煮魚にする。

だが、祖父に食べてもらうという本来の目的は、孫少年の頭になかった。ひたすら魚を捕りたかった。毎日のように捕りに行った。

小学校のころには無番地から引っ越していたが、休日には父の兄弟姉妹、親戚らがみな集まって、祖父母といっしょに食事をするのが習慣だった。だから、毎週末と夏休みにはいつも大木川に行った。

「そのときに上手な魚の捕り方をいっぱい学んだ。夜の九時とか一〇時ぐらいに行くといい。夜ぼりというんですけどね。魚も眠いから、うまく脅かしたら、昼間よりたくさん捕れる。だから、いまでも川が大好きです」

真夏の夜の川。その光景が孫の脳裏に深く焼きついている。『ザ・フォール』などで知られる世界的な日本画家、千住博（せんじゅひろし）に屏風に描いてもらったほどだ。

当時は毎日が冒険だった。トンネルをくぐるだけでも冒険だった。夜ぼりで魚を捕るのは、もっとどきどきする冒険だ。

「いま、ユニコーンたちに投資して、一〇年先のことを考えて心が高揚するのも、子どものときにトンネルを抜けて川に魚を捕りにいった感覚の延長線上にある。無番地で過ごしていたころに感じたどきどき感、わくわく感と、まるっきり同じ」

高校生になり、アメリカに短期留学するためにパスポートを取ったとき、はじめて戸籍謄本を見た。本籍欄に「無番地」と記されていた。なぜ無番地なのかと不思議に思い、自分なりに意味を考えた。

「ああ、そういうことか。おれは無番地で生まれた男なんだ」

出国手続をするとき、ほかの生徒は赤い表紙のパスポート、日本のパスポートを持っている。孫が持つのはサイン入国許可証、いわゆる外国人パスポートだ。出国審査の列も違う。そのときにつくづく実感した。

「おれは無番地の外国人なんだ」

これまで「安本」という日本名を使ってきた。学校のクラスでも、ほかの生徒たちと同じ日本語でしゃべり、同じように過ごしてきた。

だが、自分は無資格の人間だったのだ。無番地に生まれて、友達と同じ赤い表紙のパスポートすら持てない。悲しみは深く、疎外感にさいなまれた。

孫だけが、隠れるように違う列に並ばざるを得なかった。いっしょに短期留学をするほかの子たちが、「え?」という顔をした。「列を間違えてるんじゃないの」という表情だった。

孫はみんなに理由を説明しなかった。ひどく落ち込んだ。

しかし、アメリカに着いて、カリフォルニアの青い空を見たとき、すぐに心が晴れた。

「青い空を見上げ、サンフランシスコ空港を出ると、いきなり片側六車線ぐらいの、日本では見たこともない高速道路があるんです。気分は一気に晴れ上がった」

いろんな肌の色の人たちが、同じ言葉をしゃべって、同じアメリカ市民として、平然と生きている。それを見て、おれはなんとちっぽけな、どうしようもないことをグジグジ悩んでいたのかと悟った。無番地なんかくそ食らえだ。

アメリカの高く晴れ渡った青空と、司馬遼太郎の『竜馬がゆく』に描かれる坂本龍馬の志は、孫に大きな影響を与えた。

日本に帰ってきて、孫正義という先祖の名前を語るときに、「孫」という先祖からの姓をあえて名乗ることにした。出自や苗字のことで同じように悩んでいる人たち、とりわけ子どもたちに思いを伝えたいと考えたからだ。人にはみな、夢を見る権利があると。そして、自分の無限の可能性に挑戦する意欲を持ってほしい。

「マイナスからの、無番地からのスタートというところが、ぼくにものすごい挑戦意欲というか、エネルギーを与えてくれた。神にものすごく感謝しています。できるだけ若いときに、お金を払ってでも苦労を買うといい。年を取ってからでは、ポキンと折れちゃうかもしれない」

マイナスからの暮らしも子どもにとっては楽しかった。子どもたちが、いっしょにわいわいと力を合わせて魚を捕る。ひとりでは捕れない。網を据える役の子どもがいる。わあわあと声を上げながら水草を足で払い、魚を網の側に追い込む子どもがいる。手分けをして、力を合わせて魚を捕る。

「みんなが同志。チームワークなんです。だから、魚がたくさん捕れたときに楽しい」

一方で、孫は魚釣りがあまり好きではない。釣りは糸を垂れて、魚がかかるのをじっと待つ。全然自分から攻めていけない。

「魚捕りは戦略が立てられる。魚がどのへんにいるかを考えて網を据える。場を読んで、流れを見て、武器を用意して、力を合わせてね。魚の寝込みを襲うとか、いろんなタクティクス（戦略）がある」

水が濁っているほうが魚は捕れる。そして、寒い日の夜がいい。だから、雨の後で寒い夜がいちばんだ。水が濁っていて、寒いし暗いから、魚もじっとしている。そこを突然、バシャバシャと音を立てて追われると、魚はびっくりして逃げまどう。逃げる方向に網を据えて待ち構える。しばらくしたら、川幅の端から端まで網を横断させる。そうすると、もう逃げようがなくなって総捕りできる。

網の目が細かすぎると網がもつれる。それに小さ過ぎる魚は逃がしてやらなきゃいけない。だから、目の少し粗い網で、大きいやつだけをみな捕まえる。

「ある程度以上の獲物を総取りする構えなんですよ。ソフトバンク・ビジョン・ファンドでもなんでも、全部それに通じてる」

近くに貯水池があって、釣りをする人たちがいた。川にも釣り人がいたが、孫たちは釣りをばかにしていた。一日かけて、いったいどれだけ釣れるのかと。

「川に入って総捕りだ。網を横断させて総捕りだ。ぼくらは、はるかにたくさん捕った。毎日、じいちゃんが食いきれないぐらい。そのときの体験のまま、その延長なんです」

鳥栖の思い出は、そのトンネルと、川と、マイナスからのスタートだ。

真夜中、子どもたちみんなでかくれんぼをした。豚小屋に忍び込んで、豚の背後や屋根の裏側に隠れる。豚が逃げないよう有刺鉄線の囲いがある。あわてて走ると、暗いのけないと学んだ。

で鉄線に顔からまともにバーンとぶつかる。その痛さのなかで、あそこには行っちゃい

「その行っちゃいけない場所に気をつけたり、隠れる場所を決めたりするどきどき感ね。豚小屋の屋根裏、柱の裏、軒下とかに隠れて、鬼に気付かれないよう陣地に立ち寄って、ぱっとタッチする。このひやひやどきどきが、めちゃくちゃ楽しくてね。常にそういうリスクとわくわく感のなかで、遊びました。手を抜かない。それに常に勝たなきゃいけない」

やる以上は、なにがなんでも勝たなきゃいけない。手加減することなく全力で取り組む。そして、そのリスクの向こうに、限りなくわくわくどきどきできる喜びがある。

貧しいけれども、いつも楽しかった。

鳥栖のバラック建ての集落は線路脇にあった。夜、寝ていると、ゴトンゴトンという汽車の通過音や、ボーッと鳴る汽笛が聞こえる。これが孫には子守歌に感じられた。

「少し悲しげに、ゴトンゴトンとだんだん汽車が近づいてくると、どきどきして、何かそこにエネルギーと息吹を感じる。汽車ってわくわくする」

リズムを刻みながら汽車が近づいてくる。汽車が進む先には未来がある。

「ぼくにとっては希望の音でした」

貧しさから這い上がり、父の事業は徐々に大きくなっていく。鳥栖の町で最初にマイ

カーを買い、やがて裕福になっていった。

「父の出世というか、金を稼いでいく後ろ姿を見てきました。そうすると、プライドもだんだん育ってくる。小さい商売でも、一国一城の主として這い上がっていく過程を知っていますから、そういうおやじにいまでも感謝しています」

孫正義は父・三憲、母・李玉子の四人の息子の次男として、昭和三二（一九五七）年八月一一日、佐賀県鳥栖市五軒道路無番地で生まれた。

この周辺は、戦前から韓国・朝鮮の人たちがバラックを建てて住みついた区画。番地はない。また、鉄道の要衝だった鳥栖にめぼしい産業はなく、農業が中心の静かな町である。

正義は在日韓国人三世（現在は日本に帰化）である。

孫家は、もともと中国から韓国に渡ったとされる。祖父の時代に、韓国の大邱（テグ）から九州に移り住んだという。

系図によれば、孫家は代々、武将や学者が多かった。

祖父、孫鐘慶は、筑豊炭田で坑夫として働き、生計を立てた。

正義の父、三憲は、魚の行商から養豚業、ときには闇の焼酎作りにも手を出し、なりふりかまわず働いた。やがてパチンコ屋、飲食業や不動産業などで経済的な基盤を築いた。

「おやじだけでなく、おふくろもまさに働き蜂のように働きました」

孫の脳裏には鳥栖で過ごしたあのころの記憶がよみがえってくる。

幼い正義は祖母の李元照の牽くリヤカーに座っていた。

「ぬるぬるして気持ち悪かった。近所から残飯を集めて家畜のエサにしていた。ぬるぬるして。頑張っていたんです……私も頑張って……」

養豚のエサにする残飯をリヤカーで集めてまわる働き者の祖母の姿が、眼に焼きついている。

祖母は正義に言った。

「どんなに苦しいこと、辛いことがあっても、絶対に人を恨んだらいかんばい」

孫はいまも、大好きなおばあちゃんの口癖をおぼえている。

「『人様のおかげじゃけん』。小さいときはそれに反発していた……最近はその意味をだんだんズシリと感じるようになってきました」

祖父母や父母が一所懸命に働いている姿を見ていた正義少年は心に決めていた。

「いつか、みんなを楽にさせてやりたい。この泥沼から頑張って、少しでも日の目が見られるようになってやると思った」

孫一家は鳥栖を離れ、正義は北九州市の引野小学校に通いはじめた。

小学校の成績は一番だったが、教科書はずっと学校に置きっぱなし。カバンを持っていかない。持っていくのは弁当と上履きの入った手提げだけ。

近所の子どもたちをぞろぞろと引き連れ、近くの山に登ったり、サッカーに夢中になるガキ大将。

その少年が小学校二年生の一年間だけ、外ではいっさい遊ばなくなった。

いったい何が起きたのか。

ひたすら、勉強に打ち込んだ。

小学校の教室の壁一面にグラフが貼られている。ノート一ページ分の自習をすると、サクラのマークを一個つけてくれる。

それまで、ほとんどサクラマークのなかった正義少年は、ある日どうやったら一番多く、サクラマークが壁いっぱいに貼られるのかと考えた。

内容を問わず、なんでもいいから勉強すればサクラをつけてくれると知った正義は、必死に勉強した。

両親は一度も勉強をしろとは言わない。

「勉強はほどほどにしとけ。勉強ばかりすると、ろくな人間になれんぞ」

家族のみんなが旅行するというときなども、正義少年はひとり家に残った。

「どげんしたっちゃろ?」

家族の誰もが訝(いぶか)る。

だが、理由はいたって簡単なことだった。ピンクのサクラがほしかったからだ。丸暗記だけの勉強は嫌いだった。もともと図画工作や絵を描くことなどが大好きだった。真っ白なキャンバスに絵を描く画家にあこがれたこともある。

そうした創作的なことをする息子に対して、父の三憲はほめちぎった。

「おまえを見ていると、おれは途方もないことを考えるようになった」

「どういうこと？」

「ひょっとするとおまえは天才じゃないか」

父はつづけた。

「日本で一番だ」

「おまえは大物になる」

子どもだましの程度を超えていた。親ばかの極致だ。

「うわー」

うなり声を上げながら、全身でほめる。すると息子は、いつしか自分でもそうかもしれないと思い込むようになった。

「おれはやればできるんだと思うようになった。並みのレベルで満足しちゃいかんのだ。ひょっとしておれは天才かもしれん」

いったん信じ込めばどこまでも突き進んでいく性格が増長されていった。

だが、正義が持っていたのはぼんやりとした夢と自信だけ。

果たして韓国人である自分は、日本人社会のなかで受け入れられるのだろうか。

九州ではラ・サール高校に次ぐ進学校として知られる久留米大附設高校で平凡な高校生活を送っていた正義は、高校一年、アメリカに渡る前に、両親の母国である韓国に祖母と旅行した。

「ばあちゃん、おれを韓国に連れて行ってくれ。アメリカに渡る前に自分が忌み嫌ってきた先祖の国を見てみたい」

孫は祖母とふたりで二週間ほど韓国をまわった。

道沿いにリンゴ畑が広がっていたが、土地はやせている。村には電気も通っていない。親類の人たちが集まってもてなしてくれた。経済的に恵まれなくても、みんな明るく、人に対する思いやりに溢れていた。自分は恵まれている。正義は感謝の気持ちでいっぱいだった。地位でも名誉でもない。いつかああいう人たちのために、喜んでもらいたい、社会の役に立ちたいと心に誓った。

韓国から戻ってくると、正義はカリフォルニアに留学する。

いったい、正義少年は何を思い立ったのか。

# 1 出発（たびだち）

一九七三年一月二七日。アメリカと南・北ベトナムおよび南ベトナム臨時革命政府は、ベトナム和平パリ協定に調印。「名誉ある撤退」のはずだったが、この協定は反故（ほご）にされ、ベトナム戦争はさらに二年あまりつづいた。

その年の夏、ひとりの少年がはじめてアメリカに語学研修の旅に出た。

少年はまだ見ぬアメリカという国に期待を膨らませていたが、その思いは羽田空港の出国ゲートにくるとしぼんでしまった。

彼はひとり仲間から離れて、外国人ゲートに向かわなければならなかった。

「おまえだけなぜ違うんだ」

友人のひとりが言ったが、少年は聞こえないふりをした。

当時は、日本人と外国人とでは出国ゲートが分けられていた。

正義にとって、ふだんほとんど気にすることのなかった在日という現実を知らされた瞬間だった。

大きな夢を膨らませて出発したアメリカ行きが、つまらない現実によって汚されていくのはいやだった。

機内に入ると、興奮した友人たちはまだ仲間同士ではしゃいでいたが、正義はいつの間にか寝ていた。いびきすらかいていた。

この少年は切り替えが早いのだ。

「ああ、よく寝た」

飛行機はやがてサンフランシスコ空港に着いた。

はじめて見るカリフォルニアの空はあくまでも高く、抜けるように青かった。日本の空とはまるで違う。

正義は深呼吸した。

すると、アメリカにきた緊張感と時差でもやもやしていた頭がすっきりした。羽田空港の出国ゲートで味わった屈辱的な体験などすっかり忘れていた。

語学研修の授業は名門カリフォルニア大学（UC）バークレー校の教室を借りて行なわれた。

l（エル）やr（アール）の発音もむずかしかったが、いくらやってもうまくいかなかったのは日本で習ってよく知っているつもりの単語だった。

たとえば「マクドナルド」という単語。日本式に「マクドナルド」では通じない。

「マクダーノル」というふうにまったく別の音を発しなければならない。

のちに、アメリカや世界中のコンベンションでも大観衆を前にして堂々と英語でスピーチできるようになる孫だが、このときはまだこの程度の英語力だった。何度も発音を注意された。

日系三世のビクター・オオハシ先生は正義のクラスの担当ではなかったが、何くれとなく面倒を見てくれた。

授業のほかに、サンフランシスコ市内やヨセミテ国立公園、グランドキャニオン国立公園などを見てまわった。だが、正義は観光よりも、ショッピングセンターやフリーウエイに感動した。

「スケールがでかい！　もっとアメリカのことを知りたい」

自分の悩みなど、とても小さく思えた。

一九七〇年代のバークレー校では、ベトナム戦争への反戦を掲げたさまざまな抗議行動が行なわれていた。だが、アカデミックな面では全米で有数の大学として知られ、多数のノーベル賞学者を輩出している。

一日の授業が終わると、正義は仲間とキャンパスを歩いた。

どこからか学生が演説する大きな声が聞こえる。太鼓を打ち鳴らす若者もいる。上半身裸で、芝生に寝転んで本を読んでいる女学生もいる。みんな思い思いに学生生活を楽しんでいるように見える。

中央図書館の前を通り過ぎると、サザー・タワーから鐘の音が聞こえてきた。それはバークレーのランドマークにもなっている。広いキャンパスで迷っても、タワー（塔）を目印にすればいいと教えられた。

さまざまな格好をした人々に出会う。肌の色も年齢も異なっている。アメリカは人種の坩堝（るつぼ）だ。教科書では読んだことがあるけれども、目の当たりにすると圧倒されてしまう。きょろきょろしている正義に、突然、大きな男が声をかけてきたのだ。

いったい、何を言っているのか。どうやら英語ではないことだけはなんとか理解できた。その男は原色のサイケデリックなシャツを着て、頭にはターバンのようなものを巻いていた。何やら必死で正義に話しかけてくる。

キャンパスにいれば、みんな仲間であり、自由に声をかけあう。それがアメリカでのやり方なのだ。

彼らは国籍などまったく気にしていない。人と人とのぶつかり合いだ。

正義は大きく手を広げながらサザー・ゲートを通り過ぎた。

勇気が湧いてきた。

ベトナム戦争の渦中にあるアメリカだが、この国にきてよかった。正義はそう思った。

四週間の語学研修旅行から日本に戻った正義は、日焼けした顔をほころばせながら言った。

「高校を辞めようと思う」

当然だが、家族の猛反対にあった。

「早過ぎる」

親戚中が忠告した。

「せっかく入ったんだから、卒業してからにしたらどうだ」

だが、そうだろうか。

「自分は韓国籍だから、大学を出ても日本では認めてもらえない」

正義は自覚していた。

「アメリカで結果を出せば、日本で評価される」

正義の頭のなかには、きちんとした目標が用意されていた。

「人生は短い。若いうちに行動しなければ、後悔する」

バークレーで見たアメリカの青い空は、どこまでも広がっている。

「人生は限られている。だからこそ、思いきり生きなくては」

サザー・タワーの前にあるマイン図書館の入り口には、開館するまでの時間を惜しんで勉強している学生たちがいた。

アメリカ人らしく、自分の未来を信じて目標に向かって進んでいるではないか。

「生きるんだったら、ああいうふうにしたいんだ」

担任の阿部逸郎(いつお)は、九月の体育祭が終わってからにしなさいとだけ言った。

「ありがとう、先生」

高校時代の思い出を作ってやろうという、温かい心が嬉しかった。思わず涙が出そうになるのを正義は必死でこらえていた。

(男は泣いてはいかん)

正義は母を泣かせてしまった。母は息子と今生(こんじょう)の別れになりはしまいかと恐れていた。

「アメリカに行ったきり帰ってこんのと違うか」

いったん言い出したら主張を曲げない正義だが、心のなかでは悩みに悩み抜いていた。しかも、父が吐血した直後だった。

「病気の父親を置いて、おまえは自分だけのことを考えていいのか」

「母親が寂しがるのはわかっているじゃないか」

「家族がこんなに苦労しているときに、ひとりでアメリカに行くつもりか」

正義は、坂本龍馬の心境だった。

保守的な土佐藩を見限り、龍馬は脱藩した。脱藩は大罪で、累(るい)は親類縁者にもおよぶ。しかし、自分にはやらなければならないことがある。

いまアメリカ行きを躊躇(ちゅうちょ)したら、道は拓けない。大きな義を取るためには、ときとして人を泣かすこともある。

家族にはいつか恩返しができる日がくるだろう。いまは新天地をめざして進んでいくだけだ。

親戚の誰もが反対したが、最初に認めてくれたのは病床にいた父の三憲だった。

「一年に一度は帰ってくること。結婚相手は東洋系だ」

十二指腸が破れて入院していた父はベッドに横になったまま言った。

父を気遣いながらも、正義の眼ははるか遠くを見つめていた。

世界は混沌としていた。

第四次中東戦争をひきがねにオイルショックが起き、日本でもトイレットペーパー騒動など、激しい物価上昇を招いていた。

過激派の動きが激しくなり、カリフォルニアでは新聞王ハーストの娘パトリシアが、バークレーの自宅から誘拐される事件が起きた。

一九七四年二月、正義はカリフォルニアに旅立った。

久留米大附設高の同級生たちは、市内の石橋スポーツセンターで送別会を開いてくれた。

「ガンバレよ」

ジュースとお菓子で前途を祝福し、最後に全員でテレビドラマ『若者たち』の同名の主題歌を歌ってくれた。

その歌詞には、「君は行くのか、そんなにしてまで……」とある。正義は目頭を熱くした。

家族が福岡の空港まで見送ってくれた。

母は正義の背中をなでながら、涙声で言った。

「かならず帰ってくるんだよ」

「約束する」

正義はわざとそっけなく答えた。

飛行機が飛び立つと、正義の脳裏にはさまざまな光景が浮かんでは消え、また浮かんできた。

だが、いつまでも感傷にひたっている余裕はなかった。

サンフランシスコ郊外、ホーリー・ネームズ・カレッジ構内にある英語学校（ELS）に入学した。このカレッジは一八六八年創立のローマカトリックの学校で、介護学、経済学などが有名である。正義は必死に英語の勉強をはじめた。

「きみ、日本人？」

そんな問いかけにも、正義は英語で答えた。日本語をいっさい話さなかったおかげでみるみる上達した。

大学の構内には長い石段があり、登りきったところにはチャペル・バルコニーがある。晴れた日にはリッチモンド・サン・ラファエル、ゴールデンゲート・ブリッジ、ベイ・ブリッジ、サン・マテオの四つの橋が見わたせる。

さらに遠方には、ハイテク企業が数多く集まっているシリコンバレーが見える。そのシリコンバレーこそが、彼の運命を決めることになるとは、正義は知る由もなかった。

はるか遠くには太平洋、その向こうには日本があるはずだ。

正義の胸には、「事業家になる」という日本から持ってきた大きな夢があった。

「おれは天下を取る！」

七か月後の七四年九月、正義はサンフランシスコの南に隣接するデイリー・シティにある四年制高校、セラモンテ・ハイスクールの二年生に編入した。

# 2 飛び級

そのとき少年は、運命の扉を叩いていたのかもしれない。

扉はゆっくりと開いた。

一九七四年八月九日、ウォーターゲート事件の責任を取り、ニクソン大統領が辞任。一〇月一四日には、長嶋茂雄が「巨人軍は永久に不滅です」と名ゼリフを残して引退した。

その年の新学期がはじまった九月。カリフォルニアの太陽がまだその強さを増していないある朝のことだった。

サンフランシスコの南、デイリー・シティにある公立高校のセラモンテ・ハイスクール（一九九四年に廃校、現在はコンピュータ技術者の養成や、成人学校のために開放されている。私が訪れた日も、若者たちが熱心にコンピュータの勉強をしていた）。

半袖のポロシャツにジーンズ、長髪の少年が緊張した面持ちで校長室のドアをノックした。

「何か用かね？」

校長のアンソニー・トルヒーロは人なつっこい顔の小柄な少年を見た。トルヒーロは、大学時代フットボールの名選手だったこともあり、がっちりした体格に太い声、笑顔を絶やさない人柄で生徒たちの人気を集めていた。

校長は少年を笑顔で招き入れた。

「先生に、どうしてもお目にかかりたかったのです」

アメリカでソン・ジョンと名乗った孫正義少年は、セラモンテ高校の二年生に編入。編入して一週間は、何もかもがめずらしかった。同じクラスに集まった若者たちは、一人ひとりがハリウッド映画で観たような顔をしていた。若い娘たちははちきれそうな青春の輝きにあふれている。

気軽に話しかけてくるクラスメートたちと、孫も気さくに話をした。これこそ夢にまで見たアメリカ留学生活だった。

だが——孫は自分の希望とはどこか違うという気がしはじめていた。自分のレベルとかなり違う。高過ぎるわけではない。低過ぎるのだ。

「いますぐ三年生にしていただけませんか？」

穏やかな校長の眼鏡の奥がきらりと光った。笑顔が消えた。

「きみのバックグラウンド（経歴）を見たところ……日本で高校を卒業していないようだね」

「ええ。途中でアメリカ留学を希望したんです」

「しかし――」

校長もさすがに呆れたらしい。

「一年生の課程も終えていないではないか」

四年制のセラモンテ高校一年は日本の中学三年に当たる。日本の中学を卒業している孫は高校二年生に編入していた。

「でも、一刻も早く大学に進みたいんです」

校長は孫の無謀な発言に驚いた。東洋人らしいひかえめな態度ではない、あまりにも積極的な姿勢である。

翌日、孫は高校三年生に進級した。

五日間、彼は食事中も、トイレでも、かたときも教科書を離さず猛勉強した。

その様子を見たトルヒーロ校長の英断で、三年生からさらに四年生になる特例を認められた孫は、間髪を容れず暴挙とも思えることに挑んだ。いきなり大学入学のための検定試験を受験したのである。

アメリカでは、高校を卒業せずに大学に行くケースはめずらしくはない。だが、わずか三週間で高校を終えて、難関の試験に合格した例はほとんどない。

検定試験に合格すれば、たとえ一八歳になっていなくても高校卒業の資格が与えられ、大学を受験することができる。ただし、数学、物理、化学、歴史、地理、英語の六科目すべてに合格しなければならず、一科目でも落とせば、再度やり直しをしなければならない。

校長は、最初からだめだと決めつけず、あくまでも個人の可能性を探ってみる方法を考えた。推薦状は書いたものの、少年の英語力から判断して、さすがに検定試験に受かるとは思っていなかったようだ。

だが、たったひとり合格を信じていた男がいた。

孫正義自身である。

検定試験は一日二科目、三日間にわたって行なわれた。

朝九時、試験ははじまった。

孫は配られた問題を見て愕然(がくぜん)となった。

日本とはまるっきり違う。机の上にドサッと問題が置かれた。ふつうの学生なら、この量だけでもおじけづくだろう。枚数だけで数十ページもある。

「うーむ」

孫でなかったら自分の無謀さを後悔したに違いない。しかし、今年このテストに落ちたら、来年まで待たなければならない。

（そんな余裕はない）

決意はあくまで貫き通すのだ。考えるだけなら誰でもできる。

それをいっきに実行していく。一回限りの人生だから、人類の歴史に残るようなことをしたい。みんなと同じことをしていてはとても歴史に名を残すことはできない。

さすがの孫も、このときばかりは祈るような気持ちだった。何に祈ったのか。神ではない。自分の運命に祈ったといってもよい。

意を決した孫は、試験官に辞書の使用と時間の延長を申し出た。

「残念だが、きみに対して例外的な措置は取れない」

孫の表情がさっと変わった。こういうときの孫の内面の強靭さを誰も知らない。

「ぼくが直接アピールしてくる……」

そう正確に言ったかどうかは本人も憶えていない。孫はもう歩き出していた。

孫は職員室にいた。

熱くなってはいたが、冷静さも失わない。少年の持って生まれた非凡な資質である。

職員室にいた教師たちは好奇の眼で彼の周囲に集まってきた。事情を説明する孫にすぐに同情した教師もいた。こういう場合、アメリカ人らしいフランクな態度だった。あっという間に、その場の空気が変わりはじめた。教師のひとりが、教育委員会に電話してくれた。

電話を受けた教育委員長は、少年の主張の正否よりもその熱意に負けて許可を出した。むろん、いま考えれば屁理屈です、と孫は笑う。だが、そのときの孫少年は必死である。なんとしても、この難関を乗り越えなければならなかった。アメリカにきた目的のすべては、この検定試験にかかっているのだ。

時間の延長は認められた。だが、何時までと決められたわけではない。孫は都合のいいように解釈した。

問題が解けるまで、無我夢中で取り組んだ。

当然のことながら、アメリカの学生のための検定試験である。およそ見当もつかないむずかしい単語がたくさんある。

孫の悪戦苦闘がはじまった。

アメリカの学生ならば、文章を読めばすぐに問題の要求する内容がわかる。しかし、孫にとってはまず質問の意味を頭に入れるまでかなり時間がかかった。さらにむずかしいのは、その答えを正しい英文で書かなければならないことだった。

正しい英文でなくても——とにかく答えになっていなければならない。問題にはかならずといっていいほどヒッカケが隠されている。

自分の答えは正しいのだろうか。孫は夢中になって何度も問題に眼をこらした。

午後三時。タイム・イズ・アップ（時間切れ）。

ほかの受験生たちは教室から立ち去ったが、孫はひたすら問題と格闘しつづけた。

初日の試験を終えたとき、時計の針はなんと午後一一時をさしていた。

試験官も明らかに疲れていた。しぼり出すように言った。

“Well done.”（よくやった）

孫は微笑を浮かべて静かに言った。

「ありがとう」

朦朧（もうろう）とした頭で、ホームステイ先に戻った。

ラジオからはビーチ・ボーイズのヒット曲が流れていた。

試験二日目。アメリカ史はほとんど勘で答えたが、それでもすべて終えたのは午後一一時過ぎだった。

三日目の最終日。孫は疲労困憊（こんぱい）して最後の科目、物理を終えた。

午前零時、日付が変わっていた。

二週間後――。

ホームステイ先の孫の部屋に、カリフォルニア州教育委員会から郵便物が届いた。

結果はどうだったのか。

孫はドキドキしながら開封した。

数学は満点に近い。物理は比較的いいできだ。

英語、化学、歴史、地理などの科目は芳しくない。

だが、眼に飛び込んできたのは。

「ACCEPT」（合格）

孫は思わず叫んだ。

「万歳！」

一所懸命にやってそれでだめだったら、あきらめもつく。すっきりした気分になれる。少年は自分自身に対する言い訳が大嫌いである。自分の信念を貫いてよかったと感じていた。

こうして孫は高校生活をわずか三週間で終え、大学生になることができたのである。

セラモンテ高校事務局の記録には、

「一九七四年一〇月二三日、Jung-Eui Son（チョン＝イーウィ・ソン）はWithdraw（退学）」とだけ記されている。

事務局スタッフのひとりが言った。

「たとえ卒業生ではなくても、私たちはミスター・ソンのような人物が在籍していたことを誇りに思っています」

## 3　人生の衝撃

渡米してすぐＥＬＳに入学して二、三週間したころ、正義は髪の長い、日本人にしてはすらっとした美しい女性に出会った。大野優美（まさみ）である。

はじめて見た瞬間、心ときめいた。

「なんて、かわいいんだ」

二回目のデートのとき、正義はもう心のなかで決めていた。

「ぼくの女房になる女性は優美さんしかいない」

まだ手も握っていなかったが、直感的にそう思った。

「楚々（そそ）としているが、芯の強いところもある。こんなすばらしい女性に会えるなんてぼくは幸運だ」

廊下で彼女の姿を見るだけで心が弾んだ。ふたりは図書館でいっしょに勉強するようになった。デート半分、勉強半分。

カフェテリアで食事をともにした。

もっとも優美のほうでは、はじめて会った孫の印象は「年齢不詳のヘンなヤツ」だったらしい。

半年間ELSで学んだのち、正義はセラモンテ高校に入学。

優美はホーリー・ネームズ・カレッジに進学していた。彼女は二歳年上、そのまま高校で勉強をつづけていては三年間も離ればなれになる。

「早く、またいっしょに勉強したい」

その強い思いが正義に飛び級の離れ業をさせたといっていい。

その後の人生を決定づけた青春の構図であった。

孫はうわずった声で優美に電話をした。

「ぼくもそっち（の大学）に行くからね」

さらに孫の人生を決定づけた、もうひとつの衝撃的な出会いが待っていた。

人生には思いがけない出会いがある。あるいは、ひとつの幸運は必然的に次の幸運を呼び込むのだろうか。優美との出会いがそれを引き寄せたに違いない。

いつも出かけるスーパーマーケットのセーフウェイで、科学雑誌『ポピュラー・エレクトロニクス』を買った。孫はそのなかに掲載されていた一枚の写真に眼を奪われた。インテルが発表したi8080コンピュータ・チップの拡大写真だ（8ケタの0と1を単位として処理できる8ビットマイクロプロセッサが登場したことで、パーソナル・コンピュータが誕生し、今日の普及につながっていく）。

「人生であれほど感動したものはない」

こんなに小さなものが人間の未来を一変させるかもしれない——そう思うと、その写真から凄まじいエネルギーが噴出しているようだった。そのエネルギーの塊は自分に向かってほとばしってくる。

「感動した映画や音楽にふれたとき、両方の手の指がジーンとしびれる。あの感覚と同じ。ジーンとして熱い涙が流れてきたんです」

幾何学模様が光に反射するとまばゆいばかりの光を放つ。孫にはコンピュータが人類を超えた知的な生命体に思えた。

「これまで人類が発明してきたもののなかで最高最大の発明だ。なんという光の美しさだ。もしかしたら人類はついに知的生産活動を超える可能性を開いたのではないか」

孫が六、七歳のころ、テレビで『鉄腕アトム』をやっていた。お茶の水博士が、ランプがピカピカ点滅する大きなコンピュータを操作する場面がある。

「ぼくにはそれまでコンピュータというと、そのイメージしかなかった」

だが、いまその小さな生命体はまばゆいばかりの虹色に光っている。

正義は、その写真を切り取るとクリアファイルのなかに入れた。

それをリュックに入れていつも持ち歩いた。かたときも離さずに。トイレでもどこでもいっしょ。夜は枕の下に置いて寝た。

あまりにも大事にし過ぎたので、半年でぼろぼろになってしまった。

孫がなんらかの形でコンピュータとかかわりたいと思うようになったのは、このときからである。

ところで——同じように人生の衝撃をまさに経験しようとしていた若いアメリカ人がいる。彼もまた、孫と同じように熱い思いでワンチップ・マイクロコンピュータを見ていた。

ビル・ゲイツ。マイクロソフト社会長。一九五五年ワシントン州シアトル生まれ。世界一の資産家となったコンピュータの天才である。

一九七四年、大学二年生のとき、『ポピュラー・エレクトロニクス』誌を手にしたゲイツも言いようのない感動をおぼえていた。

ゲイツはそのときの衝撃を私に語ってくれた。

「感動した。パーソナル・エレクトロニクスは、人間とコンピュータの関係をすっかり変えてしまうと思った」

ふつうの読者ならほとんど気にもとめない小さな記事。アルテアという名の三五〇ドルのコンピュータ・キットが、ニューメキシコ州アルバカーキーの会社、ＭＩＴＳで作られているという記事だった。

ゲイツはすぐに同じ頭脳を持つ天才、ポール・アレンを説得した。アレンがゲイツと最初に出会ったのは高校時代。シアトルの名門であるレイクサイド高校に、ＰＤＰ－10というテレタイプ端末がタイムシェアリングで設置されたときだ。以来、ふたりはコンピュータに魅せられてきた。

「ＢＡＳＩＣ（初心者向けのプログラム言語）をマイクロコンピュータに移植する時期だ、急ごうぜ」

それからのふたりの行動は、もはや二一世紀初頭の今日には現代史の神話になっている。その年の二月と三月、ゲイツとアレンはハーバード大学の学生寮の小さな部屋に閉じこもって開発に没頭した。

食事をとる時間も惜しんだ。ハンバーガーをコークで流し込む毎日。机に突っ伏して眠り込むような日々。これもまた、コンピュータ草創期の青春の姿である。

「いまこそ決定的な時期だよ。いや、ぼくたちが時代を決める瞬間だよ。一年早くても、半年遅くてもだめだ」

コンピュータ戦国時代の幕開けである。ふたりはついにアルテア用ＢＡＳＩＣを開発した。

このときビル・ゲイツ一九歳、ポール・アレン二二歳。

翌年の七五年、アレンは勤めていたハネウエル社を辞め、ゲイツはハーバード大学を中退した。ふたりはアルバカーキーに移ってマイクロソフト社をはじめたのである。

アップルを創業したスティーブ・ジョブスも、スティーブ・ウォズニアックも、このころ、第一線に並んでいる（一九七六年に、ふたりはアップル・コンピュータを設立した）。

さらに、サン・マイクロシステムズのスコット・マクニーリも、オラクルのラリー・エリソンも孫正義と同世代と言っていいだろう。

ともに一六歳から一九歳のときにワンチップ・マイクロコンピュータの最前線に現われた若武者であった。

思い出してみよう。孫正義が尊敬している坂本龍馬を。龍馬をはじめ幕末の志士たちは黒船が現われて、明治維新に向けて時代の荒波をまっしぐらに突き進んでいった。孫やゲイツにとっての黒船は、ワンチップ・マイクロコンピュータとの衝撃的な出会いであった。

それはまさに歴史の必然といっていい。

デジタル情報革命を引っ張っているのは、そうした感動がもとになっているのだ。

一九七五年九月、孫はホーリー・ネームズ・カレッジに入学。

「ほんとうに勉強をせないかん」

この男、やることが半端ではない。

まず、孫がしたのはドアを買いにいくことだった。アメリカ型のドアは天井まで届くほどの大きさである。家具店で、把手のついていない大きなドアを一枚買い求めた。それを部屋に運び込むと、ふたつのスティールキャビネットの上に置いた。特大の机の出来上がりだ。

その上に教科書、辞書、参考書など何から何まで置いた。ライトは三か所から照らした。

「グワーッ！」

うなり声とともに勉強を開始した。

食事をするときも風呂に入るときも勉強した。湯船につかっていても教科書から眼を離さない。

車を運転するときも勉強した。テープに講義を録音し、ヘッドホンで聞く。

信号待ちになると、「時間がもったいない」と教科書を開く。

教科書をハンドルの上に載せて、半分見ながら運転する。信号が青になったらうしろからクラクションが鳴る。孫は慌てて車を発進させる。

キャンパスを歩くときの孫は異様な格好だった。

背中に黄色いリュックサックを背負い、教科書一式を入れる。

コットンのズボンも自分で工夫して改良。大きなポケットをズボンに縫いつけ、そこに、ペンを一五本ぐらい突き刺す。ペンから定規から電卓まで一式入れる。

授業と授業の合間はガシャガシャと音を立てながら走る。

「なんだ、アイツ」

異様な風体(ふうてい)の男がキャンパスを駆け抜けていく。

ワンチップ・マイクロコンピュータという未知の世界にぶつかったことが、ひとりの若者を勉強に駆り立てた。

# 4　異端児

一九七五年一〇月一日、ヘビー級世界チャンピオンのモハメド・アリは、ジョー・フレーザーと対決。強烈なパンチを浴びせて一四ラウンドでアリは圧勝した。

"I'm the greatest."（おれは偉大だ）

もうひとりの偉大なる男、孫正義は「勉強の鬼」と化していた。

正義は超人的だった。平均睡眠時間が三時間、長くても五時間。

「二宮尊徳に負けず劣らず、ひたすら勉強に全精力をそそいだ」

孫は述懐する。

どうして二宮尊徳なのか。

かつて、日本の小学校には、かならず校庭のどこかに薪を背負いながら本を読んでいる少年の銅像があった。二宮尊徳は日本人なら誰でも知っている篤農家であった。貧しい家で育ちながら寸暇を惜しんで本を読みふける少年の姿は、そのまま孫正義の青年時代に重なっている。

ホーリー・ネームズ・カレッジでの試験の前、孫はひどい風邪をひいた。悪性のインフルエンザらしく、高熱のために起き上がれないほどだった。食欲もまったくなかった。そんな最悪の状態のさなか試験の日がやってきた。だが孫は内心小躍りする思いだった。たいていの学生は学校のテストをおそれる。ところが、孫は嬉しくてたまらない。同じ風邪にかかってしまった優美は、ベッドでうなされながらその様子をながめていた。のちに孫夫人となる優美は、長い髪をかきあげながら頼もしいと思ったが、なかば呆れ顔だった。

このときの試験はいままでの最高点、オールAの成績である。

試験が終わっても体調は悪く、熱も引かなかったため、ついに病院に駆け込んだ。

診察した医師はあからさまに不快な表情を見せた。

「きみは自分の病気が重症（シーリアス・イルネス）だということに気がつかなかったのか」

孫の成績は、ずば抜けていた。

数名の優秀な学生とともに学長賞を受けた。

留学生では初の快挙である。

孫に学長賞を手渡した当時のアイリーン・ウッドワード学長は回想する。

「私たちは、ミスター・ソンのことを誇りに思っていますよ」

このホーリー・ネームズ・カレッジは「スモール・カレッジ」と呼ばれ、幅広い教養を身につけるための大学だ。モットーは名誉（Honor）、高潔（Nobility）、勇気（Courage）。校章は中世の紋章から取ったもので、ホーリー・ネームズ修道女会の紋章を継承し、楕円に囲まれた十字架とユリの花々は、イエス・キリストと聖母マリアの聖名（みな）（ホーリー・ネームズ）を象徴している。

孫が入学する四年前の一九七一年に、男女共学となった。このころ、外国からの学生を受け入れるようになった。

一九七五年当時、生徒数は八〇〇人。一クラス平均一五人から二〇人。

大きな社会変革の波が大学にも押し寄せていた。時代は、孫が入学する直前に大きく変化してきた。厳格なカトリック系ながらシスターも修道服ではなくて、ふつうの服を着るようになった。

校風ももっと開かれたものにするため、宗教を押しつけないで生徒が関心を持つのに任せようという方針を打ち出していた。アメリカの教師も学生も異なった文化を理解するのがたいへんだった。

一九九〇年代に同大学で学んだ後輩の川向正明は語る。

「とてもリベラルな雰囲気のいい大学です。いろんな人種がいて、みんなすごく仲がよかったですよ」

経済学、歴史学、政治学など一五の専門課程に分かれている。とりわけ、日本からの学生に人気があるのは介護学である。

すでに教壇を去っているが、マルグリット・カーク女史は、孫のことを鮮明に記憶している。

月、水、金の朝八時からの授業だった。

彼女は一九七五年と七六年に会計学のクラスで孫を教えた。

ゴム草履をつっかけて、特製のズボンをはいた孫は、キャンパスのチャペルの横にある一〇八段の長い石段を駆け降りてくる。教室に飛び込むなり、孫はいつも一番前の席に陣取った。

「目立ちましたね。彼は眼をきらきら輝かせていました」

生徒の国籍は日本、インドネシア、メキシコ、アメリカなどさまざま。二〇人のクラスのなかで孫は、とにかく目立った。

孫が印象的だったのは、彼は授業のあとも、よくカークをつかまえて質問をしたからだ。

「ビジネスをやりたいんです」

カークはまだ三〇代の後半、パートタイムの教師として赴任したばかりで、この強烈な印象を放った生徒を驚きをもって見ていた。

授業で学んだことは、あくまで実践しなければならない。そういうひたむきさに、カークは強い印象を受けたのである。この学生は、何をめざしているのだろうか。

「将来、ビデオゲームを使ってビジネスをしたいんです」

孫は語った。

むろんカークは、そのときは孫がテレビゲームの火つけ役になるとは思ってもいなかった（のちに孫は、日本からインベーダーゲーム機を輸入してビジネスをするが、このときすでにアイデアを練っていた）。

キャンパスにあるカフェテリアの前に、寮生たちがくつろげる場所があった。

小さなキッチンがあるものの、あまり活用されていなかった。

孫は友人とビジネスをはじめた。

「学生に安くて、健康的な夜食を提供したいので、この場所を借りたい」

正義は大学の事務局にかけあって許可を取った。

チラシを配り、準備完了。

立地条件としてすばらしい。学生を常にふたり雇って、一日の営業時間は二時間とした。

ヤキソバ、見た目がレバニラ炒めに似ているモンゴリアンビーフン、ワンタンスープなどを安く提供した。味もなかなかいいと評判だった。

片づけや準備などを入れて、一日四時間、時給二・五ドル支払った。

大反響だったが、思いがけないトラブルに見舞われる。友人に売上げをごまかされたのだ。信頼しきっていただけにショックだった。金がからんでくると、たとえ友人でも問題が起きる。

半年あまりで「孫食堂」は廃業ということになったが、いい経験になった。

こうして孫の経営哲学のひとつの原則が生まれる。

ビジネスはひとりではできないが、パートナー選びは慎重でなければならないのだ。

アメリカにくる前から、孫はいつかかならず事業をやりたいという強い意志をもっていた。

勉強もビジネスに役立てなければあまり意味がない。

日本マクドナルド社長・藤田田著の『ユダヤの商法』を読んで感銘を受けた高校生の孫は、単身九州から上京して藤田に直接面会を申し込んだことがあった。

藤田は、この無謀な少年を社長室に招き入れ、助言を与えた。

「私が若ければ、食べ物の商売をしないで、コンピュータに関連したビジネスをやると思う」

アメリカにきて、マイクロコンピュータとの衝撃的な出会いをしてからも、孫は藤田のこの本を何度も読み返した。

「金儲けは、いいことだ。金にキレイ、キタナイはない」と藤田は言い切っている。

孫はこの本によって、日本人的な儒教倫理にしばられて、「金儲けはキタナイこと」と思い込んでいた固定観念を粉砕されたのである。

孫正義はホーリー・ネームズ・カレッジを二年足らずで終え、高校一年の夏に短期留学で見たあこがれのカリフォルニア大学バークレー校一本に志望校をしぼった。受験といっても、三年編入という形になる。正義は志望する経済学部の秘書に電話をしてみた。すると、教授会の会議で、正義を一番で入学させることに決まったとの回答を得た。あとは大学の事務局の手続きに問題がなければ、そのまま合格になる。

ホーリー・ネームズ・カレッジからバークレー校に編入できるのは、全体の一〇パーセントにすぎない。なんとしても、名門バークレーで学びたい。

一九七七年、正義はみごとカリフォルニア大学バークレー校の経済学部に編入できた。

同じ年、仲よく優美もバークレー校に編入し天体物理学を学びはじめた。

ビル・ゲイツはそのときすでにハーバード大学を中退、アルバカーキーでマイクロソフト社を興していた。

# 5 発明王

カリフォルニアの太陽は芳醇なワインを作る。その土地は天才を生む。サンフランシスコからベイ・ブリッジを渡ってすぐ、対岸にバークレーの街が広がっている。ここにカリフォルニア大学バークレー校はある。

一八六八年創立のバークレー校はアメリカを代表する公立の総合大学。一四の学部と専修学校に分かれている。世界一〇〇以上の国からの学生が学ぶ。

キャンパスはサンフランシスコ湾を一望できる面積五〇〇ヘクタール（五〇〇万平方メートル）の風光明媚な敷地にある。

自然環境だけではなくて、設備も日本では考えられない規模だ。図書館は学部別に充実していて蔵書の数は世界トップクラスだ。

孫正義が数あるアメリカの大学でもバークレー校を選んだのは、ノーベル賞受賞者を世界一多く輩出している名門大学というだけではなく、自由な校風にもあった。

バークレーには、さまざまな個性豊かな人々が集まってくる。

孫が学んでから四半世紀以上を経た現在も当時の雰囲気は残っている。私はキャンパスの芝生の上で談笑するタンクトップの女子学生の一群や、マントの謎の男に遭遇して度肝を抜かれた。

キャンパスの周辺では、サイケデリックな模様のTシャツや香を売る出店が並んでいて活気に満ちている。

孫の同級生にも奇妙な風体の男が何人もいた。顔の右半分は髪とヒゲを伸ばし放題、左半分は髪もヒゲも眉も剃り落としてツルツル。ところが、その男の数学の成績は常にトップ。

「この公式は間違っている」

教授をたじろがせたのは一度や二度ではなかった。

孫も教科書のミスプリントや公式の間違いを指摘したことがあるが、この男には脱帽した。

あるときはスパイダーマンの扮装をして日がな建物の塀によじ登っている男を見かけた。

バークレーに入った孫が狂喜したのはコンピュータの設備だ。

ここではすべての学生に二四時間態勢で開かれている。端末装置が各建物に設置されており、数百台並ぶさまは、じつに壮観である。

このコンピュータシステムを孫は徹底的に利用した。

孫がとくに力を入れて学んだのは数学、物理、コンピュータ、それに経済学。語学のハンディはあったが、ほかの誰よりも多くの単位を取得した。

アメリカの大学は、入学は比較的やさしく卒業はむずかしい。卒業できる可能性は二五パーセントほどだ。単位が不足したり、成績にCがあると、大学から通告があって、強制的に退学を命ぜられたりする。そうなると、中退するか、ほかの大学へ転校を余儀なくされる。

また、教授に対する評価もたいへんに厳しい。学期末になると、「教授評価」(ティーチャーズ・エヴァリュエーション)が実施され、学生が無記名で評価を行なう。講義の準備はどうか、採点の基準は適正かなど、五〇項目について一から七までのポイントで評価する。

この評価はコンピュータで処理され、印刷物となって大学生協で発売される。そのデータをもとに学生はクラスをじっくり選択できる。講義の内容やテストのレベルが劣っていると学生の批判を浴びる。

そのため、学生が集まらない教授は大学を去ることもある。

アメリカの大学では、勉強する学生とそうでない学生の差も大きい。勉強する学生は、孫に負けないくらい鬼のごとく勉強する。

教授もチョークを黒板に叩きつけ、口角沫を飛ばして真剣に講義をする。

教授と学生と、毎日毎日が戦いの連続なのだ。

バークレーでの孫を支えていたのは、ガールフレンドの優美だった。

ある日、その優美を孫は驚かせた。

仕送りを断ってしまえ。おれも断るから。

思いがけない発言に優美は眼を丸くした。その言葉のうしろには、ガールフレンドの優美と結婚したいという熱い思いが込められている。このときの正義の表情は真剣だった。

「結婚すれば養っていかねばならん」

あまりに無謀な話だったが、孫に成算があったのだろうか。

大学を卒業したら、事業家としてスタートする決意だった。卒業してすぐに、はじめることができるのか。ふつうの学生にはできるはずはない。

だが、孫はできると確信していた。できないことがあろうか。ただし、在学中に準備しなければならない。

また、自分の生活費ぐらい自分で稼がねばならない。そういう厳しい現実が眼の前に迫っている。

アメリカにくる前、父の三憲は入院していた。その後の父の病状や残してきた家族の生活が気にもなっていた。それにしても、バークレー在学中で、まだ将来も未定という時期に、いますぐ仕送りを断って生活できるか。しかもアルバイトだけは絶対にしないと決めていた。

当時の孫は月二〇万円の仕送りを受けていたが、家族にとって相当な負担になっていた。

(どうしたらいいのだろう?)

一日に五分間だけ、自分に勉強以外の時間を許そうと考えた。

それくらいの時間を割いても言い訳する必要はない。

バークレーでの生活にも慣れて、少し余裕も出てきていた。

このとき孫が考えていたことがすごい。

一日に五分間の仕事をして一か月に一〇〇万円以上稼げる仕事はないものか。

"It's foolish."(おまえアホか)

友だちに笑われた。

アルコール中毒や麻薬がはびこるオークランド、犯罪多発で知られるサンフランシスコでの危険な仕事ならあるかもしれない。が、孫がそんなアルバイトに興味を持つはずもなかった。日本からの留学生のアルバイトといえば、レストランでの皿洗いやストリートの清掃などの肉体労働か観光客相手のいかがわしいガイドぐらいしかなかった。いくら働いても肉体労働では限界がある。頭を徹底的に使うしかない。

とはいえ、孫には資本もコネもなかった。

「そうか」

孫はひらめいた。

ひとつだけある。発明して、特許を取って売る。

「経営の神様」といわれた松下幸之助は小さな町工場からスタートした。二股ソケットや自転車のランプの発明が世界の電器王への第一歩だった。松下は孫が尊敬する人物でもある。

「そんな前例もある。よし、発明でいこう」

まさに奇想天外な発想だが、これしかないとなるともう迷いはなかった。孫は行動を開始した。

さすがにバークレーには立派な書店がいくつもある。そればかりか古書店には毎年、優秀な学生が卒業時に処分してゆく本が山ほどある。孫は街中を駆けずりまわって特許に関する本を大量に買い込んだ。

むろん、発明などしたことはない。小学生のころ、図画工作が好きだったから、創造的なことに関心はあった。が、発明は別ものだ。

どういうものが特許として認められるか、そのあたりの要領がつかめたところで、いよいよ実践に取りかかることにした。

「今日からはノルマ達成だ」

自分ではまったく冗談とは思っていない。あくまで、実現可能な人生設計のひとつなのである。

発明王のエジソンですら、一日ひとつの発明を考案しただろうか。もしできれば神業である。

孫が日記代わりに英語でつけた発明考案ノート（別名アイデアバンク）には、二五〇以上のアイデアが克明に記録されている。一日ひとつは達成できなかったが、このなかから大発明が誕生した。

「これを一年間やったおかげで大きな自信につながった」

安物の目覚し時計を五分間で鳴るようにセットして、できた発明はいかにも孫らしくユニークなものばかり。

孫は、発明のプロセスには大きく三つの方法があることに気づいた。

第一は問題解決法。

何かの問題や困難が生じたとき、それを解決するための方法。

たとえば、断面が丸い鉛筆は、テーブルに置いたら転がって落ちてしまう。そこで、「鉛筆が転がっては困る」と考える。「転がらないように断面を四角とか六角形にすればいい」という問題解決策が導き出される。

問題を発見し、三段論法で解決策を考える方法だ。

トイレに入っても考える。不潔で、冷たい便座はどうにかならないか。孫はいつも食べているハンバーガーの容器の発泡スチロールを応用して、トイレシートを発明した。いまでも気に入っている発明だが、これから世界を相手にビジネスしようという人物の発明としてはどうかと、ためらってしまった。

いわゆる「必要は発明の母」が、この第一のパターンである。

第二は水平思考。

逆転の発想。従来丸かったものを四角にしてみる。赤いものを白くする。大きいものを小さくしてみる。

孫の発明した新型の信号機もこれの応用である。色だけで表示している信号を形でも表示できないか。そこで生まれたのが、色によってサインの形状を○△□に変えた信号だ。これなら色弱の人でも判別がつく。

第三は組み合わせ法。

既存のものを組み合わせる。ラジオとテープレコーダーとを組み合わせてラジカセに。アメリカでの孫が追求しつづけ、大量に発明できたのは三番目の方法による。これならもっともシステマティックに発明できる。

まさに水を得た魚であった。あるいは現代によみがえった実業界のブロントサウルスか。

若き発明王、孫正義は、ついに大発明にたどり着く。

# 6　破天荒（はてんこう）

一九歳――青春の真っただなかである。

ほとんどの学生は、勉強やスポーツ、デートに明け暮れている。だが、人生のなかで――一九歳という時期はいったいなんなのか。

大学三年生の孫は、常人には想像もつかない理念を持っていた。

「人生五〇か年計画」のライフプランである。

どんなことがあっても、二〇代で自分の事業を興す。名乗りを上げる。

これだけならありがちな青年の野望といえるだろう。だが、次の理念には驚かされる。

三〇代で、最低、一〇〇〇億円の軍資金を貯める。誇大妄想というべきか。しかもそれだけで終わらない。

四〇代、ここぞという一発勝負に出る――大きな事業に打って出る。

五〇代、大事業を成功させ、六〇代で次の経営者にバトンタッチする。これが一九歳の若者が思い描いたライフプランであった。まさしく破天荒、並み外れた青春の構図である。

そのためにいま何をすべきかを孫は徹底的に考えた。

「一日ひとつ発明をするんだ」

驚くべきことに、孫はそれを実行したのである。

組み合わせ法で大きな発明を思いついた。

孫は英単語カードに思いつくままに名詞を書いてみた。たとえば、「ミカン」、「クギ」、「メモリー」など、アトランダムにさまざまな名詞を書くのだ。

カードが三〇〇枚ほどできたら、それをトランプのようにめくって三枚抜き出す。三つを組み合わせると新しい商品が誕生する可能性がある。まるっきり意味のない組み合わせが、奇抜な発想を生む。

たとえば、詩人ランボーと並び称される一九世紀の詩人ロートレアモン伯爵は、ミシン台と傘とか一見何も関係ないものを組み合わせることでユニークな発想をした。そこからシュールリアリズム運動がはじまった。

初期の段階ではカードをめくりながらやっていた孫は、もっとシステマティックに、こうした作業をいっそコンピュータを使ってできないかと考えた。コンピュータを使いこなせば、自分のめざす発明をもっと効率よく、簡単にできるはずだ。

名馬千里を奔る、という。だが、たいした伎倆もない騎手が名馬を乗りこなせるだろうか。名馬が名馬であるためには——騎手もまた名騎手でなければならない。

孫は、二四時間オープンしている大学のコンピュータ室に入りびたって研究した。コンピュータ室では学生たちがお互いに疑問点を語り合い、情報を交換した。牛乳とパンを胃に放り込みながら、疲れれば寝袋で仮眠した。

孫の考えた方法はユニークなもので、コンピュータを計算機としてではなく、「創造する」機械として利用するもの。

まず、コンピュータのプログラムを作ってパーツごとに一個当たりのコストを入力する。

さらに、そのパーツの新しさの指数を一〇点満点、大きさの指数を五点満点、パーツに関して自分が持っている知識を三〇点満点で入れる。あるいは発明に結びつきやすいかどうかなど、合計四〇ほどの要素をコンピュータに入力した。

「コンピュータをクリエイティブなことに使った学生ははじめてだ」と担当教授が驚い

た。

これを大学のコンピュータ授業の自由課題として提出。教授はA（二重丸）をくれた。三〇〇のパーツから三つを抜き取るから、何百万通りもの組み合わせができる。それぞれについて、コンピュータで指数を全部かけ合わせる。点数の高いものから順に並べていく。

孫がコンピュータという名馬を知りつくしていたからこそ、はじめて可能になった方法であった。しかも時間はあくまで五分。一日に五分と決めているから、点数の高いものしか見ない。

「おッ、これはおもしろそうだ」

と思うものが出てくる。

そこで自分の独断と偏見で、可能性の高い、条件のいい順に並べ替えてピックアップする。

これまで、カードやノートを使って苦労していた発明がおもしろいように出てくる。しかも、ここでも孫の判断がユニークだった。

「このうち、一本にしぼろう」

二五〇あったアイデアのなかからひとつ選んだ。「音声機能付き電子翻訳機」というコンセプトだ。スピーチシンセサイザー、辞書、液晶ディスプレイの三要素を組み合わせたもので、これはのちにシャープで商品化し、電子手帳の原形に当たる商品となった。

一九七八年、ビル・ゲイツのマイクロソフトBASICが日本に上陸、パソコン時代がスタートした。

これに相前後して、UCバークレーの学生だった孫は、世界ではじめて音声機能付き電子翻訳機、すなわちフルキーボードのポケットコンピュータを作ろうと考えたのである。

しかし、その試作機を自分で作るには、コンピュータで声を出すというだけで一〇年、二〇年かかる。これでは、人生五〇か年計画が崩れてしまう。

「おれは、あくまでも事業家である」

何か秘策はないか。

自分でなんでもやるよりも各分野のナンバーワンのパートナーを集めるほうが効率がいい。

一生の時間は限られている。有効に使わないといけない。

孫は行動を開始した。

まず、大学の研究者名簿を手に入れ、キング・スチューデント・ユニオン（学生会館）の公衆電話にしがみつき、物理学やコンピュータ科学の教授や助手に電話をかけた。

スピーチシンセサイザーの分野で、いつも同じ名前が挙がってくる。

真っ先に孫が会いにいったのは、バークレーの付属研究所のなかでもとくに有名な宇宙科学研究所のフォレスト・モーザー博士。スピーチシンセサイザーの世界的権威である。

バークレーのキャンパスからゆるやかなスロープを登っていくと、木々の緑に囲まれた小高い山になる。学生たちのジョギングコースにもなっているここに、宇宙科学研究所がある。

「失礼します」

緊張の面持ちで、コーデュロイのブレザーにネクタイをした若者が研究室のドアをノックした。

コンピュータに向かっていたモーザー博士はキーボードを叩く手を休めて、ドアのほうを振り返った。

「どうぞ」

事前の約束はなかったが、気さくなモーザー博士は学生を招き入れた。

英語名のジョンと呼ばれていた学生は、自分の発明した音声機能付き電子翻訳機について流暢（りゅうちょう）な英語でいっきにまくし立てた。

まず、九か国語の翻訳機を作って、それにスピーチシンセサイザーをつけるというアイデアを熱っぽく語った。

モーザー博士は今日の孫の成功を喜び、冗談まじりに、この研究所の名称を〝マサヨシ・ソン・ビル〟に変えてもいいよと筆者に語ってくれた。

「アイデアそのものは別に目新しいことではなかったが、彼はその翻訳機を空港やキオスクのようなところで売りたいと言っていた。そのアイデアがユニークだった」

モーザーは当時四八歳。すでに世界的権威だった彼は、ひとりの学生の壮大な計画について耳を傾けていた。

モーザーは、途方もない提案に驚いた。

「せっかくだが……」

モーザーは多忙を極めている。

額に汗をかき、慣れないネクタイに手をやって、孫は必死で説明した。

「先生のスピーチシンセサイザーを使用したいんです。先生の力が必要なんです」

モーザーはじっと聞いていた。

お金はありません。出来高払い、成功報酬。それでもやっていただけますか？　お金は試作機ができたら、会社に売り込んで、契約してお支払いします。

孫の提案は常識を外れている。

モーザーはこの非常識をはねのけたか。

否。このとき世界的な学者は、一面識もなかった青年の熱い情熱に賭けてみようと思った。

もし、訪ねた人物がモーザーでなかったら、孫の人生は、あるいは大きく変わっていたかもしれない。

# 7　一期一会（いちごいちえ）

「とんでもないことを言うんです、お客さんが」

若い白人ウエートレスが、泣き出しそうな顔をしてマネージャーのホン・ルー（陸弘亮）のところに飛んできた。

これまでトラブルなど起きたことはない。

オークランドはバークレーの隣の中都市。かつてあまり治安がよくない場所もあったが、とりわけ最近はバークレーに近いビジネスセンターとして発展している。

サンフランシスコからオークランドまでは、バート（高速鉄道）でたかだか一〇分。ベイエリアの通勤ラッシュを緩和するため、一九七四年に誕生したバートの路線は五本あり、サンフランシスコと対岸のイーストベイを海底トンネルで結ぶ。

オークランドでも人気のあるアイスクリームパーラー、名前はごく平凡に「アイスクリーマリー」という。一九七一年、バークレー校出身のジム・ブラッドレーがオークランドのレイク・ショア近くに開業した。テーブル数二二、一〇〇人は座れた。アイスクリームのほかにクラブサンドイッチなどのメニューもあり、若者たちの溜り場でもあった。週末は深夜一時まで営業した。

バークレーの苦学生であるホンは皿洗いからはじめ、このときはナイトシフトのマネージャーとして働いていた（現在、この店は別のアイスクリーム屋になっているが、味は引き継がれている）。

「お客さまが、注文どおりに作らないと、お金を払わないと言うんです」

ホンは身長一八七センチで、がっしりとした体格だった。店のアイスクリームにクレームをつけるような客がいれば黙ってはいない。

「どんな人？」

「日本語をしゃべっていて、日本人みたい……」

ホンは、日本語と聞いて興味を惹かれた。大学ではほとんど日本人は見たことがない。しかもこのオークランドで、そんなことを言う日本人がいるだろうか。

それにしても、一日に客は三〇〇〇人もくるが、そんな要求をされたのは前代未聞だった。

（なんてヤツだ）

ホンは一瞬、ムッとした。最近アメリカ西海岸をめざしてやってくるようになった日本人の観光客が、言いたい放題の注文をつけているのだろうか。が、何しろ客商売である。それに、オークランドきってのおいしさという評判のアイスクリームを出している。その店のマネージャーとしての誇りもある。どんな無理な注文でも即座に応えるぐらいの気概もある。

おもしろい。挑戦状を突きつけられたようなものだ。

その若い客は、明らかに東洋系の容貌だった。

要求は、「こってりとしたミルクシェークを作ってほしい」というものだった。

「わかった。ぼくがお望みの味のミルクシェークを作る。それで気に入らなければ、お金をもらわなくていいし、この次からはご来店をお断りする」

ホンは細心の注意を払って注文どおりのミルクシェークを作り、ウエートレスに持っていかせた。

ホンはその客がミルクシェークに口をつけるのを見ていた。その顔のわずかな変化も見逃すまいとして。

ネクタイにエプロン姿の大男のホンは、からだを折り曲げるようにしてその客に日本語でていねいに言った。

「味はどうでした?」

「いやあ、うまいねえ」

その男——孫正義はにっこりと笑っていた。そばでガールフレンドの優美が申し訳なさそうに微笑んでいた。

のちに孫の最初のビジネス・パートナーになるホンとの出会いであった。

一九七七年のオークランドのアイスクリームパーラーでの出会いから、孫とホン・ルーの友情はいまもつづいている。

ホン・ルーは一九五四年一一月三日、台湾の台北生まれ。高校時代は豪速球投手として活躍した。

ホンにとって、日本語が話せる相手ということには、特別の意味があった。

母は日本生まれの華僑。ホンは台湾で生まれたが、六歳のときに両親とともに来日した。当然、日本語は母国語同様に話すことができる。

東京の都立城南高校を卒業後、サンフランシスコにいる親戚を頼ってアメリカに渡り、名門バークレー校の土木工学科に入学した。彼もまたアメリカに夢を求めた若者のひとりだった。

日本で教育を受けたため日本語は完璧だったが、それだけにアメリカでは英語にハンディがあった。こういうところも日本人の学生と変わらない。ただ、ホンもまた英語を身につけるための努力を惜しまず、そのため日本語をまったく使わなかった。

ましてバークレー校に入学してから、日本人に会うことはなかった。

アルバイト先のアイスクリームパーラーで遭遇した、この風変わりな日本語スピーカーが最初だった。

数か月後のバークレー校のキャンパス。

本を読みながら人込みをすり抜けて歩いている、リュックサックを背にゴム草履をはいたあの男は、彼に違いない。

ホン・ルーは思わず声をかけた。

「やあ、きみは……」

「あ、きみはアイスクリーム屋のマネージャー?」

お互いにはじめて自己紹介をした。

「きみもここの学生?」

「というときみも?」

日本語で話した。ホンは孫よりも二年先輩であった。

ともにバークレー校の学生であることがわかってから、にわかに親しみが増したようだった。

その後の孫は、ガールフレンドの優美とホンのアイスクリームパーラーにたびたび通うようになった。

一九七七年の暮れ、孫はアイスクリームパーラーでホンに切り出した。

「何かいっしょに仕事をしない？」

「何を？」

「おもしろいアイデアがある。会社を興すんだ」

「えっ？」

ホンは耳を疑った。

ホンは、ずっとアルバイトをしながら、学費と生活費を稼いできた。卒業をひかえて一流会社への就職活動をしていた。

バークレー校の土木工学科は全米一である。その卒業生ならどこでも就職できる。孫はまだ学生である。にもかかわらず、会社を興して事業をやろうという。

ホンは即答を避けた。

というより、その若者の提言が荒唐無稽(こうとうむけい)でにわかには信じられなかった。なんという放胆(ほうたん)な若者なのだろう。事もなげに、いっしょに事業をやろうという。それだけなら――たとえば、アイスクリームパーラーをいっしょにやろうという程度のことかもしれない。

だが、孫の言葉には尋常ならざる迫力があった。しかも話を聞くと、とてつもないことを考えていることがわかった。

しかし、相手は自分より年下で、まだ在学中だ。

「彼のために働くのは癪（しゃく）、いやだった」

ホンは迷った。

孫が自分の考えもしなかったことをやろうとしていることはわかった。

「とっても新鮮でしたね」

勝てる事業をやろうという。

「この男はウソは言わないだろう」

何度も話を聞いているうちにホンの気持ちが傾いてきた。

いままで自分の考えていたものと方向が一八〇度も違う。孫の熱意と新しい発想はとても興味深い。かりに騙されたとしてもやり直しがきく。

もっとも、このときホンは二年間という期限を区切っていた。

会社名は、Ｍ　ＳＰＥＥＣＨ　ＳＹＳＴＥＭ　ＩＮＣ。Ｍはフォレスト・モーザー博士のイニシャル。これが、孫が生まれてはじめて設立した会社である。

モーザーやホン・ルーはむろんのこと、参画した全員が孫よりも年上だった。

孫はすでにスピーチシンセサイザーの世界的権威であるモーザーを中心にして、プロジェクトチームを作っていた。これだけでもホンにはそのすごさが実感できた。このチームが音声機能付き電子翻訳機の開発に取り組んでいた。

発明の特許で得た資金を元手にして大きな事業をやりたい。

ホンは孫の熱っぽく語る夢に引き込まれていった。

いや、夢ではない。孫の話はあくまでも現実に立脚したものだった。成算があるからこそ、事業に乗り出そうとしている。

よし、この男の生きざまに賭けてみよう。

孫の提示した年収は二万ドル（約五〇〇万円）。当時の大学卒業生の初任給に相当する金額だ。

「ところで、きみ、払えるの？」

孫は満面に笑みを浮かべ、胸を張ってうなずいた。

最初のミーティングは、孫の借りているオークランド・ウイットモアのアパートで行なわれた。

孫は、まるで絵でも描くように会社の組織図を書いた。

それにはホンの役職を「雑事（ざつじ）」と日本語で記した。

「雑事って？」

ホンは訊いた。

「なんでもやってもらうから」と孫はさらりと答えた。

孫からは、大まかな事業の計画を聞いただけである。さらに孫は三年後の計画を立てろと言う。

思いもよらない孫の依頼だったが、何事も一所懸命にやるホンは、すぐに全力をあげて三年後の計画を考えはじめた。政治情勢でさえ予測がつかない。翻訳機の可能性もまだ不確定だった。

ホンはそのときのことを思い出しながら苦笑する。

「必死で考えましたよ、仕事ですから。三年後の計画を。もっとも、その内容はすっかり忘れましたが」

それは、未来をとらえる最初の試みになるはずだった。

ホンはその日から孫のアパートに通いはじめた。

しだいに、ホンは不安にかられた。

ほんとうに月給を払ってくれるのだろうか。

# 8　記念日

孫は神出鬼没だった。

大学の授業に出席するのは当然としても、クラスの合間をぬってモーザー博士に会いにいく。その足で、プロジェクトのメンバーたちとのミーティングに出かけている。孫の行動力と熱意がプロジェクトをぐんぐん発展させていった。

とにかく、行動的な孫をつかまえなければ、ホン・ルーはマネージャーとしてプロジェクトの進展についていけない。ある日、たまりかねたホンは、孫に自分の家をオフィスにすることを提案した。

当時、ホンはアルバイトで資金を貯め、すでにオークランドのチューリップ・アベニューに一軒家を所有していた。頭金八〇〇〇ドル。けっして小さな金額ではない。ところがそれを銀行から資金を借りて購入したのだった。ホンもまた、堅実で、しかも目端(めはし)

のきく性格だった。空いている部屋を貸して、その賃料をローン返済にあてていた。リビングが会社のオフィスになった。

ホンの家はバークレー校から車で二〇分。一二〇平方メートル、三部屋の、小さいが趣味のいい家だ。ただし、リビングには布製のソファはあるものの、あとはコーヒーテーブルだけの簡素なものだ。とてもまともな会社のオフィスとはいえない。それでも野望にあふれた若いパワーの集う場所として不足はない。

最初の給料日、ホンは孫から受け取った一八〇〇ドルのチェック（小切手）を現金に替えようとした。

「あッ！」

思わず声を上げた。

バウンスしたのだ。

アメリカでは、給料は現金や銀行振り込みよりも小切手で支払うことが多い。小切手を銀行に持っていく。金額が不足していると不渡り、バウンスという。

孫の振り出した小切手は支払い不能だった。

こんなことがあっていいのか――と、ふつうなら誰でも考える。

しかしホンは、孫が不渡りを承知で小切手を切るような男ではないと知っていた。というより信じていた。

ところが、次の給料日もまたしてもバウンスしたのだ。

二度つづけてバウンス。

ホンは思わず苦笑していた。

孫のことだから――自分の銀行口座にいったいいくら残高があるのか、気にもしていないのだろう。ひたすら走りまわっている孫の姿が眼に浮かぶようだった。

だまされたのではない。あらためて孫に対する一種言いようのない畏敬の念が生まれていた。

もっともその後は給料が滞ることはなかった。

当座の給料を払うお金がなかったこともあるが、孫は細かい数字には無頓着だった。一八〇〇ドルも一八〇ドルも同じだったに違いない。当時から孫は大きな数字をつかむのにきわめてすぐれていたが、細かい数字ははじめから眼中になかった。

こうした常人とは異なる思考形態は、いまでもほとんど変わってはいないようだ。お金を持たずに家を飛び出し、街中を闊歩することもある。そもそも財布を持つという習慣がない。

そのときはまだ、音声機能付き電子翻訳機は完成していなかった。スピーチシンセサイザーをパーツ単体として日本で売る独占販売権を得ること、これがまず孫の実践の第一歩だった。

スピーチシンセサイザーを組み込むと、こんなことが可能になる。

たとえば客の出入りに合わせて、「いらっしゃいませ」「ありがとうございました」と声をかける。客の信頼感や店の質のよさまでアピールできる。従来のようにいちいちテープを操作する必要がなくなる。

モーザー博士がライセンス契約をしているナショナル・セミコンダクター社と交渉すると、思いがけず販売許可が得られた。

〈スピーチシンセサイザーのチップ（集積回路）あり、われわれと契約してくれませんか？　現金を送付してくれればチップを送ります〉

サンフランシスコには、日本からの移民が作り上げた日本人街がある。ホンは日本人街に飛んでいって、書類を企業向けの日本語に訳して次々に日本の会社に送った。

反応は早かった。二〇〇ドルから三〇〇ドルするチップに対して大手メーカーなど二、三〇社から相次いで問い合わせがきた。引く手あまたである。

孫は気をよくした。期待したことがそれ以上の大きさではね返ってくる。

「契約を取ってきてくれ」

ホンは言った。

「日本に行く」

孫はすぐ日本に飛んだ。

躊躇するということがない。

すぐさま行動に移す。

これは孫を貫く行動原理である。

出かけると、三、四週間帰ってこない。ホンは悲鳴を上げた。

孫が不在の間、やむをえずホンが授業の代返をすることもあった。ホンは孫にとっていわゆる刎頸の友であった。

（やはり、おれの眼に狂いはなかった。孫正義に全幅の信頼を置いてきたことに間違いなかった）

最初こそもたついたものの、M SPEECH SYSTEM INCは快調に動き出した。

だが、新たな試練がやってきた。意外なところに落とし穴が隠されていた。

ナショナル・セミコンダクターは、孫に日本での販売権を譲ったことを後悔した。

「わが社の日本法人であるナショナル・セミコンダクター・ジャパンの合意がなければ、販売を許可できない」と通告してきた。

これは明らかに言いがかりだった。孫たちの行動を封じ込めようとする、卑怯といえば卑怯、悪辣といえば悪辣なものであった。

だが、まだビジネスに不慣れな孫にも相手につけ入られる隙があったのである。孫は契約に関して無知だった。

孫はまだ学生で、ビジネスの世界に疎かった。海千山千の男たちが揃っていることを知らなかった。

孫はナショナル・セミコンダクター・ジャパンに契約の正当性を主張したが、この交渉はもめた。独占販売権をもらってはいたが、正式な契約ではなかったのだ。

ついには、合意に至ることができなかった。孫はめずらしくきつい口調で言った。

「彼らに勝手にやらせよう」

スピーチシンセサイザーの販売からは手を引いた。

孫は契約の重要性をあらためて知ったのである。

こうなると、なんとしても音声機能付き電子翻訳機の完成を急がなければならない。

一度の挫折でくたばるやつもいる。しかし、挫折を挫折と思わない人間もいる。このとき孫は音声付き電子翻訳機に賭けていた。チャック・カールソンが孫のプロジェクトに加わったのは、モーザー博士の勧めというのもあるが、孫のアイデアが気に入ったからだった。

チャックはUCバークレー校の教授。アポロ宇宙船にはじめてマイクロコンピュータを搭載したときにプロジェクトに参加していた、ハードウエアの設計者である。孫のアイデアを取り入れて四か月かけてハードウエアを完成させた。

当時のスピーチシンセサイザーというのはかなり大きなもので、持ち運びには適していなかった。それを小型化してポータブルにする。さらに、空港などで多くの人が利用できるようにするというのが、孫の基本的なコンセプトだった。

「そのところがとてもユニークでした。ジョン（孫）はいかに売るかというマーケティングにすぐれていました」

チャックがデザインを書き、フランク・ハーヴェイがソフトウエアを担当した。チャックが仕事を終えたあと、孫は彼の自宅で打ち合わせをすることが多かった。

のちには、技術者のヘンリー・ヒートダークスがチャックのあとを引き継ぐことになる。時給五〇ドルで働いた彼は、現在の孫の成功を驚き、喜んでいる。

その日、一九七八年九月二三日の正午、孫は中古の愛車ポルシェ９１４を運転して宇宙科学研究所に急いだ。

モーザー博士を訪ねた。

モーザーは柔和な笑顔を見せながら隣の部屋を指さした。

チャックが必死の形相（ぎょうそう）で取り組んでいた。

今日はどうしてもドイツ語版の試作機が完成してほしかった。計画より遅れている。
そこでこの日、孫は研究所までやってきたのだ。孫はチャックに声をかけた。
「うまくいった。動いたぞ」
チャックが言った。
試作機の黒い箱のキーボードを叩いた。
〝Good Morning.〟
まず液晶画面に英語が表示される。
次に「翻訳」と書かれたボタンを押すと、画面は英語からドイツ語に替わった。
〝Guten Morgen.〟(グーテンモルゲン)
ドイツ語の音声が機械から発せられた。
孫は飛び上がった。
「すごい！」
孫はチャックの肩を叩いた。
まさに記念すべき日だった。
だが、この日はまったく別のことで、記念すべき日のはずだった。
孫は声を上げた。
優美と結婚式を挙げることになっていたのだ。

孫は時計を見た。

約束の時間、午後二時はとっくに過ぎていた。

優美——優しい女性だが、気の強い面もある。火の国、熊本の生まれである。

# 9　結婚行進曲

優美は裁判所の前で午後二時から待っていた。

枯葉が舞っていた。

一九七八年九月、カリフォルニアは秋たけなわだった。丘陵地帯はあざやかな紅葉の帯が広がっている。

孫は愛車ポルシェ９１４のエンジンを全開させた。

坂を下ってスタジアム・リムまでくると右折した。大学の北門を通り過ぎてダウンタウンのバークレー裁判所に急いだ。赤信号をいくつか無視した。

優美は孫が車のラッシュに巻き込まれたのではないか、ひょっとして事故を起こしたのではないかと気が気でなかった。

バークレー裁判所までわずか一五分ばかりの距離だが、孫には一時間にも二時間にも感じられた。

アメリカでは、その地区の判事が駐車違反といった軽い罪をさばく一方、結婚の手続きを受けつける。裁判所には違いないが、正しきをもって事を処理するというアメリカ的な思想が根本にある。

裁判所の前で駐車するのに手こずった（私が訪れたときも駐車スペースを見つけるのに時間がかかった）。

さすがの孫も、このときばかりは焦っていた。

やっと駆けつけてきた孫の姿を見て安堵した優美は、感情をぶつけてきた。

きょうはふたりにとって特別な日だ。

「いったいどうしたの？」

孫が無事だったという安堵感と、大切な日に遅れてきた腹立たしさの入りまじった複雑な気持ちだった。

孫は頭を下げて謝った。

「ごめん、ごめんな」

試作機が完成して、つい時間を忘れた。

優美は呆れた顔をしていたが、それ以上は咎めなかった。

優美にすれば、それほど驚くことではなかった。

孫は、何かに集中すると何もかも忘れてしまうのはめずらしいことではない。勉強をしているときの集中力は何ものも寄せつけない鬼気迫るものがある。優美はそんな孫の姿をずっと見てきたのだ。

道を歩いていて考えごとに熱中するあまり、電信柱にぶつかったこともある。並みの集中力ではない。孫は一日五分間だけ発明する時間にあてた。その集中力のすごさもさることながら、その時間が確実な成果を生んでいる。

ビル・ゲイツも自分の思考に集中し、何かを考えはじめると、からだを小刻みに動かし、眼の前にいる相手の存在を忘れてしまう。天才は常人とは異なった思考回路を持っているのかもしれない。いや、むしろそういった思考に自分から飛び込んでゆくところが、はじめから常人とは違っているのだろうか。

孫の性格を、優美は誰よりも知っていた。

孫は裁判所の分厚いドアを慌てて押した。

午後五時をわずかに過ぎていた。

すでに裁判所のドアには鍵がかかっている。

「開けてくれ！」

孫は大声で叫んだ。

すると、どこからともなく腰に拳銃を提げた黒人の太ったガードマンが現われた。

「きょう、ここで結婚式を挙げることになっている。判事にお願いしてくれないか?」

孫は必死で頼んだ。

「もうとっくに判事は帰った。出直してくるんだな」

孫はがっくりと肩を落として、優美に謝った。

「ごめん、ごめん」

孫は一週間後、九月三〇日午後三時に結婚式の予約を入れた。

その九月三〇日、孫は大学付属の宇宙科学研究所に入る前に言い聞かせた。

(きょうは絶対に遅れないぞ)

時計も見た。

翻訳機の試作機は完成している。だが、それだけで孫は満足したわけではない。具体的にこれを商品として、世界にアピールするためにはどうすればいいのか。スタッフ相手に討論に熱中していた。

そしてハッと気づくと午後三時を過ぎている。

いくらなんでも今度は優美は許してくれないだろう。

裁判所の前で優美が立っていた。

「夢中になると何もかも忘れてしまうのね」

孫は優美と裁判所に入った。

受付の女性とかけ合った。

「時間に遅れてしまったが、なんとか判事に頼んでほしい」

受付の女性は唖然としていた。どんなカップルでも、自分たちの結婚の宣誓に遅れたりはしない。ところが、この若者は二度も遅れている。判事とのアポイントメントを破るというのはふつうでは考えられない。

しかし、必死に頼み込んでいる孫の真剣さに打たれたようだった。判事に訊きに奥に引っ込んだ。

孫は落ち着かない様子で周囲を見まわした。

一週間前ににべもなく追い返したガードマンは眼が合うと、にんまりとしてみせた。彼も孫の必死な様子はわかったらしい。

受付の女性が戻ってきた。

「遅刻は許してくれるみたい」

孫と優美は、いくつもある小部屋を確かめながら裁判所の二階に上がった。

ガウンを着て小さな法廷のような部屋で待っていた判事は、ふたりを見て訊ねた。

「ウィットネスは？」

「えっ？」

孫には、その意味がわからなかった。

結婚の立会人として、誓約書に署名する人物がふたり必要らしい。思わぬ手違いであった。手違い以前に、アメリカで結婚するという手続きに無知だった。いまからでは友人のホン・ルーを呼んでも間に合わない。

孫は動じなかった。

「ちょっと待ってください。すぐに連れてきます」

孫は部屋を出た。

黒人のガードマンをつかまえた。

「助けてくれないか。ぼくたちの結婚の立会人になってほしい」

ガードマンは快く引き受けてくれた。

次に受付の女性にも頼んだ。

「いいわよ」

気さくなアメリカ人らしくあっさりと引き受けてくれた。

判事が結婚の誓約書を読み上げた。孫と優美は、右手を上げて宣誓した。

判事は木槌（きづち）を叩いて祝福した。

黒人のガードマンとややとうの立った白人の受付の女性も祝福してくれた。

裁判所の外に出た。孫と優美は晴れやかな気持ちだった。ふたりの胸に強い感動が波打っていた。

はじめてホーリー・ネームズ・カレッジで出会ったとき、そして充実した大学生活。陰になり日向になって、彼を支えてきた優美。ふたりは夫として妻として生きる運命を選んだ。優美は眼に涙を浮かべていた。

ふたりはポルシェ９１４に乗り込んだ。

「新婚旅行に行こう」

「どこに？」

孫は笑っていた。

車は走り出した。カリフォルニアのひんやりとした風が頬に心地よかった。

孫はこのままどこまでも走るつもりだった。

新妻、優美を乗せた車はベイ・ブリッジを渡り、サンフランシスコを右手に見ながらフリーウエイ１０１を南下した。

シリコンバレーを抜けて一七号線に乗り、サンタクルーズを抜けて、一号線ＰＣＨ（パシフィック・コースト・ハイウエイ）を南下する。

ＰＣＨはアメリカ西海岸でもっとも美しい海岸線を走る。

どこまでもつづく海岸線をふたりでひた走る気分は格別だった。

優美の笑顔が美しかった。

優美の左の薬指には、孫の祖母から贈られた指輪が光っていた。

そのとき孫は二一歳。優美は二三歳。

# 10　契約成立

優美と結婚する前年の一九七七年夏、孫は音声機能付き電子翻訳機の発明の趣旨を書いた手紙を、日本の家電メーカー五〇社に送っていた。そのうちキヤノン、オムロン、カシオ、松下電器産業（現・パナソニック）、シャープなど、返事がきた一〇社を訪ねる予定だった。

孫は大学の夏休みを利用して、モーザー博士とともに日本に帰ることにした。

当時、まだ小学校にも入っていなかった孫の弟の泰蔵（たいぞう）はそのときのことを鮮明におぼえている。家族の前で孫は、モーザー博士といっしょに音声機能付き電子翻訳機の原型となるプロトタイプのデモンストレーションを行なった。

「兄が機械に向かって『こんにちは』と入力すると『ハロー』としゃべった。驚きましたね、びっくりしました。父もただただ驚いてました」

プロトタイプを風呂敷に包んで九州から東京に出かけていく孫の手が、心なしか震えているようにも見える。

絶対的な自信はあった。

孫が発明したのは世界初の音声機能付き電子翻訳機である。

日本語と英語を双方向に翻訳することができる。

まだこのままでは商品化はできないが、いずれにしろこれはまったく斬新なアイデアである。

しかし、孫のプロトタイプは実用になるかどうかわからない。実用化するためには、相手企業としてはまず、電子機器を小さく、軽く、安くできる技術を持っていなければならない。

この時点で、電卓に関してはシャープやカシオは、ソニーや松下よりもすぐれた技術力を持っていた。孫はこの二社なら自分の考えていることを実現してくれると強く信じた。

孫は本命をシャープにしようと決めていた。シャープは日本ではじめて電卓を開発した。当然、エレクトロニクスにおける先駆者、いわばリードオフマンの立場にあった。本命である。

そこが問題となる。本命から攻めるかどうか。

孫は独自の交渉哲学を持っている。

だが、大企業を相手に渡り合い、自分の発明を認めさせるという状況で、いろいろな相手と交渉するのははじめてだ。不安もある。

事に当たっては大胆だが、そこに至るまではきわめて細心である。

相手がいきなりどんな質問を浴びせてくるか、はじめから問題にしてくれない場合、どんな断り方をしてくるのか、徹底的に対策を練った。結局、少しウォーミングアップしてから本命を攻めることにした。

一つ目の会社も二つ目の会社も同じような反応だった。

「もう少しましな形になったら考えてもいいよ」

覚悟はしていたものの、さすがの孫もここにきてひるみはじめた。三番目の会社は、自分でも高く評価していた企業のひとつだった。その企業から鼻であしらわれたことで、孫は失望と同時にひそかな軽蔑さえおぼえた。

「こんな会社におれの発明のすごさがわかってたまるか」

次に訪問したキヤノンは、モーザー博士を中心とするプロジェクトのメンバーを見て信用した。さらにプロトタイプを見て興味を持ったようだった。

次は本命のひとつであるカシオとの交渉に入った。

応対に出た課長と課長代理は、だめだと決めつけた。

（この会社を信用したのは間違っていたのか）

しかし、孫はすぐに思い返した。

ここで腹を立ててはいけない。どんな苦境に立たされても、腹を立てて得をすることはない。孫は自分をコントロールできる。

だが、このときの孫は苦い失望を味わわねばならなかった。

のちに孫は私に述懐している。

「意外だったのは、カシオでしたね。担当課長はほんとにけんもほろろで、ぼろくそでした」

それ以来、孫はカシオを一度も訪ねたことがない。

その翌日、孫は大阪・阿倍野（あべの）区にあるシャープ産業機器事業部にいた。

緊張していたが、平静な態度でプロトタイプの風呂敷包みを開いた。数人の部下を引き連れた担当部長は、こう言った。

「製品化がうまくいけば可能性はありますね」

ズバッと核心を突いてきた。孫も一瞬、言葉に窮した。言われるまでもなく、製品化となると未知数であった。だからこそ、実現の可能性を模索している。ほかの企業のように無下に否定されたわけではない。何度も交渉を重ねれば、こちらの考え方をわかってくれる。時間をかければわかってもらえる。

孫は絶体絶命の立場に立たされていた。学生の身で日本に出張してきた。うっかり単位でも落としたら、いままでの努力がふいになる。日本にきたことが時間との勝負でもあった。むろん相手に説明できることではない。

だが、交渉の余地はある。

ここからがまさに孫らしい行動であった。それは、彼のその後の経営哲学の根幹となった。

将を射んと欲すれば先ず馬を射よ——目的を果たすには、その周囲のものから手に入れるのが早道であるという譬えである。日本人的な発想であれば、おそらくこう攻める。

だが、若者はいきなり将を攻めた。

公衆電話から大阪の弁理士会に電話を入れた。

シャープに詳しい特許事務所を紹介してもらうためだ。

幸運はどこに転がっているかわからない。孫はいろいろ電話した挙句、人脈をたどって元シャープの特許部に所属していた西田特許事務所の西田弁理士を紹介してもらうことができた。

すぐに孫は事務所に直行して、発明が特許に値するかどうかを調べてもらい、その上でシャープのキーマンを紹介してもらうことにした。

「誰と交渉すればいいですか?」

単刀直入な孫の切り込みに、西田は当時シャープの技術本部長をしていた佐々木正専務の名前を挙げた。

「その人に『私に会うべきだ』と電話してくれませんか?」

佐々木は当時、シャープ中央研究所所長でもあった。彼は電卓をはじめ、液晶、太陽電池などの開発を指揮し、「日本の電子産業の育ての親」といわれた大人物である。孫にとっては「大恩人」のひとりとなる。

翻訳機が特許に値することを確認したばかりの西田は、孫の申し出を断れるはずがなかった。

孫の作戦勝ちだ。

「佐々木専務が会うとおっしゃっています」

孫は内心小躍りした。

あくまで冷静さを失わない孫は、西田に翻訳機の特許出願手続きを依頼することも忘れなかった。

ようやく、自分のアイデアを理解してくれる人物に会うことができた。

そしてついに、明日は佐々木専務に会うことができる。走るようにしてホテルに戻ると、孫は実家にいる父、三憲に電話をした。

「シャープの佐々木さんに会うことになった」

当時の孫にとって佐々木は雲の上の存在である。

「おやじもいっしょに行かんか?」

父の声も嬉しそうである。

孫は武者震いした。

「よかとよ。おやじは最初の挨拶だけしてくれればよか」

翌日、三憲は九州から大阪にやってきた。

孫は、父と奈良県天理市のシャープ中央研究所に出かけた。

「息子が発明した機械なんです」

三憲はパチンコ業界で成功していただけに、相手の懐に飛び込んでいくような話し方をする。佐々木に対して、最初から腹を割った言い方だった。

孫は慎重に風呂敷包みをほどいた。

孫が説明をはじめると佐々木の表情が一変した。

佐々木はこの機械に大きな可能性を見た。孫という人物の大きさも看破していたのかもしれない。

佐々木の眼が鋭く光った。

「おもしろい！」

コンピュータソフトを知りつくしている佐々木には、このアイデアは画期的なものに映った。さらに孫は、改良を加える必要があることも説明した。

還暦を過ぎていた佐々木には孫の外見は幼く映ったが、内面に秘めた強烈な意志は見えていた。いまどきの若者にはないほど考え方が着実でしっかりしている。

佐々木は若者の真剣な顔、真剣な眼差しをおぼえている。

「他社に売り込みに行ったのに相手にされなかったので、最初は元気がなかったが、試作品のデモをしはじめると表情が一変した。自分なりの信念を持っている。金儲けにきたんじゃないとわかった」

佐々木は、こういう若者はめったにいない、育てなければならないと思った。

若いころから「夢を持つことが新製品開発の第一歩」と信じてきた佐々木にとって、孫はまさに夢を持った若者であった。学生ではあるが、経営に対する考えがきちんとしていることにも佐々木は感心した。

「この男の熱意に賭けてみよう」

佐々木は孫に惚れ込んだのである。

特許の契約金として即座に四〇〇〇万円が支払われることになった。

はじめての契約が成立した。三憲の嬉しそうな顔を見て孫の喜びは倍増した。父も同じ気持ちだった。

さらに佐々木はドイツ語版、フランス語版の翻訳ソフトの開発を孫に依頼する。契約料の合計はおよそ一億円。ちなみに孫はこの額をドルに換算して「一〇〇万ドルの契約」という表現を好む。

孫が大企業を向こうにまわして、しかも日本で生まれてはじめて勝ち取ったお金である。

青春の汗と知恵と努力の結晶であった。

# 11 正義の誇り

父の三憲は息子、正義の成功をどう思っていたのか。そもそも息子をどう見ていたのか。

三憲は、息子を「正義」と名付けた。この命名に、まず親の期待が込められていた。

正しい義の人であれ。

父の願いの通り、正義はまっすぐに生きてきた。それは孫家の血筋でもあった。正義の祖父、鐘慶は韓国・大邱市出身である。大邱は韓国南東部の都市。二〇〇二年のサッカー・ワールドカップの会場にもなった。盧泰愚（ノテウ）元大統領など、政治家を多く輩出している。

孫鐘慶は一八歳のときに九州に渡った。筑豊の炭鉱で働き、のちに小作農として佐賀県鳥栖に住みついた。鳥栖駅は鹿児島本線と長崎本線が発着する。その駅の北に正義の生地があった。

鍾慶は江原道（カンウンドウ）出身の李元照と結婚。七人の子をもうけた。その長男が孫正義の父、三憲である。

孫家は誇りを持って生きてきた。高麗将軍の孫幹（そんかん）を先祖に持つといわれる、武門の誉れ高い家柄である。祖父は一九代に当たる。

祖母の李元照も格式の高い家で育ったが、李家は知人の借金の保証人となったために破産したと、正義は聞かされて育った。

父母は仕事で留守がちであったため、正義は祖父母に育てられた。これはやはり孫正義の人となりを考える上で重要なファクターだろう。

三憲は寡黙（かもく）な祖父とは違い、物事にこだわらず、明るい性格であった。三憲にすれば自分は他人とは違うのだということに強い自負もあっただろう。他人とは違う生き方をする。そのことに価値を見出していた。これが正義に影響をおよぼさないはずはなかった。

どんな小さなことでも、どこか人と違うユニークなことをする。こうした創造的な一面は正義にも受け継がれた。

正義は、貧しいなかで裸一貫で叩き上げて、事業をどんどん興していった父を尊敬している。

「ぼくは一・五代目だ」という表現をすることもある。父の事業を引き継いだ二代目ではないが、父から多くのものを引き継いでいるという尊敬の意味を込めてのことだ。

父もまた、正義と名付けた息子が誇りである。

「正しいことをやればかならず報われる。名前のとおりになりよった」

ここで時代を大きく遡る。幼稚園に通っていた正義少年は、明るく素直に育っていた。

ある日、幼い子にとっては屈辱的な出来事が起きた。

「ヤーイ、朝鮮！」

同じ幼稚園に通う年長の子が石をぶつけてきたのだ。

石は正義の頭に命中し、鮮血が飛び散った。

(なぜだ)

正義は大粒の涙を流した。この不条理な差別がどうしても理解できなかった。

祖父母が韓国からやってきたということは聞かされていた。

それがどうしていけないことなのか。

祖父母は、日本という異郷で、生きるために懸命に働いている。立派なことではないのか。どうして恥じなければならないのか。

祖母はいつも笑顔を絶やさず、優しくしてくれる。

「正義、私たちは働いて人に感謝しんといけんよ。人様のおかげじゃけん」

そんな祖父母の出身地である韓国のことを誇りに思っていけないのか。それ以前に、どうして日本人の前で口に出してはいけないのか。

幼い正義は、石を投げつけられたことを含めて、このことはけっして口に出してはいけないのだと自分に言い聞かせた。

そのことを忘れようとしてはいたが、成人しても、なぜか雨の日になると、古傷が痛んだ。

石を投げた子どもは、自分がどれほど大きな傷を与えたのか、気づいたろうか。おそらく、何ひとつ気づかずに――いまもどこかでのうのうと生きている。もっとも悪しき人間の典型として。

心に深い傷を負ったあとも、正義は明るさを失わなかった。

少年正義はのびのびと、それこそ天衣無縫（てんいむほう）に成長していった。

父の三憲はなかば本気で、正義に「おまえは天才だ」と言いつづけるようになった。

とにかく、ふつうの子どもとは何かが違う。性格というより、はじめからめざすものが違っている。親の欲目ではない。正義のほうも自分は天才ではないかと思い込むようになった。

いったん言い出したら、まっすぐに突き進んでゆく。一度、自分でこうと思い定めたら、ひたすらそれをめざす。父の三憲でさえ制御できない。

あるとき、正義が何かのはずみで祖母に口答えをしたことがある。

「正義、おまえはばあちゃんがおらんかったら生まれとらんやろうが。口返事（口答え）をしたらいかんよ」と、父に叱られた。

「じゃあぼくはばあちゃんに口返事をしない。お父さんもしたらいかんよ。父ちゃんも言い合いしようやんね。ばあちゃんと言い合いをするかせんか、はっきり返事して」

たとえ父といえども、正しいことをするのは同じではないか。子どもだから、親だからといった言い訳は通らない。少年正義はそう思った。

正義はあいまいな返事をする三憲を二階まで追いかけた。

振り返った三憲に、正義の顔は岩のように大きく見えた。涙があふれてきた。

「シン・イヨ（ああ神よ）」

祈りに込められる韓国人の思いだった。この子は、まさに神から授かったものとしか思えない。

この子は自分の子じゃない。社会のために使わなければ——正義には徹底的に勉強させようと考えた。

三憲は勉強しろと一度も言ったことはなかったが、正義の成績はよかった。ただ音楽だけは苦手だった。

学校で成績が優秀だっただけではなく、正義はリーダーシップを発揮した。

みんなから「やっさん」（当時は安本正義）と呼ばれて慕われていた。

クラスの子には優しく、だれにでも分けへだてなく接した。いつも一つひとつの「問題」に取り組んで、その問題点を明確にさせ、相手に非があれば、相手が納得するまで話し合った。

「私は小学校時代、多くのことを学びました。人を命令で従わせるのではなく、目的を共有しながら同志的に結びつくことも」

それがのちにビジネスの場でも生かされることになった。

「そういった同志的な関係が生かされるのなら、Ｍ＆Ａは最高の経営的な拡大の手法なのだと思います」

北九州市立引野小学校の担任だった三上喬（たかし）は、クラスのグループごとに目標を達成させる班教育に力を入れていた。正義はリーダー格だった。三上の影響もあって、正義は教師になりたいと思うようになった。

父と母に正義は言った。

「小学校の先生になりたい」

「ウーン、それは無理じゃね」と父。

「なぜ？」

「公務員だからな。国籍が日本じゃないとなれん」

「子どもたちに教育してやろうというのに、なぜ国籍が関係あるんだ」

両親は、この問題になると困った顔になった。事は個人の問題ではない。

「日本に帰化してくれ」と正義は父に詰め寄った。

「正義、おまえはわからんかもしれん。しかし、お父さんはな、おまえを天才だと思っている。小学校の先生は尊い仕事だと思う。だが、おまえは別の方面に向いているんじゃないか。おまえはまだ、自分の運命を知らんのだ」

父の説明に納得がいかない正義は、一週間、父と口をきかなかった。

教師をめざすきっかけとなった三上には最後まで、このことを話さなかった。

当時の三上は、正義が韓国籍であることを知らなかった。

三上のクラスで、正義たちは通信ノートを交換していた。そのノートは八冊にもおよんだ。

内容は多岐にわたっている。部活動で忙しく、病気で入院している母を見舞えない苦悩を訴えている正義の記述もある。

ぼくのおかあさんは、ねんきん病院に入院しています。とってもぐわいがわるそうです。でも、すなおに「はやくよくなってね」とかいいにくいです。ぼくは、おかあさんのありがたさがわかりました。それでおかあさんのことはとってもしんぱいしています。それで「おかあさん、だいじょうぶ」とか、のどのところまでいいかかっても、ついこわくていいだせません。どうしたらいいのでしょうか。

ぼく本人は、とてもおかあさんのことをおもっているのです。それでねんきん病院は面かいが六時までです。けれど、学級のようじやサッカーのれんしゅうをしていたら、いっつも五じ半ごろしかかえれません。

それでサッカーのれんしゅうをとちゅうでやめてかえるのも、みんなに、わるいような気がします。

それでつい何日かおみまいにいかれなかったら、兄ちゃんたちから「おまえは心がつめたい人間」といわれる。

ぼくはそういわれるのがいちばんつらい。

先生。どうしたらいいでしょうか。

「愛のポケット」と書かれたノートの表紙には、正義の詩がある。

相手を立ち上がらせたいからこそ、そして相手を信じるからこそ、相手の心にせまる！

友情イコール同情ではない
友情は——それは人間がほんとに人間らしく生きる証こである
友情は——男どおしの友情は、おたがいに相手の弱点を知りつくしたときに生まれる
友情は、おたがいまっぱだかになるときに生まれる
『友情』

正義は別の詩も書いている。この詩からは、小学校六年生の心情がまざまざと浮かび上がってくる。後年のホン・ルーとの友情やモーザー博士への信頼の情さえ、すでに萌芽として見られるのではないか。

『涙』
君は涙をながしたことがあるかい。

「あなたは」

「おまえは」

涙とはどんなに
たいせつなものかわかるかい。

それは人間としての感情を
あらわすたいせつなものなのだ。

「涙」

涙なんて、
流したら、はずかしいかい。

でもみんなは、涙をながしたくて、ながしてはいないよ。

「じゅん白の、しんじゅ。」

それは人間として、とうといものだ。

「とうといものなんだよ。」

それでも、君は、はずかしいのかい。

「苦しい時」

「かなしい時」

そして、

「くやしい時」

君の涙は、自然と、あふれでるものだろう。

それでも、君は、はずかしいのかい。

中にはとてもざんこくな、涙もあるんだよ。

それは、

「原ばくにひげきの苦しみをあびせられた時の涙」

「黒人差別の、いかりの涙」

「ソンミ村の大ぎゃくさつ」

世界中の人々は今もそして未来も、泣きつづけるだろう。

こんなひげきをうったえるためにも、涙はぜったいに欠かせないものだ。

それでも君ははずかしいのかい。

「涙とは、とうといものだぞ」

多感な正義少年は、原爆、黒人差別、そしてベトナム戦争中に起きたソンミ村の大虐殺を取り上げている。

正義感あふれる少年の気持ちが素直に表現されている。

友情を重んじ、差別を憎んでいた。

思いやり深い少年正義は明るく穏やかで、多くの友人たちに好かれていた。

# 12　あこがれ

一九七〇年三月三一日、日本赤軍が『よど』号をハイジャック。九人の犯人は韓国ソウルの金浦空港で乗客を解放後、平壌へ。北朝鮮に亡命を認められた。

四月、ビートルズが『レット・イット・ビー』を最後に解散した。四月一〇日、ポール・マッカートニーがビートルズ脱退を正式に表明した。ポールが脱退したのは家族とすごす時間がほしかったため。またジョン・レノンがオノ・ヨーコと結婚したためという説もある。

そして一一月二五日、『仮面の告白』『金閣寺』などで知られる人気作家の三島由紀夫が、楯の会メンバー四人と東京・市ヶ谷の自衛隊駐屯地に立てこもってクーデター決起を呼びかけたあげく、割腹自殺した。時代は大きく動いていた。

この年、正義は中学に入学している。周囲の激しい変化に気がついていたかどうか。

しかし、彼も時代の大きな渦に放り出された。

中学に入った正義はすぐにサッカー部に入部した。足を鍛えなければならないと考えた少年は、特製の鉄下駄をはいた。

七〇年代に流行していた人気劇画『巨人の星』。これは川崎のぼる作画、梶原一騎原作の熱血野球漫画で、星一徹と飛雄馬親子の熱い物語が多くの少年の心をとらえた。主人公の星飛雄馬は、全国の少年のあこがれだった。正義少年も例外ではなかった。飛雄馬はからだに特製器具をつけて鍛え抜き、伝説の投手になった。正義は、サッカーでその飛雄馬をめざした。

「飛雄馬のようになる」

一度やりはじめたら何事にも徹底する少年は、学校に通うときも足腰を鍛えられないかと考えたわけである。

二学期。孫一家は正義の進学のために教育レベルの高い学校のある福岡市内に転居した。両親が正義にどれほど大きな期待を寄せていたかわかる。そして城南区にある城南中学に転校した。名門修猷館（しゅうゆうかん）高校に数多く合格者を出す進学校である。

この中学にはサッカー部がなかったので、正義は剣道部に入部した。転校先でも正義は男だけでなく女生徒にも人気があった。

正義自身はまるで無関心だったが――。

彼が練習しているとき、どこからか視線が投げかけられている。正義の凜々しさは女生徒の心をときめかせた。剣道の防具をつけ、竹刀をかかえた剣士。少年ながら激しい闘志と剣の心を体現しているような精神がすでにみなぎっていた。

北九州から転校してきた正義の話す言葉と博多弁とではアクセントが異なる。

たとえば、「どうしたの？」は、北九州弁では「どしたん？」、博多弁では「どおしたと？」と微妙に違う。

「あそこに何かある」と言うときに、正義は「あっこ」と言う。

そこで、女生徒から「あっこ？」と言葉を繰り返され、からかわれた。

だが、正義はにこにこ笑っている。

そんな少年に少女たちは、くったくのない性格とともに、けっして自分の内面を他人にうかがわせない神秘さを感じた。そういう正義少年にひそかな恋心をおぼえた少女もいたはずである。

正義感にあふれた正義の性格は、中学生になるとさらに堅固なものになった。

国語の授業中、教師が不用意に安本正義のことを「あんぽん」と呼んだ。安本は「あんぽん」とも読める。

正義は腹を立てるでもなく、むろん黙りこくるということもなく、冷静に抗議した。

「先生、そげん言い方はようなかと思います。ちゃんと呼んでくれんですか」

教師は無視しようとしたが、二年三組の四五人のクラス全員が、正義を支持した。

（安本君ってカッコいい）

教師相手に正々堂々と自分の意見を主張できる生徒はそういるものではない。

男らしい態度の少年に、女生徒はうっとりとした眼差しを向けた。

ある日の放課後、女生徒たちが事件に遭遇した。

連れのクラスメートは慌てて学校に駆け戻った。

教室には、正義が残っていた。

「助けて！」

現場に駆けつけた正義は、不良少年に怒鳴った。

「やめんか！」

助けに入り、身代わりに殴られた。彼の犠牲で事件は収束した。

正義はよく仲間と遊んだ。自転車で室見川の上流の脇山まで行って、ドンコ釣りをした。

いっしょに釣りに興じた級友の古賀一夫とは、互いの家に泊まりにいった仲である。

「今夜、泊まりにこんや（こないか）」

と正義から電話がかかってくる。

「いいぜえ」

と古賀は答えて、夕食後、正義の家に出かける。

正義の部屋は教科書や参考書が並んでいるほかは、なんら特徴はなかったが、壁に貼ってあった女優、岩下志麻の大きなポスターが眼についた。岩下は『影の車』（松本清張原作）など、社会派映画に数多く出演していた。当時、二九歳の成熟した女優だ。このおとなの雰囲気を漂わせた女優に、正義少年はあこがれていたのである。

正義と古賀は、夜が更けるまでおしゃべりをし、音楽を聴いた。

また、当時正義が凝っていたものがある。ボウリングだ。そのためにときどき遅刻することがあった。早朝にボウリングをやってから学校に行くからである。夢中になると、徹底してやらないと気がすまない正義らしいエピソードである。

中学二年のときには生徒会長に立候補した。古賀は正義を手伝っていっしょにポスターを描いた。

中学三年生になると、正義は勉強に熱中しはじめる。北九州の中学ではオール五だった成績が、福岡の名門中学に転校してきたらオール二になってしまった。

全校で一番だった級友の三木猛義（たけよし）に相談した。

「どげんしたら勉強のできるごとなるっちゃろうか？」

三木の答えは「森田塾（森田修学館）に行けばいい」というものだった。正義は塾に行くことには抵抗があったが、目的のためにはもっとも近道と決めた。

正義は母と森田塾に面接にいった。森田譲康（よしやす）館長は、しばらく正義の通知表を眺め、言った。

「こげん成績じゃお引き受けできまっせん。ほかの塾ば探してもらえんやろうか」

むろん、そうですかとそのまま引き下がるような正義ではなかった。

ではどうしたか。

正義は友人の三木猛義の母、利子（としこ）に相談を持ちかけた。

「おばさん、森田先生に頼んでもらえんやろうか」

利子は正義の真剣な面持ちを見て、この子のためにひと肌脱いでやろうと考えた。利子は、正義をともなって森田塾をふたたび訪ねた。

「息子の友人の安本君です。ものすご、よか子です。どうぞ、よろしゅうお願いします」

その熱意に負けた森田は、受け入れを承諾した。

入塾を許された正義は必死に勉強するようになる。はじめこそ森田塾のレベルについていけなかったが、みるみるうちに成績は上がっていった。

のちに正義は利子に語っている。

「今日あるのは、三木君とおばさんのおかげです。三木君に出会っていなかったら、ぼくはどまぐれた不良少年になっていたでしょう」

どまぐれとは、ひどいという意味である。

卒業間際になり、正義たちはそれぞれ自分の進路を決め、別々の道を歩むことになった。

正義は落ち着かなくなった。

どうしても自分のなかで解決しておかなければならないことがある。

正義は古賀たち友人と天神(てんじん)に遊びに出かけた。

雨が降ってきたため、天神西通りの回転焼き屋に入った。正義はまんじゅうには手をつけず口を開いた。

「実は……」

友人たちの視線が集まった。

「いままで言えんやったばってん、言うとかないかんことのあるったい」

正義は真顔で言った。

「おれは、韓国人たい……」

言葉を選びながらつづけた。

「それのわかったら仲のこわれてしまうごと気のして、いままでみんなには言い切らんかったっちゃん。すまんやった」

友人たちは内心驚いていたが、何も言わなかった。

誰かが言った。

「雨がやんだごたあ」

「行こうや」

少年らは自転車に飛び乗った。

頬をなでる冷たい風が心地よかった。どの顔も晴れやかだった。

# 13　志士のごとく

孫正義は戦国武将にあこがれていた。

先祖は高麗将軍の孫幹だと、祖父から聞かされていた。そのことからか、祖国のみならず日本の歴史への関心を呼び起こされた。

さまざまな時代を彩った武将たち。なかでも正義は織田信長、豊臣秀吉、徳川家康など、戦国武将の物語に引きつけられた。中学生になったころからである。

戦国の武将に何を感じ、何を学んだか。キラ星のごとく立ち現われた武将のなかで、いちばんすごいと感じたのは織田信長である。その破天荒な生き方に惹かれた。尾張の虚け者と呼ばれ、若くして上杉、武田、北条という名門の重圧に抵抗し、戦国の梟雄、斎藤道三を舅に持った。それまでの封建社会というがんじがらめな伝統に果敢に挑みつづけた。天下に覇権を唱えてからは革新的な政策を断行しつづけた。関所の撤廃や誰でも自由に商売ができる楽市・楽座、またキリスト教の布教許可など、新しい政策を矢継ぎ早に打ち出した。

孫は私に志士たちについて語ってくれた。

一番すごいと思うのは織田信長。いちばん好きなのは坂本龍馬。

「すごいというのはなかなか自分がなれそうもない人物。好きというのはどこか欠点があり、とても人間的で身近に感じる人物です」

経営者でいえば、すごいのが松下幸之助、好きなのは本田宗一郎。

孫は織田信長から意識的に戦略眼を学んできた。

「いまの時代では、信長のように戦略的に世のなかを変化させられる事業家というのは、ほとんど見当たらない」

こうした英雄たちへの関心をいっそう大きなものにした作品がある。それは正義の人生に大きな影響を与えた。

司馬遼太郎は歴史小説だけでなく、数多くのエッセイ、文明批評作品などで知られる日本を代表する人気作家。司馬の『竜馬がゆく』は、いまや日本の国民文学と呼ぶにふさわしい作品である。幕末の志士、坂本龍馬の痛快な生き方を描いた長編歴史小説だ。

孫は『竜馬がゆく』（全五巻・文庫版は全八巻）を繰り返し読んだ。少なくとも三度は精読している。

最初に読んだのは一五歳のとき。翌年に高校を中退し、アメリカに留学しようと決める直前である。アメリカ行きを家族から猛反対された孫は、土佐藩を脱藩した龍馬に自分を重ね合わせた。

二度目は経営者となってから、病気で入院して生死をさまよったとき。明日を悩み、病気を恨んだ。しかし、この本で大いに勇気づけられた。くよくよ悩んでいる自分が小さく感じられたのだ。

三度目は一九九四年六月にソフトバンク（現・ソフトバンクグループ）の株式公開をしたすぐあと。コムデックスやジフ・デービス・インクを買収しようとしていた孫に、周囲からは無謀な投資だとする非難めいた意見が聞こえてきた。このときも龍馬が孫を勇気づけてくれた。

「一度しかない人生、後悔したくない。思い切ってやろう。そのほうがずっとおもしろいではないか。人生の幕を閉じる瞬間、ああよかったと思えるような一生を送りたいと思った」

幕末、若き血潮に燃える青年、龍馬は土佐藩を脱藩し、素浪人になる。アメリカ帰りの勝海舟との邂逅（かいこう）ののち門人となり、神戸海軍操練所（勝塾）塾頭として、書生たちの監督に当たる。慶應元（一八六五）年、長崎で海運と貿易を営む商社である亀山社中、のちの海援隊を組織した。断末魔の徳川家の命運を決める薩長連合の偉業を実現。江戸城の無血開城と大政奉還を画策した。慶應三（一八六七）年一〇月一四日、江戸幕府一五代将軍・徳川慶喜が政権の返上を朝廷に申し入れ、翌日、受け入れられた。ここに鎌倉幕府以来約七〇〇年つづいた武家政治が終焉した。

だが、その一か月後の慶應三年一一月一五日、京都三条河原町にある近江屋新助の二階で中岡慎太郎と話しこんでいた龍馬は、十津川郷の者と名乗る男たちに暗殺された。

少年、孫正義は、本能寺の変に倒れた信長と、京都市中で非業の死を遂げた龍馬に胸をえぐられるような悲しみをおぼえた。

ともに悲運に見舞われた以外に、信長と龍馬になんらかの共通項はあるだろうか。ない。その性格、資質、行動すべてが違う。だが、このふたりはともに新し物好きで、日本人離れした発想をする。

正義は寝ても覚めても龍馬に夢中になった。龍馬は日本人としてははじめてハネムーンをした人物であり、ウエスタンブーツをはいたモダンな男でもある。

一回きりの人生を龍馬のように思い切り生きてみたい。高校進学をひかえて、正義は人生を真剣に考えていた。

血湧き肉躍るような人生。信長のように。龍馬のように。

正義は自分の周囲を見まわしてみた。いざなぎ景気に酔う昭和元禄。一世帯当たりの年間所得が前年比で一二・五パーセントの大幅な伸びを見せて、はじめて年収一〇〇万円を突破した。その一方で、海外からはエコノミック・アニマルと厳しい批判を浴びた。

みなそれぞれが豊かな生活を送っている。だが、それでいいのだろうか。ただ、毎日飯を食べてやがては死期を迎えるような人生は送りたくない。

志高く、堂々と人生を歩んでいきたい。龍馬のように。

幼いころ、小学校の教師か画家、もしくは事業家、政治家――とにかくこうした職業につきたいと考えていた。少年らしい未来像といえるだろう。それぞれに創造性を求められる立派な職業である。

だが、中学校に入るころ、教師になるには国籍の問題で無理とわかった。よし、それなら別の職業をめざせばいい。事業家になることを決めた。

龍馬の生きた幕末なら、政治に命を懸けることもできただろう。しかし、日本の現状を見ても、政治はダイナミズムを失っている。もし、龍馬が現代に生きていたとしたら事業にこそ命を懸けていたに違いない。事業家になる。正義はそう決心した。

中学校の成績は、三、四、五がそれぞれ三つずつ。英語と理数系が強かった。性格はまじめで頭脳明晰だったが、通知表の評価だけを見れば、かならずしもずば抜けていたわけではない。

博多きってのエリート進学塾である森田塾に入塾してからの正義は、勉強に集中した。九州には、鹿児島のラ・サール高校、福岡の久留米大附設高校など東大への進学率が高い進学校がある。正義はそのどちらかに入ると決めた。

だが、正義の人生には思わぬ悲運が待ち受けていた。父の三憲が体調を崩して入院したのだ。酒と過労のため肝硬変と十二指腸潰瘍を併発し、洗面器いっぱいに大吐血したのだ。病状は深刻なものになった。鹿児島に行くわけにはいかない——考えあぐねたすえに正義は、自宅に近い久留米大附設への進学を決めた。医者の子息が多く通うことで知られる名門の男子校である。

猛勉強の甲斐あって、正義の成績はトップクラスに急上昇した。正義の通った城南中学から久留米大附設高校に入るには、学年で二〇番以内に入っていなければならなかった。競争率は一一倍。きわめて厳しい狭き門だった。いくら成績が上がったところで、確実に合格するという保証はどこにもない。だが、どうしても久留米大附設に入る決意は変わらなかった。

「受からなければ、来年また受けます」

そう公言することで、自分を奮い立たせたのだ。正義は、そういうときにこそ実力を発揮する。

一九七三年二月、合格発表が行なわれた。

難関を突破して、正義はみごと合格。

四月八日、正義はこの門をくぐった。桜並木が満開であった。

一年C組の担当になったのは、赴任して三年目の阿部逸郎である。二六歳。この年、はじめて自分のクラスを持った阿部に、安本正義は強烈な印象を残している。

もの静かで、いつも笑みをたたえた少年が、教員室に訪ねてきた。

「先生、学校を作ろうと思うのですが、協力していただけませんか?」

友人同士で話すときの正義は博多弁だが、目上の人などに話すときは、標準語で理路整然と話す。

阿部には正義の言葉の意味がとっさに理解できなかった。

「学校を作る?」

「カリキュラムも組んであります」

正義は、一枚の紙を見せた。

「そのためには、きちんとした先生が必要なんです。私は教員にはなれないので、先生に是非なっていただきたいのです」

正義は真剣である。

「失礼ですが、いまの給料はいくらですか?」

何を言い出すのか。阿部があっけにとられていると、現在の二、三倍の額を払うという。いきなり新入生からこんな話を切り出されたら、教師たるもの、どう返事をすればいいのか。

「よく考えておくよ」とだけ答えるのが精一杯だった。

のちになってわかったが、正義は校長にも同じことを相談している。優秀な人材を引き抜きたいと真剣に考えてのことである。原巳冬校長は、県立高校の校長を長いあいだつとめた、県下でも有名な人物である。その人材にも、正義は堂々と「ヘッドハンティング」をしようと考えた。

原からは叱責を受けたが、正義は机上の空論ではなく、どこまでも真剣だった。

ここに事業家としての孫正義の萌芽を見ることができる。

正義は西鉄久留米駅に近い、町の有力者の家に下宿した。下宿の前にはお地蔵さんがある。毎日、お地蔵さんに手を合わせながら、学校までの二五分を歩いて通った。正義は歩きながら考えた。日本人だったら、高校に三年間通って、大学四年を終えてからでもいいかもしれない。だが、韓国籍である自分はどうしたらいいのか、明快な答えを引き出せないでいた。

何か事業をやりたい。教育に関心があった正義は、塾かもしれないと考えた。

正義は中学以来の同級生三木猛義の母、利子にも相談を持ちかけている。

「このあたりに塾を作りたいので、おばさん、物件を探していただけませんか？」

マーケットリサーチをして、周辺は団地が多く、採算が取れると踏んでいた。

「大学を卒業してからでも、遅くはなかでしょう」とたしなめた利子だったが、そのときの燃えるような少年の眼を忘れることはなかった。

「あの子はどこか違う」

高校での正義は、あくせくと勉強ばかりの日々を過ごしたわけではない。ゆったりとした高校生活を送った。当時は部活動がなかったので、比較的自由な時間もあった。

当時流行していた里中満智子などの少女漫画を読んだり、週末になると友人たちと久留米の繁華街に繰り出した。映画を観たり、ラーメンを食べたりした。

同校では、テストで一五番以内になると名前が貼り出されるのだが、彼の名前はない。正義にとって、もっとも関心のあったのは人生をどう生きるか。坂本龍馬のように。幕末の志士のように。

正義は実行した。

七月、祖父母の出身地である韓国に祖母とふたりで旅行をした。そして夏休みを利用して、アメリカのカリフォルニアに一か月の語学研修旅行に出かけた。その一連の体験が、その後の正義の生き方を決定づけたことはすでに書いた。

正義は日本の名門高校をわずか一学期あまりで中退して、アメリカの高校に。さらにカリフォルニア大学バークレー校に進学した。学生だがビジネスをはじめて、音声機能付き電子翻訳機の発明の売り込みに成功し、一億円の契約金を手にした。

孫正義は事業家の道を踏み出した。

## 14　夢追い人（ドリーマー）

ビジネス・パートナーで、友人でもあるホン・ルーは、孫正義のことをどう見ているか。

孫について私が訊くと、ホン・ルーはこう答えた。

「夢を持ったギャンブラーだ。ただし、負ける勝負はしない」

アメリカのハイテク雑誌『THE INDUSTRY STANDARD』誌、二〇〇〇年九月四日号の表紙は孫正義で、見出しは「ギャンブリング・マン」である。いかに、彼がすべてを賭けてインターネットにのめり込んでいるかがわかる。

とにかく、友人から見ても並みのビジネス感覚ではない。

夢は誰でも持っている。しかし、その夢を実現するのは、やはりたいへんな才能と執念が必要なのだ。どんな危険にもあえて挑んでゆく。その姿勢はすでにバークレー校時代に芽生えている。

音声機能付き自動翻訳機の試作機の開発に成功した孫は、オフィスもホンの家から、オークランドの空港近くに移した。三階建てのビルの二階、六〇平方メートルほどの広さである。

Ｍ ＳＰＥＥＣＨ ＳＹＳＴＥＭ ＩＮＣという社名も変えた。ユニソン・ワールドという。

この命名がすごい。一度聞いただけで、誰でもおぼえられる。

ホン・ルーの肩書きも、それまでの「雑事」から「プロジェクトマネージャー」に昇格した。もっとも、実際には仕事内容はますます複雑化していたので、広範な「雑事」だった。

会社として体裁も整ってきた。

ある日、孫はホンに封筒を渡した。

「よく頑張ったから」

ホンはその株券を見て驚いた。株券といっても、正式なものではない。たしかに有望な会社ではあるが、株式上場しているわけではない。極端に言えば、白紙を渡されたようなものだ。だが、孫はジョークやいたずらでこの株券を渡したのではない。

会社の一〇パーセントをあげるという意味だった。のちには二〇パーセントまでに増えた。

ホンは、もらえるものはもらっておこうと思い、大切にしまった。

一方、シャープの佐々木正は契約を交わしたあと、アメリカにやってきた。孫を信用しなかったわけではないが、一抹の不安はあった。独創的なアイデアと見込んで契約したものの、これが実現しなかったら、やはり失態になる。慎重なビジネスマンとしては、孫の今後の可能性までも見届けようという気持ちだった。佐々木もまた、夢を追うギャンブラーだった。

研究員やパートを合わせた一五人のスタッフが忙しく働いているのを見て、佐々木は安心した。ますます孫に対する期待がふくらんだ。

プロジェクトチームは、一枚のＩＣカードを入れ替えると、五か国語に対応できる音声機能付き電子翻訳機を作っていた。のちにこれはシャープの世界初のポータブル多言語電子翻訳機「ＩＱ３１００」に発展する。

このときの正義はまさに夢を追っていた。それは別の大きなビジネスのチャンスとして現われてきた。ある日、孫はほんのちょっとしたニュースを知った。それも日本でのゲーム機器に関するものだった。

アメリカと日本を何度も往復するうちに、孫は日本で起きているブームを見逃さなかった。

一九七九年三月から八月にかけて起きたインベーダーゲームの大流行である。ちなみに、その年にはパソコンブームも起き、NECのPC－8001が発売になり、夏にはソニーからウォークマンが発売になっている。

インベーダーゲームはその前年に日本のゲーム会社、タイトーから発売されたもので、それまでのゲームとは大きく異なる。まるでSFの世界で、異星人が地球を侵略するように、インベーダー軍がプレイヤーの陣地に襲いかかってくる。プレイヤーは自分の砲台を操ってインベーダーを撃ち落とすという斬新な発想である。単純といえば単純だが、前例のないものだった。

孫は事業家の眼でこのゲーム機をじっと観察していた。

結論は、まさに単純明快だった。

このゲームのブームは一時的なものだ。

ただ侵略者が攻めてくるだけで、ゲームに興じている人たちも、しばらくすればその動きを読むようになる。

ゲーム機の価格は一台一〇〇万円だが、ブームが去れば、それこそ「つわものどもが夢のあと」である。

孫の読みどおり、ブームは消え去った。孫の先見性のすごさである。ただし、ここからほんとうのすごさが現われる。

日本人は、なぜインベーダーゲームに夢中になったのか。そう考えたとき、孫の人間観察のユニークさが生きてくる。

日本人はものごとに熱中するが、冷めやすい。だが、アメリカ人の場合はどうか。

孫はすばやい行動に出た。

孫は機械を買うために日本に飛んだ。

ゲーム機製造会社の担当者と交渉した。

孫は「一台五万円」を提示した。

一〇〇万円もする機械だ。

相手は冷ややかな笑いを浮かべた。

だが、孫はこれで引き下がるような男ではない。相手がせせら笑ったときに、勝負が決まったといってよい。

このまま倉庫に置いておいたら倉庫代がかかるだけだということを孫は見抜いていた。

三か月後に現金で払う。一台五万円で一〇台。

「あんたには負けたよ」

担当者は苦笑いをした。

孫正義、二二歳。この若者は、ふつうの若者とはまるで違う。

日本で仕入れた機械を、船ではなく飛行機でアメリカに送ることにした。この発想こそ、孫のユニークさであった。

日本でのブームが去った機械を輸入する場合、たいていの商社なら船便にするだろう。ところがわざわざ費用の高い航空便で送る。税関手続きを入れても三日もあれば着く。船便にすれば三か月もかかってしまう。はじめからビジネスにならない。鋭いビジネスセンスの持ち主ならではの発想である。

並み外れた事業家であるためには、いつも明快、冷静な計算が必要なのである。

孫が日本から戻ると、ホンは意外な顔をした。

「ゲーム機？」

せっかく苦労して一流大学を出たのに、ゲーム機を運ぶ仕事をしなければならないのか。ホンは大きなからだを丸めた。

ゲーム機を置いてくれる店はなかった。

そこで、孫は昼休みにホンといっしょにレストランに出かけた。

食事のあと店長を呼んだ。ゲーム機を店に置いてほしい。

「怪訝（けげん）な顔をしなくてもいいですよ」

おもむろに孫は、このゲームがいかに日本で人気があるかを説明した。

店長は興味を示しはじめた。

孫はたたみかける。

「利益の取り分は五分五分。まあ、だまされたと思って三日間だけ置いてくれませんか？」

孫は私に語ったことがある。

「相手に得をさせれば、自分のことを味方だと思ってくれる。そのあとの話もしやすくなり、ひいては私にも返ってきます」

孫のしたたかな交渉術である。

彼の手にかかれば、どこの店も断らなかった。

インベーダーゲーム機の設置場所を見つけるために、孫は毎日昼食のレストランを替えた。ダンスホールもある日本食レストラン「ヨシズ」も、そのひとつである。「ヨシズ」はバークレー校に近いカレッジ・アベニューとクレメント・アベニューにあり、繁盛していた。

これまでときおり顔を見せていた学生から、突然、ゲーム機を置いてほしいと言われたため、店長は驚いたが、説得に負けて二台機械を置いた。

ずっと後年、経営者の秋葉好江は思いがけない体験をする。のちに「ヨシズ」はバークレーを離れ、「よしの店」と名前を変えてオークランド湾に面したジャック・ロンドン・スクエアに移ったが、ある日、見おぼえのある男がひょっこりと店に現われた。

男は、白髪の紳士と楽しそうに会話していた。

バークレーの店によくガールフレンドときていた学生で、白髪の紳士はかつて店にもきたことのある大学教授のモーザーである。

秋葉は、このお客に思わず声をかけた。

「あなたいま、何をしてらっしゃるの？」

日本のことやビジネスの世界にうとい秋葉は、小柄な日本人にそう訊いた。

「まあ、なんとかやっています。その節はお世話になりました」

微笑みながら、孫はインベーダーゲームを置いてもらったお礼をのべた。

秋葉はかつて「ヨシズ」に顔を見せていた学生風の男が、いまをときめく孫正義だと聞かされ、懐かしさと驚きでしばし絶句したという。

# 15　バークレーの春

孫正義はすでに一流のビジネスマンとして頭角を現わしていた。

だが、一九七九年当時、孫はバークレー校経済学部四年生であった。まだ大学を卒業していない学生だった。

インベーダーゲーム機を日本から輸入する。いまなら、ごく自然な発想だろう。しかし七〇年代、しかもアメリカに行って勉強している留学生の発想とすれば、ユニークどころの騒ぎではない。

なかにはゲーム機の設置を断る店もあった。それを押し切ってゆく度胸こそアメリカでの成功を約束するものだった。

断られたからといってひるむような孫ではない。ときには経営者に直談判して迫った。

「おいおい、何を言うんだ、いきなり」

経営者は慌てふためいた。

「簡単だよ、商売をぼくはやりたいのです」

経営者はゲーム機など置いたら、店の雰囲気が悪くなると言う。

「そういうことを言い出すから商売熱心じゃないと言っているんですよ」

「どういうことだ？」

「ヴィクトリアステーションにぼくの機械を置いてある」

すかさず引き合いに出したのは、ステーキレストランとして流行っている「ヴィクトリアステーション」までが待合室に置いてあることだった。

たいていの店は孫の粘りに負けた。

ところがある日、思いがけない電話があった。

つい一年ばかり前、ホン・ルーがマネージャーをしていたことがあるアイスクリーム専門店のアイスクリーマリーからだった。

「すぐきてくれ。きみのゲーム機が壊れて、客が文句を言っている」

孫はアイスクリーマリーに駆けつけた。挨拶もそこそこにゲーム機の前に飛んでいった。操作してみる。動かない。故障したのか。孫の胸を不安がかすめた。新品のはずだった。運搬の途中で故障が起きたのか。だが、ゲーム機のまわりに集まっていた人たちは—信じられない光景を見たのだった。機械が壊れたのではなかった。コインボックスにコインが入り過ぎて機械が動かなくなっていたのだ。

二五セントコインがあふれんばかり。機械が動かなくなっていたのだ。喜劇映画のワンシーンのように腹をかかえてのぞき込んでいた客たちが大笑いした。

アイスクリーマリーは、バークレーの若者たちでごった返すホットスポットだった。もともと、アイスクリームは、アメリカ人にとって大きな文化になっている。アメリカでもっとも有名な大学の学生たちがアイスクリームを食べながらゲームをするのに夢中になった。

孫がわざとおごそかな態度で取り出したコインを手渡すと、店長は大喜びした。こういうときのアメリカ人はじつに素直に自分の感情を表現する。

「よし、きみの機械をもう一台入れようじゃないか」

大学生の孫は資本金ゼロから、わずか二週間で機械代から飛行機の運賃までも稼いでしまった。

半年間でゲーム機の数は三五〇台になり、一億円を超える利益を出した。しかも資本金はゼロだった。

この成功がほかのアメリカ企業の注目を浴びた。北カリフォルニアだけで一〇〇社ほどが参入した。

だが、孫はトップの座をどこにも譲らなかった。

資本金ゼロから、一億円もの利益を上げる。

「ありえない、不可能だ」

と考えるのが常識だろう。

ソフトバンク・アメリカの社長をつとめたことのあるテッド・ドロッタは言う。

「孫さんは、サンフランシスコでランチの約束をして、同じ日にニューヨークで別の人と会う約束をしてしまうことがある。これは不可能だ。しかし、ことビジネスに関して、彼にとっては不可能だとは言えない。とにかくすごい人物だ。同じ日に、サンフランシスコとニューヨークでランチをとるようなアイデアがごく自然に生まれてくるのだから」

孫には並み外れた能力がふたつあるとドロッタは言う。ちなみにドロッタほど、孫をよく知っているアメリカ人は少ない。孫にとって「アメリカの父」と人々は言う。

そのドロッタが断言する。

ひとつは、問題の本質を見極める驚くべき能力。本質を見極めて、素早く対処する。

もうひとつ。信じがたいほど一所懸命に仕事をする。これは孫の並み外れた生き方だが、ただ一所懸命に仕事をしている人ならばいくらでもいるだろう。孫が常人と違うのは次々と新しい視点を引き入れること。そうした能力に長けている。

そのふたつの能力が発揮されたのが、バークレー校のキャンパスのすぐ近くにあるゲームセンター買収である。

学生がちょっと息抜きをするには絶好の場所である。本屋、レコードショップなどが並んだ一画にあり、いまでも学生たちのプレイスポットになっている。

そのいわば一等地のゲームセンターを買い取る。大学生の身では資本金があるはずもない。だが、二〇〇〇万円（当時のお金で九万ドル）で買い取ることができた。

当然、真っ先に銀行に交渉に行った。ホン・ルーの持っていた家を抵当に入れた。綿密な事業計画と情熱が伝わって銀行からプライムレート（最優遇貸出金利）で借り入れができた。大学生にとっては例外ともいえる融資条件だった。

これは孫にとってはじめての企業買収である。

孫には成算があった。

これまた常識を覆すような自信だが、これこそドロッタの言う戦略であった。

一か月で三倍の売上げにする。

孫は徹底して合理化を実行した。

ゲームセンターの機種別の売上げを調べる。とにかく徹底したリサーチが大切だった。

なかにはあまり人気のない機種もある。最初は関心を持たれても人気が落ちてきた機種もある。毎日、機種のひとつひとつまでくまなく調べ上げる。孫の戦略のひとつだ。機種ごとの細かいグラフを見れば、何日目で損益分岐点に達したかひと目でわかる。キャッシュフローを徹底して重要視したのだ。目標を設定して、それに向かって着実に達成していく。

これが今日の孫のビジネスを特徴づける「日次決算」につながる。

孫のすごさは、こうした地道な努力を惜しまないところにあった。天才は一日にして成らずである。

バークレーのめぼしい店のほとんどにテーブル型のゲーム機を備えつけたので、新しいゲームも導入しやすくなった。基板さえ取り替えればいいのだ。基板は小さいので運賃も安かった。

当時、八〇年代に入ろうとしていた日本で流行っていたゲームソフトを次々に導入した。パックマン、ギャラクシアン、スクランブルなどだ。

やり出したら徹底してやるのが、孫のやり方である。従業員に対しても。

アルバイトを募集したとき、孫はアメリカ人しか雇わなかった。最初からアメリカ人だけをビジネスの対象にしていたのである。当時のバークレーには、ヒッピー崩れや、どうかするとマリファナを売ったり、いかがわしいバイトをしたりする連中もいた。

はじめは無差別に雇ったが、どうみても無能なやつ、まるっきりの怠け者、とにかくいろいろなのがいた。

孫は三日間、彼らを観察していた。初日ははじめて仕事についたのだから、人より仕事ができなくてもしかたがない。二日目、たいていの人は仕事に慣れるし、仲間たちとの協調性も身についてくる。だが、三日目になってもまるで変わらないのもいる。そういう人材を孫はただちに解雇した。

ゲーム好きな学生アルバイトが孫の眼鏡にかなった。彼らは誰に言われなくても徹底的に働いた。売上げが伸びた。

買収したゲームセンターはわずか一か月で三倍の売上げを記録した。

驚異的な企業家精神であった。

だが、当時の彼は模索していた。

孫の経営するユニソン・ワールドの命名には、いろいろな言葉の意味が含まれている。

孫の通うバークレー校は基本ソフトOSのＵＮＩＸ（ユニックス）を発展させた大学である。ＵＮＩＸはＡＴ＆Ｔベル研究所で開発されたＯＳ（オペレーションシステム）。

ちなみにバークレー校では初期のＵＮＩＸに独自の拡張機能を組み込み、ＢＳＤと呼ばれるＯＳを開発していた。インターネットに接続されたサーバーではＵＮＩＸが使われている。そのユニ（ックス）とソン（孫）をつなげるとユニソン、「調和」でもある。ワールドは世界に通用する会社にしたいと考えたからだ。

また、調和を重んじる孫はホン・ルーも驚かせた。

会社創業から二年目のある日、いきなりホンを副社長に任命した。ホンの働きに報いたのだ。

「いつから？」

「いまから」

孫には、そういうところがある。

ホンは、孫に認められたことが嬉しかった。

この七九年から八〇年にかけてユニソン・ワールドは順調に売上げを伸ばした。

ところが、またしても孫はホンを仰天させた。

「日本に帰る」

ホンはまた、ほとんど言葉を失っていた。仕事は順調にいっている。それに、孫の性格からすれば、日本よりもアメリカでビジネスをしたほうが成功するに違いない。

孫は私に語ってくれた。

「せっかく会社がうまくいっているのに、ばかじゃないのかとみんなに言われましたよ。でも、ユニソン・ワールドはぼくにとって将来会社を興すための予行演習みたいなものだった。大学を卒業したら日本に帰ることははじめから決めていました」

もっとも大切なことがあった。

「母との約束を守るためです。いかなることがあっても約束は守る」

これは孫にとって、目先のビジネスや利益よりもとても大切なことなのである。むろん、これは母だけに対してではない。

友情でもそうだ。

孫は私に笑いながらこう言った。

「たとえば、たかが五〇〇億円やそこらで友情を裏切ったら、しょせんその程度の人間なんだ。そういう人間にぼくはなりたくない」

孫の生き方を貫く哲学である。

一九八〇年三月、孫はバークレー校を卒業した。

人生のほとんどすべてをこのバークレーで学んだ。孫の原点である。

八〇年代、小さな規模ではあったが、すでに大学のキャンパスはネットワークで結ばれていた。孫もバークレー校のエヴァンズ・ホールのコンピュータ室に入りびたっていた。つまりはそのエヴァンズ・ホールこそが孫を作ったのである。

いつも若者たちでいっぱいだったコーヒーショップ。なかでも、「カフェ・ストラド」や「オ・コクレ」など。「カフェ・ストラド」は映画『卒業』の舞台にもなった。「オ・コクレ」は多くの学生たちの溜まり場。

孫の青春の日々と切り離せない懐かしい場所であった。妻となった優美とデートした思い出がいっぱいある。いっしょにチーズバーガーやクラブサンドイッチを頬張ったこともある。

ちょっぴり感傷的になったが、孫には新たな希望があった。

「そのままアメリカに残って会社をつづけたい気持ちもありました。でも、日本でもう一度ゼロからはじめて、絶対に成功させるんだ。世界を相手に事業をはじめる。いずれはアメリカでリターンマッチをやりたい」

〝I shall return.〟（戻ってくるぞ）

孫は心に深く刻んだ。

その年の三月、孫は日本に帰った。

いまや孫がめざしていたのは、日本一である。だが、その日本のどういう分野で日本一になるか。志はあったが、まだ何も決まってはいなかった。

# 第二部

# 16　青春のドン・キホーテ

アメリカの一流大学といえば、ハーバード大、イェール大、そしてカリフォルニア大学バークレー校である。

そのバークレー校に進学するというだけでもたいへんな勉強家ということになるが、孫は卒業のときにハーバード大から大学院入学を勧められた。そればかりではない。アメリカ最高の理工科系大学ＭＩＴ（マサチューセッツ工科大学）からも熱心な勧誘があった。母校の大学院も、学費免除という破格の条件で、引きつづき進学を勧めてきた。

孫はバークレー校の三年生に編入し、三年かけて卒業した。そう聞くと、ひょっとして成績が悪かったのかと思う人がいるかもしれない。とんでもない。学生時代に事業をはじめたため、一年間休学しなければならなかったのである。音声機能付き電子翻訳機の試作機作りに専念したときと会社設立のとき。日本に飛んで、すでにブームの去ったゲーム機のリースでアメリカを奔走したとき。

ふつうの学生なら大学を休学してまで、日本に契約に行ったり、ゲーム機を買い付けにいくだろうか。

学生事業家として順調だったが、学業も優秀だった。休学した期間、勉強を怠ったわけではない。誰も知らなかったが、孫の猛烈な勉強ぶりを、夫人の優美は見つづけている。

大学院に残ろうと思えば、どこでも歓迎されたはずである。どういう分野でも、孫は優秀な研究者として注目されたであろう。

だが、孫正義の野望は——研究者として生きることにはなかった。

なぜか。孫は言う。

「自分が生きようとしている時代は、どうひかえめに見ても、千載一遇のチャンスを秘めている。いわば、世界が大きく手を広げて自分を待っている」

それは青春の野望につながる。

ビジネスがおもしろくなっていた。実力を試したくてうずうずしていたのだ。ただし、向かうところ敵なし、などとは思っていない。ビジネスの世界はそれほど甘いものではない。そういう冷静な判断が、彼の野望をただの夢想に終わらせない。

差し迫った理由もあった。英語学校時代からずっとつき合ってきたガールフレンドの優美と大学三年で結婚していた。妻を幸福にすることが最高の男なのだというのが孫の考え方だ。

一九八〇年三月、孫はカリフォルニア大学バークレー校を卒業する。

このとき孫は卒業証書をもらっていない。卒業式の一週間前に日本に帰ったのだ。

「ぼくは大学に行った。が、卒業証書をもらうために大学に行ったのではない」という気負いもあった。

だが、はるか後年、自分の娘がやたらなんでも知りたがる年齢になって、

「お父さん、ほんとうにアメリカの大学に行ったの?」

と聞かれるかもしれないと思った孫は、のちにアメリカでのインタラクティブ社との契約の折、わざわざバークレー校に立ち寄った。

「ぼくの卒業証書ありますか?」

事務局の女性は唖然としていたが、すぐにコンピュータで孫の名前を検索した。

「ありましたよ、ミスター・ソン」

彼女はまだ驚きからさめやらない表情で聞いた。

「いままで何してたの?」

卒業証書を取りにこない学生がいるということが信じられなかったようだ。孫のほうはきちんと卒業証書が残っていたことに驚いた。

卒業してじつに八年後のことである。

六年間の留学生活にピリオドを打ち、孫は日本に戻った。すぐに西鉄大牟田線の大橋駅（福岡市南区）近くに、会社を設立するための事務所をかまえた。

一年後の一九八一年三月、雑餉隈（ざっしょのくま）（福岡市博多区）に事務所を移し、市場調査などをするための企画会社、ユニソン・ワールドを設立した。

登記に当たっては、代表「孫正義」と記した。ここにはっきりした孫の姿勢が感じられる。

孫が韓国名を名乗ることに親戚の多くが猛反対した。

「おまえは、在日韓国人であることが、日本の社会でどういう意味を持っているかわかっていないのだ」

というのが一致した意見だった。

「親戚の人たちはそれでは社員も集まらないし、銀行もお金を貸してくれないぞと私を説得しようとしました。おやじは黙って聞いていましたね。みんなそれぞれにつらい思いをしてきたので、その気持ちは痛いほどわかりました。でも、正々堂々と本名を名乗ることにしました。その上で自分を認めてくれる人がほんとうの社員であり、銀行だと思ったからです。逃げるのはいやなのです」

表面では差別を否定しながら、陰湿な差別が残っている日本の社会で、あえて韓国名を堂々と名乗って生きていくことははじめから不利に決まっている。ましてやビジネスの世界では大きな妨げになる。親族としては、アメリカ帰りの若者に日本という閉鎖的な社会の実態を理解してほしかったのだ。

だが、孫は毅然(きぜん)とした態度を取った。青春期を過ごしたアメリカでは、国籍を気にする者は誰もいなかった。

韓国人が、韓国人としての血をはっきり自覚してどこが悪いのだ。この日本でこそ、韓国人の名で生きてゆく。アメリカの自由な空気をたっぷり吸った孫には怖くなかった。

のちに孫は、韓国籍のままではパスポートを取るのが厄介だということで日本籍に変えた。

「国籍は符号のようなものですが、日本に税金を払っています。市民としての権利もあります」

子どもの将来を考えた側面もあった。

ところが日本国籍を取得するのは簡単ではなかった。法務省で受けつけないと言われたのだ。

孫はある秘策を講じた。韓国では夫婦は別姓なので、妻は大野という元の姓のままである。そこでまず、日本人である妻が裁判所に申請して、大野の姓を孫に改名したのだ。孫は再度、法務省に行き、「日本国籍の人で孫という名前はないか」を調べさせた。

係官は言った。

「ひとりいました。あなたの奥さんです」

こうして、孫正義という日本人は誕生した。

「やっと取れたよ、取れたよ」

孫は満面に笑みを浮かべて、社員たちに日本国籍を示す書類を見せた。

八〇年代、日本で興した会社をどう発展させていくか。

会社としての体裁はとりあえず整っているが、これは日本という未知数の市場で、これから何をやるかを決めるための会社。ほとんど実績のない会社といってよい。

「日本でビジネスをやるからには、絶対に日本一になってやる」

いろいろと計画を立てながら資料を集めた。たちまち二〇を超える事業のアイデアを思いついた。その一つひとつを調べていく作業は時間がかかる。そこで、社員をひとり、アルバイトをひとり雇った。

会社は木造二階建ての事務所の二階。トタン屋根の安普請だが、雨もりはしない。部屋の広さもせいぜい一〇畳ほど。階段を上がるとみしみしと音がする。

もともとクーラーもない。扇風機を止めるとじわっと汗が噴き出してくる。扇風機をかけると書類が飛ぶ。慌てて拾い集めるのが孫の役目だった。

このころ、長女が誕生した。

妻の優美がいとしげに抱き締めている長女を見たとき、あふれるような感動をおぼえた。バークレー時代から愛し合っていた女性との、はじめての子どもを得た喜びが孫の内面を突き動かした。

仕事が終わって夜遅く家に帰ると、稚（いとけな）い娘がギャーギャー泣いている。ときには孫はオムツを替えたりすることもあった。

孫にあるのは、あふれるほどのエネルギーだけだ。

毎朝、車を運転して事務所に行く。

（何かやるぞ）

だが、何を？

（決まっていない）

苦しい。

焦る。

当時孫の収入はゼロ。誇張ではない。まったくの無収入。出口のないトンネルに入ったようなもの。不安だった。

いったん何をやるか決めれば、変えることは絶対にない。

これと決めた分野でナンバーワンになりたいと願った。孫はスタートにこだわっていた。どこからスタートするか。

「惰性で自分の人生を決めたくなかったのです。中途半端な妥協はしてはいけない」

選択肢はいくらでもある。すぐ思いつく分野からはじめたとしても、それでは一〇年もたてば、かならず頭打ちになる。そのたびに業種を変えなければならない。そういうことはしたくない。

孫はすぐさまノートをとった。大学時代に身についた方法である。頭に浮かんだことはなんでも書いておく。業種選びの条件、言うなれば絶対条件を列記した。

儲けなければ事業をやる意味がない。

将来、伸びていく業界かどうか。

向こう五〇年間、夢中になって打ち込めるか。

さほど大きな資本を必要としないこと。

若いからこそできるはずだ。

将来、かならず企業グループの中核になってみせる。

誰も思いつかないユニークなビジネスをめざす。

遅くとも一〇年以内に少なくとも日本でトップになる。

事業成功のカギは、人を幸せにするという信念があればこそではないか。

二〇世紀後半から世界に飛躍する。

その数は二五項目。

表面だけ見れば、ごく当たりまえの経営哲学にすぎない。

だが、孫のユニークさは、選択肢のそれぞれに独自の指数をつけたことにある。

事業ごとに作成した書類の束が、それぞれ四〇センチ近くにもなった。最終的には四〇業種あったから合わせれば十数メートルになった。


総合点がもっとも高いものに一生を捧げる覚悟だった。

トタン屋根の会社。そこにミカン箱の演台をこしらえる。その上に立って、社員とアルバイトのふたりに熱っぽく語った。

「売上高は五年で一〇〇億、一〇年で五〇〇億」

「いずれは豆腐のように、一丁（兆）、二丁（兆）と数えたい」

ふたりの従業員は黙って聞いていた。だが、毎日聞かされたのではたまらない。

まもなく、社員もアルバイトも去った。

憑かれたように野望を語る孫に呆れていたに違いない。

ドン・キホーテ。

たしかにドン・キホーテだった。だが、青春のドン・キホーテだった。
孫のからだに熱いものがこみあげてきた。
彼はまだ、二四歳になったばかりだった。

# 17　巨人と天才

ビル・ゲイツは、ハーバード大学を中退している。中退した理由は――大学で勉強するよりも、コンピュータの開発に割く時間のほうが重要だったからである。

日本の共通一次試験のような大学入学試験で、ゲイツは八〇〇点満点のところ、八〇〇点を取ったという。まさに天才といっていい頭脳の持ち主だ。八〇〇点と七九九点とでは、天と地ほどの開きがある。七九九点という点数はそこに限界が見えたということだが、八〇〇点には限界がない。

若き日のビル・ゲイツの天才ぶりは孫正義もよく聞かされていた。あるとき、シアトルの大邸宅に招待されて、たまたま八〇〇点満点を取ったゲイツの頭脳が話題に上った。

ゲイツは事もなげに答えた。

「満点を取ったことは自慢にならないよ。ほんとうに大切なのは知識を丸暗記したり、教えられたとおりのことを答案に書くことではなくて、先を見る洞察力だ」

孫はあらためてゲイツのすごさを感じた。時代を見据える眼といおうか。

孫自身、いつも時代の先を見てきた。そのことに自負もある。だが、ゲイツはごく親しい友人として語り合いながら、少しの衒(てら)いもなく自分の洞察力を語っている。

もとより、洞察力において孫はゲイツに劣らない。

日本に戻って一年半が過ぎたころ、ようやく孫は自分が生涯を捧げるのはコンピュータ業界だと確信した。これからは確実にコンピュータの必要性が高まってくるはずだ。さらにはデジタル情報革命がやってくる。

一九八一年、孫はすでに時代の動きを睨(にら)んでいた。

その年の九月に、日本ソフトバンク（現・ソフトバンクグループ）を東京都千代田区四番町に設立した。パソコン用のソフトウエアの流通ビジネス、すなわち卸売業をする。事業内容をそのまま社名にしたこともあるが、学生のころ、発明アイデアを書き溜めたノートを「アイデアバンク」と呼んでいた。発想や知識の「宝庫(バンク)」といった意味合いを孫は好んだ。

ＯＳ（オペレーションソフト）ではなく、あくまでもアプリケーションソフトを扱う。資本金は一〇〇〇万円。

その孫に千載一遇のチャンスがきた。

毎年一〇月に開かれる家電・エレクトロニクス業界の展示会、エレクトロニクスショー。この年は大阪の見本市会場で開かれた。

孫は資本金一〇〇〇万円のうち、この展示会に八〇〇万円を投じた。いったい何を目論んだのか。

「ソフトをたくさん持っていなければ販売チャンネルを開けないし、販売チャンネルがなければソフトを仕入れてもしょうがない。いずれにしろ、この展示会で事業のきっかけをつかみたかったのです」

展示会に乗り込んだ孫は、いきなりケタ違いの大会社である松下やソニーと変わらないほどの大きなブースを借りた。これだけでも前代未聞であった。常識的に考えれば資本金の八割を投入することは無謀だ。

社員たちは呆れたが、孫はソフトウエア会社を相手どって飛びまわった。場所代や装飾代は自分が負担しよう。出展するソフトだけ持ってきてくれればいい。展示会の費用を孫側がすべて持つという常識を超えた提案だった。どのソフトウエア制作会社も怪訝な顔をした。どうも話がうま過ぎる。

孫はすかさず、展示会で注目を集めるアイデアを説明した。

「ソフトバンクの大きなブースで各社のソフトといっしょに出せば、それだけ注目されます」

どの会社も最初はほとんど相手にしなかった。孫のことをよほど金を持て余しているか、あるいはもの好きと見ていた。

だが、このエレクトロニクスショーの孫のブースは予想以上の大盛況。

営業マンやエレクトロニクス関係者、販売業者など多くの客でいつもいっぱいだった。

この展示会での孫の取引額はわずか三〇万円でしかなかったが、来客数は一、二を争った。

展示会が終わったあと、客はそれぞれのソフトメーカーと直接取引したが、孫はそれでも満足だった。日本ソフトバンクの名前を知らしめただけで大成功だ。

孫は連日、社員たちと朝まで話し合いをしていた。まるで何かの合宿をしているように傍目(はため)には映った。

エレクトロニクスショーから大きなアイデアをつかんでいた。ここに、孫の洞察力、ひいては凄まじいほど鋭利なビジネス感覚がある。ショーに出品して人気の集まった、シャープのポケットコンピュータのプログラム集『ポケコンライブラリー』を全国の書店で販売しようと考えたのだ。

孫の恩人の佐々木正を擁(よう)するシャープはＮＥＣに対抗しようとしていた。マイコンの時代がくることを予見していたのだ。マニアックな人々がアメリカの製品を使ってプログラムを組んでいた。アマチュア無線のユーザーたちが何かおもしろいものはないかと、プログラム集を待望していた。

孫はコンピュータ関連の出版のビジネスチャンスはわかっても、出版そのものについてはまったくの素人だった。

孫は佐々木の知人を介して、赤坂にある東京旭屋書店の統括本部を訪ねた。応接に出たのは常務の田辺聰（あきら）。上質の紺色の背広を着た五〇過ぎの田辺は、ネクタイを締めてはいるが、どう見ても一六、七歳にしか見えない童顔の孫の話に、はじめはさほど関心を持たなかった。というよりも、「なぜこんな坊やとビジネスの話をせないかんのか」と落胆していた。

「この本を出版したいんです」

孫が差し出した本には、数字や乱数表のようなものが並んでいた。

「ほう、めずらしい本ですなあ」

真顔でページをめくりながら、しげしげとその数字や記号を眺めていた田辺は、内心呆れていた。

何しろ、表紙は一色刷りの稚拙なもので、デザイナーの卵に描かせたのだという。しかもホチキスのようなもので留めただけの雑な製本だ。

「ポケコンのユーザーたちが作ったプログラムです」

「でも、これではとても売り物にはなりませんよ」

孫は言った。

「ちょっと電話をお借りします」

孫は印刷所に電話をして、その本の印刷中止を命じた。

「すぐに印刷をやめてくれ」

そして孫は言った。

「でも、中身には充分に自信があります」

孫は、田辺の前でアメリカではパソコンがすごい勢いで広がっていると力説した。

「なるほど。お話の内容は了解しましたが、当方も書店ですから、読者層、あるいはその関心の動向などを調査しなければ、軽々（けいけい）にお話に応じられません」

「そこですよ、田辺さん。読者の関心はこれからはコンピュータに向いていくはずです」

芥川賞作家・田辺聖子の実弟である田辺は、さすが鋭い感性の持ち主である。

コンピュータはこれからどんどん普及していくという孫の話に、敏感に反応した。そして、孫が語るシリコンバレーの話に、一条の不思議な可能性のようなものを感じはじめていた。

「でも、出版はそんなに甘くないですよ」

「だからこそ、あなたのお力添えがほしいのです」

「ところで取次とは話がついてるの？」

孫は額の汗をぬぐった。そもそも孫は出版について何も知らなかったのだ。

田辺はさすがに呆れたが、出版社は「取次」と呼ばれる卸会社と取引口座を開き、そこを通じて全国の書店に本を流通させることや、大手には東販（東京出版販売、現・トーハン）と日販（日本出版販売）があるという出版界の事情をていねいに説明した。

孫は、いきなり田辺に言った。

「私をその東販に連れていってくれませんか？」

小柄な田辺は眼を見開いた。

まさか、会ったばかりの男を東販や日販に連れていくわけにはいかない。およそ常識外れであった。

だが、この孫という若者には老練な田辺の常識を打ち破るような魅力があった。どういう魅力かと問われても答えようがないのだが――やはり人間としての魅力というものだろう。

田辺は孫を連れて赤坂から新宿区東五軒町にある東販に出向いた。ふたりに会った担当の部長は、プログラムがぎっしり並んだ印刷物をじっと見ていた。

部長は渋い顔をしながら孫と田辺を見やった。

「田辺さんのご紹介ですからね」

半分呆れながらも取引口座を開いてくれた。

孫はぺこりと頭を下げて田辺に言った。

「次は日販に」

田辺はにこにこ笑っている孫を見て断り切れなかった。

「あんたみたいな人に会ったのははじめてですわ。しょうむないやっちゃなあ。ま、わかりました。案内しましょう」

夏の日射しが強い。ぼやきながら田辺はタクシーに乗った。千代田区神田駿河台にある日販には一〇分ほどで着いた。ここの担当者もコンピュータに関する本を扱うのははじめてだという。数字と記号ばかり書いてあるページをめくって首を傾げた。

それでも担当者は口座を開くのに同意した。

田辺の直感はやはり間違いのないものだった。

孫のこの初の出版物、『ポケコンライブラリー』は大いに売れて、出版界にさえ日本ソフトバンクの名を高からしめた。

孫はのちに私に語った。

「まさにあの日の出来事が、私の出版の原点です。出版というメディアは、デジタル情報社会の大きな柱になると確信していました」

孫がいよいよ日本での活動を開始した一九八一年、ビル・ゲイツもまた大きな成功への確かな手応えを感じていた。一九八〇年代という情報化時代の幕開けたる出来事が日本とアメリカで同時に起きていたのである。

一九八〇年の夏、ゲイツの小さな会社、マイクロソフトはＩＢＭと重要な商談をしていた。８ビットソフトがＣＰＭ（８ビット用のＯＳ）のＯＳの上ですべて動いていた。ＩＢＭは、ＣＰＭを作っていた会社にまず目をつけ、16ビット用のＯＳを作らないかと持ちかけたが、その会社は熱心ではなかった。

そこで、ゲイツに話を持ちかけた。当時のＩＢＭはハードウエアの世界で他の追随を許さない巨人であり、大型コンピュータの世界では八〇パーセントを超えるシェアを誇っていた。誰の眼にもＩＢＭ帝国は揺るぎないものに思えた。

だが、そのＩＢＭにもアキレス腱があった。実は小型コンピュータでは後れをとっていたのである。一年以内に自社開発のパーソナルコンピュータを市場に出したいと望んでいた。パソコンの開発競争は激烈を極めている。ある機種が登場したとき、ただちにそれを凌駕する性能を持つ新機種が姿を現わす。そのため開発チームはすばやい対応が求められていた。戦略としては、すべてを自社で開発するという従来の考えを捨てなければならない。IBMは、OSをマイクロソフトからライセンス化することになった。ハードは16ビットのマイクロプロセッサチップを搭載したパーソナルコンピュータにしてはどうかと、ビル・ゲイツは提案した。

ゲイツに手持ちのOSはなかった。ベーシックなOSを作っている会社から買い取り、改良を加えた。

8ビットから16ビットへの転換は、まさに時代の動きを先取りするものだった。パーソナルコンピュータを「おもちゃ」から、本格的なビジネスツールに変える画期的なアイデアなのだ。

パーソナルコンピュータこそが大型マシーンをしのぐ大きな市場になるという、ゲイツの鋭い洞察力であった。

他社が自由にコピーできるオープン・アーキテクチャーを採用するという英断によって、IBMはパーソナルコンピューティングの世界的な標準を確立するきっかけをつかんだ。ゲイツのマイクロソフトはこの革新に大きく貢献したのである。

改良を加えたこのOSは、マイクロソフト・ディスク・オペレーティング・システム、すなわちMS－DOSである。ここに今日のWINDOWS（ウインドウズ）につながる基本がある。

MS－DOSの最初のライセンス先のIBMは、このOSをPC－DOSと命名した。

ＰＣ、パーソナルコンピュータの誕生であった。

一九八一年、ゲイツは将来への第一歩を踏み出した。

孫とゲイツは太平洋を隔て、まさに拮抗（きっこう）する存在として姿を現わした。

# 18　事を成す

歳末の慌だしさが、大都会に活気を与えていた。年越しの喧噪がうなりを上げている。

そのなかで、とある狭い事務所の電話のベルが鳴っていた。

孫の会社は市ヶ谷駅に近い染色会館二階にある経営総合研究所の一隅に、机をふたつ借りただけのもの。夕刻、外まわりから戻ってきたばかりの孫は慌てて受話器を取り上げた。

一九八一年、日本は好景気の真っただなかにあった。寺尾聰の『ルビーの指輪』がレコード大賞を受賞。爆発的人気を呼んだアニメ『機動戦士ガンダム』のプラモデルにはプレミアムがつき、『Dr．スランプ　アラレちゃん』のグッズが飛ぶように売れた。

孫は資金繰りに奔走していた。その年の大阪エレクトロニクスショーで、資本金一〇〇〇万円のうち八〇〇〇万円を投資しながら、売上げはわずか三〇万円にすぎなかった。

越年資金を得るために、歳末の東京を駆けずりまわっていたのである。

関西訛(なま)りの電話の声の主は、藤原睦朗(むつろう)と名乗った。

「上新(じょうしん)電機って知ってはりますか?」

聞いたこともない企業だった。

藤原は孫の返答にいささか失望したが、すぐに自社のことを説明しはじめた。

上新電機はその年の一〇月二四日に、日本最大のパソコン専門店「J&Pテクノランド」を大阪・日本橋(にっぽんばし)に開店し、大々的にオープニング・セールを行なっていた。藤原がパソコン専門店を作るきっかけとなったのは、作家の小松左京に、「東京ではマイコンがどんどん売れているのに、大阪にはないのか」と言われたのがきっかけだった。藤原の指揮のもと、わずか一一日間で六四〇〇万円という驚異的な売上げを記録し、マスコミでも大きく取り上げられた。ハードの売れ筋はNECのPC-8001、シャープのMZ-80B、富士通のFM-8など。

東京、大阪という違いがあるにしても、この分野の人間ならば知っていて当然だった。藤原にすれば、失望もさることながら、孫の無知に驚いたといってよい。

J&Pは売場総面積三〇〇坪、それまでのパソコン店といえばせいぜい一〇坪程度だったから、ゆうに三〇倍の広さである。ハードは揃っていたが、これからの中心になるソフトの品揃えが不充分だった。藤原はそのためにソフトの品揃えを引き受けてくれる会社を探していたのである。

孫は戸惑いを感じながらも、ただ感嘆の声を上げるばかりだった。

「すごいですねえ」

孫にしてみれば、三〇〇坪を超えるパソコン専門店という話には、いささか半信半疑でもあった。

（大阪商人のはったりじゃないだろうか？）

藤原は知人の池幸三を通して、孫がソフトの品揃えの仕事をしたがっているが、商売相手がいなくて困っているという話を聞きつけた。池はコンサルタントで、ソフトハウスの経営者。彼は大阪エレクトロニクスショーでの孫の活躍ぶりを知っていた。

これは運命の導きだったのかもしれない。藤原はようやく孫の連絡先を見つけて電話をかけた。

「孫さんでっか。どうでっしゃろ、一度大阪にきて、うちの店を見てくれはりませんか？」

思いがけない提案に、孫の声はうわずっていた。

「ぜひやらせてください。私もそうしたいのですが、何しろ……」

すぐにでも大阪に行きたい気持ちだったが、実は即答できない理由があった。展示会でほとんどお金を使い果たし、その後の家賃や必要経費で底をついている。年の瀬であった。はじめての取引になるかもしれない。ところが、正直なところ、大阪への旅費も惜しかった。

「実は忙しくて日程が詰まっていまして……」

　藤原は落胆したようだった。

「年明けには、そちらになんとか行きたいと思います」

　孫はそうつけ加えて電話を切った。

　藤原睦朗は広島の高校を卒業すると、すぐに就職した。中学生のころからアマチュア無線少年であった彼は、あえて大学進学を断念して大阪・日本橋の電器店に入った。上新電機の社長は浄弘博光（じょうぐひろみつ）という人物であった。従業員六〇人、年間六億円を売り上げる企業の社長であった。

浄弘家は戦（いくさ）で手柄を立て、織田信長から名前をもらったという。

　博光は一九三五年一月三日生まれ。父の事業を引き継いで一三歳でビジネスをはじめ、一代で上場企業に育て上げた。

　一九八五年一〇月八日（阪神タイガースが優勝した年でもある）、五〇歳の若さで急逝した。奇しくも孫がNEC社長の関本忠弘と藤原睦朗を相手に商談をしている時刻だった。訃報を聞いた孫は、浄弘の自宅に駆けつけ、一時間ほど霊前に座り込んでいたという。

浄弘は高校にも行かず、間口一間半の店からスタート。ひとりで商売をしてきた。彼もまた志高きひとりであった。まさに戦国乱世にふさわしい人物ではなかったか。

浄弘が挑んだテーマは——大きな店に勝つにはどうしたらいいか？

浄弘はあくまで実践的に考える。考え抜いた結論はきわめて単純、しかもまっとうなものだった。回転率を倍にすればいいと考えた。そのためにどうすればいいか？

当時まだ、ラジオなどの部品は、お客が自分で選んで買っていた。浄弘は、すべての部品をセットにして客が買いやすいようにした。当然、商品の回転率も上がる。客も喜ぶ。当初は店の都合からしたことが、結果として客のためになった。

「あの店はどこよりも技術的なレベルが高い」という評判が立ち、店は急成長した。藤原が、大阪・日本橋の電器店で働きたいと思ったとき、上新電機を選んだのも当然だったろう。浄弘は面接で藤原に言った。

「将来、わしはこの店を日本一の電器屋にしたいんや。そのためにぜひともきみの力を借りたい」

これもまた運命的な出会いといってよい。藤原は感激した。内定していたほかの就職先をすべて断った。給料は八〇〇〇円。ほかに比べて安かったが、将来、何事か成しえる可能性を直感した。一八歳、奮い立つような情熱を感じた。

就職して二〇年、いまや藤原は浄弘の右腕と呼ばれるようになっていた。浄弘は退社際に七階の社長室から五階の藤原の部屋に立ち寄る習慣だった。

「どうや、きょうの売上げは？」

「いいですよ」

このとき、藤原は孫にかけた電話を切ったばかりだった。

「社長、もっとおもしろい話があるんです。たったいま、東京で商売をしている若い人と電話で話したところなんですが……」

浄弘の眼に、すぐに反応が現われた。藤原の興味を引いたということは、それだけですでに「何事か？」なのである。それほど浄弘は藤原を信頼していた。

「いやあ、電話で話した男がやたらおもしろいんですわ」

その相手——孫正義にふつうの人間とは違うものを感じたという。どう違うか、自分でも説明がつかない。しかし、そこいらにいる若者とはまったく違う。言葉のはしばしに驚くほどの先見性、俊敏さが感じられる。ようするにただ者ではないという印象を受けたと、浄弘に言った。

孫の論旨は明快だった。全国からソフトを集めて、いっきに引き入れたほうが安い。アメリカの経済、工業力、さらには潜在的なパワーといった動きをよく知っている。アメリカで起きたことは数年遅れのタイムラグで日本にもやってくると藤原に熱弁をふるった。

しかも、「私とタイアップすればJ&Pも付加価値がつきます」と大風呂敷を広げた。たいへんな強心臓だ。

藤原は言った。

「そこまでおっしゃるなら、あなたに賭けましょう」

涙が出るくらい嬉しいんですが、残念ながら大阪に行けないんです、と孫。

「二四歳と言うてましたが、たいしたもんや。ふつうの人間と違います。やる気がある。社長、近いうちに会うてもらえませんか」

浄弘社長は言った。

「明日、東京に行くよって、会うてみようやないか」

大阪の一部上場会社の社長である浄弘は、藤原の話だけで、孫という若者に何かを感じるものがあった。

浄弘は相手を年齢や地位で判断するような人物ではない。もとより人を見る眼は鋭い。あくまでも、本人の性格、そして才能しだいである。

「おもろそうなお人やないか。よし、一度会うてみる」

その翌日、藤原は孫に電話をした。

「孫さん、いいニュースですわ。うちの社長が東京に出かけることになりましてな。ぜひ、会うてみてください」

孫にすれば、思わず快哉を叫びたいところだった。運命的なものを感じた。それは、坂本龍馬の言う「この世に生をうけしは、事を成すにあり」という思想につながっている。

孫は自分の幸運に感謝した。

日本ソフトバンクを訪れた浄弘は、眼を丸くした。これでもオフィスといえるのか。机がふたつあるだけで、閑散としている。

「きみが、藤原の言うていた孫君か？」

孫は浄弘を見た瞬間に決心していた。こういう人物の前に立って、自分を飾ったところでなんの役にも立たない。あくまで自分のほんとうの姿、自分の目標とするところを説くしかない。孫も誠実な若者だった。

孫は、やがて訪れるコンピュータ時代のことを熱く語った。あるのは夢と情熱だけ。

「ようわかりました。ともかく、一度うちの店を見まへんか？」

浄弘は孫に自らの若いころの姿を重ね合わせていた。

誰にも負けない情熱、成功への確信。

「いやあ、あんたなあ、なんやわしの若いときにそっくりやな」

歳末ぎりぎりであった。孫は早朝、東京駅に飛んでいった。始発の新幹線で大阪へ。大阪に着くなり、真っ先に孫は東京の秋葉原に匹敵する電器街である日本橋の上新電機を訪れた。

Ｊ＆Ｐには度肝を抜かれた。

「ほんとうに広い。まさかこれほどの規模とは思っていなかった」

孫は興奮して言った。

だが、ここからが孫の本領であった。藤原にいきなり切り出した。

「私とエクスクルーシブ（独占契約）を結んでくれませんか？」

「いいでしょう、でも条件がありますよ」

全国からあらゆるソフトを集めろということだった。

「来年の一月三一日までに集めてほしいんや」

翌年、一九八二年の一月三一日まで、わずか一か月しかない。厳しい条件だった。

「わかりました。命がけでやります」

正月も返上して、孫は北海道から九州まで駆け巡った。当時は、北海道や九州にすぐれたソフトハウスが多かった。孫は持ち前の行動力で、約束の期限どおりに一〇〇社ほどのソフトハウスからゲームや実用ソフトまであらゆる種類のソフトを買い集めた。約一万本、総額じつに四六〇〇万円。

藤原も非凡なアイデアマンだった。それらのソフトをJ&Pでオープン展示することにした。それまでソフトはショーケースのなかに入れるのが常だった。

「オープン展示などすれば、万引きされるのでは？」

心配する意見も多かったが、当時音楽業界では、すでにLPやカセットテープを壁一面に展示していた。ソフトもそれと同じようにすべきだと藤原は主張した。お客本位に考えればそうなる。セールスの効率を上げることにもなる。この画期的なアイデアが功を奏して、J&Pはさらに大きく売上げを伸ばした。

孫もソフト流通会社としての大きな足がかりをつかんだ。一本の電話が孫に起死回生のチャンスを与えた。

孫はデパートやショップに出かけ、宣伝した。

「上新電機は日本最大のパソコンディーラーで、日本のソフトウエアのすべてを持っています。その販売を私が独占的にやっています。あなたも成功したいなら、私をすぐに利用してください」

日本の子どもたちがコンピュータゲームに熱中しはじめたのは、一九七〇年代の後半からである。七九年にインベーダーゲームが頂点に達し、八〇年代に入るとさまざまなゲームが生まれた。

そのゲームソフトの中心にいた企業が、北海道のハドソンである。ハドソンは「桃太郎伝説」「桃太郎電鉄」「高橋名人の冒険島」「スターソルジャー」「ロードランナー」など、多くの人気ソフトを世に送り出してきた。

ハドソンの社長は工藤裕司だった。工藤は大阪エレクトロニクスショーに出展することを孫から要請され断ったものの、孫という人物に興味をそそられた。そこで副社長で弟の浩に会うようにと言った。

「東京の孫という男だが、どうもおもしろそうな男だから会ってみたらどうだ」

孫の人生には、どういうものか邂逅が重なっている。それは振り返れば幸運としか言いようがない。だが、孫の場合、幸運はいつも空から降ってくるようなものだったのか。

一九八一年の秋、孫は東京・赤坂のハドソンの事務所で工藤浩と会っていた。初対面の席で、孫はいきなり切り出した。

「さっそくですが、あなたの会社と独占契約を結びたいと思います」

浩は耳を疑った。こいつはペテン師か?

孫の提案はじつに簡単明瞭だった。日本ソフトバンクを通すことなく、ソフトを小売店に置かないようにしてほしい。

たったいま会ったばかりではないか。お互いの自己紹介もそこそこに独占契約を切り出されたのだから、驚くのは当然だろう。当時、ハドソンは工藤兄弟が経営している日本一のソフト会社だった。本社は札幌で、そのソフトはふたつのルートで販売されていた。通信販売ルートと流通会社ルートである。

一九七七年一〇月、電波新聞社が『月刊マイコン』を発刊したとき、ハドソンは手書きの広告を載せた。すると全国からソフトの注文が殺到した。これを見た電波新聞社は自社の支社網を使ってソフトを売り出した。その後、シャープ関係の電子部品の卸をやっているニデコという会社がハドソンのソフトを扱った。

一方、ハドソンもまた独自で流通網を整備しはじめていた。これらは八〇年代に入ってからの大きな動きで、それぞれの企業がいわば手探りの状態から夢を持って取り組んでいた。

ソフトを扱うのは、電波新聞社とニデコにつづいて日本ソフトバンクが三番目になる。ところが、いきなり独占契約を要求したのだ。

浩は独占契約では売上げが減ると当然のように言った。

浩はあくまで、ビジネスの世界に生きている。北海道は札幌の生まれ。彼もまた、心のなかに充満した意気をあふれ出させようとしていた鬱勃（うっぼつ）たる野望の人であった。いわば北方からはるか東京を睥睨（へいげい）していた。孫の提案にうかうか乗れるはずはない。

孫は予期していたかのように「うちは中途半端な売り方はしませんよ。やがて何十倍になって返ってきます」と落ち着いて答えた。

これを聞いたとき、工藤浩の内面に何があったか。ただ、呆れ果てたのか。誇大妄想と思ったのか。

孫の言うところを浩は黙って聞いていた。孫はさらにつづけて言った。

「ぼくは天才なんです」

何回か会ううちに、浩はなぜかほんとうに孫が天才のように思えた。こんな言葉が自然に口をついて出る男など、会ったこともなかった。

「日本ソフトバンクを日本一の流通会社にしたいんです」

上新電機から電話があったとはいえ、まだ孫にはなんの実績も資金もない。情熱と夢しかない。

だが、日本一の流通会社にしたいという大きな夢は、妄想ではなかった。それを可能にするのは、孫の交渉力と行動力だった。

こいつはすごい。浩の胸に驚きが沸き上がってきた。東京にはこれほどの起業家がいるという驚きが。

浩は言った。

「では独占契約の預託金三〇〇〇万円を用意してください」

三〇〇〇万円はハドソンの月商に相当する額である。

だが、孫はひるまずに答えた。

「わかりました」

孫は知り合いを駆けずりまわって頭を下げつづけ、約束の金を用意した。

浩とはじめて会ったのが秋。三〇〇〇万円で独占契約を結ぶ交渉をしたのが初冬。

一二月、期限ぎりぎりだった。だが、運転資金が底をついた。

この年の一二月一〇日、京都大学の福井謙一教授が「フロンティア電子理論」でノーベル化学賞を受賞した。日本人受賞者は六人目であった。

# 19 先見の明

徒手空拳という言葉がある。実績もない。社会的な地位も名声もない。そもそも金がない。何もない。

ギリシヤ神話にはプロメテウスとエピメテウスの兄弟が登場する。プロメテウスは「先に考える」巨人であり、エピメテウスは「あとで考える」巨人である。間違いなく孫正義はプロメテウスであった。

自分の才能に絶対の自信を持ち、行動する。さらに孫は強運にも恵まれていた。行動力と情熱に打たれ、賛同した人々が孫を窮地から救った。

やっとの思いでハドソンへの預託金三〇〇〇万円はかき集めたが、運転資金が底をついた。日本一のソフトの流通会社をめざす道は果てしなく遠く感じられた。いくつかまわった大手の銀行は、実績も何もない若き経営者の夢と情熱に耳を傾けてはくれなかった。

（悔しい）

だが、孫は常に先を見据えた。

（三〇〇年先からいまを見るんだ。苦しいときこそ先を見よう。自分の考える時代はきっとくる）

一九八二年の新年が明けた一月、ついに孫は運を呼び寄せた。

東京・千代田区の第一勧業銀行（現・みずほ銀行）麹町支店長の御器谷正之（ごきたにまさゆき）は、孫正義の来訪を受けていた。御器谷は前年の一〇月、この支店に赴任してきたばかりだった。

麹町周辺は皇居も管轄に入るため、優秀な警察官が配備されたり、消防署の消火活動技能はナンバーワンクラスだが、正直なところ、銀行の支店としては中の上か上の下ぐらいだったといってよい。顧客も資金量も限られていた。世のなかはまだバブルの成長に向かってはいなかった。不動産価格が少しずつ上がりはじめていたが、ゴルフの会員権などが急激に値上がりするのはその二、三年後になってからである。

孫はそれまでにいくつかの銀行でお金を借りていた。御器谷の麹町支店に駆け込んだときには、せっぱ詰まっていた。表向きは堂々たる二四歳の新進事業家だが、内実は火の車。何しろ金がない。だからほんとうに金がいる。そんな苦しい時期だった。

孫には実績もない。不動産もなかった。しいていえば、父親の三憲が幅広く事業を展開していたし、相応の資産家ではあったが、融資の場で孫はいっさいそのことにふれなかった。このとき、孫は徒手空拳のプロメテウスであった。

一月のよく晴れた日の午後、御器谷はひとりでやってきた孫を支店長室に迎え入れた。支店長といっても、身なりからして銀行員タイプとはかけ離れていた。何しろカッコいい男だった。ひと目で慶應ボーイとわかる。しゃれたネクタイに上から下まで茶系統でまとめたダンディないでたちだった。

御器谷は慶應を卒業すると日本勧業銀行に入った。学生時代からつき合っていた妻は第一銀行に勤めていた。当初は同僚から白い眼で見られたが、のちに（一九七一年一〇月）両行が合併すると「おまえは先見の明がある」と仲間の評価が変わった。

孫はアメリカ仕込みの洗練された服装をしていた。ていねいに挨拶を交わすといつもと変わらぬ穏やかな口調で話を進めた。バークレーで学生生活を送り、事業を興し、日本に帰国してからはソフトの流通をはじめたことを語った。

孫は自分の仕事についても、上新電機、ハドソンなど具体的な名前をあげた。きたるべきコンピュータ時代について語るときその声は大きくなった。

「日本にも間違いなくコンピュータの時代がやってきます」

日本ソフトバンクの創業一日目から、孫が決めていたことは三点。

デジタル情報産業に特化する。

インフラに近い仕事をする。

単品を追うのではなくて、群れで追う。

御器谷はコンピュータのことはわからなかった。だが、この若者のめざしていることは即座に理解できた。

現在は、ゲームソフトを主に扱っているけれども、これからはビジネスソフトも増やしたい。

若者は夢を語りつづけた。

三〇分ばかり経過した。御器谷はこの若者の情熱にいつしか心を動かされていた。できることなら力になってやりたい。そう思いはじめたとき、孫は融資の話を切り出した。

「いま、お金がいります。もし、私の仕事の内容を認めていただけるのでしたら……」

孫の声が高くなった。

「一億円をご融資いただきたいのです」

同席していた部下たちは、ここにきて御器谷の関心を察知したようだった。いっせいに彼らがメモを取りはじめたのはこの瞬間からだった。

もし融資することになれば、本店の審査部に対して申請書を書く必要がある。

「過去三年間の営業報告書、バランスシートと損益計算書を出していただけますか？」

御器谷は孫に言った。

「何もありません。情熱は誰にも負けませんが……」

孫は当然のように答えた。

「担保もありません。人に頼むことはいやなんです」

御器谷は担保なしの融資など扱ったことがない。

さらに孫はこう言った。

「担保はありませんが、プライムレートで貸していただけますか？」

プライムレートというのは、最優遇貸出金利のことである。

孫がプライムレートで融資を受けるというのは、バークレーの学生時代から貫かれている。

初対面で、こんなことを切り出すような相手には会ったことがない。非常識もいいところであった。御器谷はこのとき不快に思ったろうか。もともと彼は、いわゆるベンチャー企業に対して独自の勘を持っていた。銀行にはベンチャーの専門家や特別な分野の融資を得意にしている者もいる。御器谷は銀行マンとしての勘を大切にしていた。

（この若者はおかしなことを言うが、常人とは違う）

孫の話を聞いているだけで、自分なりのイメージが湧いてくる。有能な銀行マンは、毎日何人もの人間を相手にしているだけに、鋭敏な観察力がある。いくら調子のいいことを言っても、その相手が誠実か不誠実か、まじめな人物か不道徳な人物か、たちどころに見抜いてしまう。

どこの銀行でも、支店長ともなれば自分の眼力、いってみれば経験則に根ざした判断に誤りはないという自信がある。御器谷は相手の経歴、名前などの固定観念にはとらわれてはいなかった。

「そろそろ次の約束がありますので……」

部下が予定の時間がオーバーしていることを告げた。

御器谷は、信用調査できるところはありますかと訊いた。

孫は上新電機やシャープの佐々木正専務の名を告げた。

「わかりました。こちらとしても調べさせていただき、かつ検討させてください。もうしばらく時間をください」

銀行マンらしく冷静、沈着な態度を崩さなかったが、このときの御器谷はどうにか融資してやりたい気持ちに駆られていた。

孫には、いいようのない魅力があった。

御器谷は当時を振り返って語った。

「とてもさわやかな若者でしたね。私の息子よりちょっと年上ぐらい。でも、言葉遣いはていねいだし、事業内容も理路整然としていてわかりやすかった」

御器谷は、すぐさま動いた。大阪・難波支店長の山内和彦に連絡を取った。

「日本ソフトバンクの信用調査をしてもらいたい」

御器谷は大阪の支店にいたころ何度か上新電機に行ったことがあった。

御器谷は生粋の江戸っ子である。その例にもれず、せっかちである。融資をするのなら一日でも早く、断るのなら翌日にでも断ろうと考えていた。孫の言うことがウソかまことか。もし、信用がおけなければ即座に断ってもいい。

御器谷の意を受けて、山内はすぐに上新電機に足を運び、実績を確認した。

一方、佐々木正にも孫についての照会があった。

佐々木は答えた。

「孫を頼みます」

佐々木は、そう言う以上は全財産を賭けてもいいと思っていた。男として、ひとりの男を信用するとはそういうことであると佐々木は考えていた。妻に、家がなくなるかもしれんとも言った。

銀行の支店長が自分の責任において決裁できる一般的な融資額は一〇〇〇万円前後。一億円は御器谷の権限をはるかに超えていた。

ベンチャー企業に融資する場合は、よほど慎重でなければならない。ただそのときの情熱や当事者の夢だけでは通用しない。第一勧業銀行の融資関係には審査部と企業部がある。すでに取引のある大手企業は審査部、日本ソフトバンクのようなベンチャーは企業部が担当することになっている。

御器谷は企業部長と相談した。

「困ったな」

企業部長は眉をひそめた。

結論が出ない。企業の将来性が見えてこない。

「フリートーキングをしよう」

と企業部長が言った。

コンピュータの未来はどうなるのか。

御器谷も実際にはコンピュータに触ったことがなかった。

誰も決定的な結論を下せない。

だが、若い優秀な部下、荒幡義光（あらはたよしみつ）の「パソコンがいま静かなブームになっているんです。これからの有望業種です」という強い発言で、御器谷の迷いが吹っ切れた。

「よし、いこう」

御器谷は本部への申請書を荒幡に書かせた。利率もプライムレート。通常、大企業を除いて、プライムレートに〇・五パーセントほど金利を上乗せする。

だが、御器谷はあえて金利の上乗せをしなかった。ここに、御器谷のこだわりがあった。ベンチャー企業を育ててみたい。有望な若者に少しでも力を貸したいと考えた。一方で、かりにわずかの金利を乗せたところで、返済が滞っては元も子もないではないか。ここに江戸っ子気質が働かなかったか。

審査を通過する確率は半々である。利率の変更があるかもしれない。そして、担保なし、保証人なしの一億円融資が決まった。

「よく融資してくれた」

御器谷は大きく息を吐いた。

シャープの佐々木や上新電機の浄弘のあと押しもあった。だが、何よりも孫の仕事に懸ける熱い思いに、多くの人が打たれたのだ。

一週間後、孫は麴町支店の御器谷を訪れていた。御器谷はにこやかな笑みを浮かべて言った。

「あなたの将来に賭けてみます」

このとき御器谷もまた、融資という分野でのプロメテウスではなかったか。

後年、孫は「御器谷さんにお世話になった」と感謝の言葉をよく口にするが、「銀行に」とはけっして言わない。

孫はソフトバンクグループ草創期にお世話になった人々への感謝の気持ちを忘れない

ようにと「恩人感謝の日」を設けた。

ソフトバンクグループでは、毎年ゴールデンウィーク中の「四月三〇日〜五月二日」のうちの一日が休日と定めている。

「恩人」は次の人々である。

佐々木正（シャープ株式会社専務。一九七八年当時）、清水洋三（株式会社内外データサービス営業部長。一九八一年当時）、川島正英（朝日新聞論説委員。一九八一年当時）、田辺聰（東京旭屋書店常務。一九八一年当時）、工藤裕司（株式会社ハドソン社長。一九八一年当時）、工藤浩（株式会社ハドソン専務。一九八一年当時）、浄弘博光（上新電機株式会社社長。一九八一年当時）、藤原睦朗（上新電機株式会社J&P営業本部長。一九八一年当時）、御器谷正之（株式会社第一勧業銀行麹町支店長。一九八二年当時）、大内淳義（日本電気株式会社（NEC）副社長。一九八二年当時）。

# 20 五郎ちゃん

一九八二年、順調に売上げを伸ばしてきた日本ソフトバンクに、思いがけない難問がふりかかってきた。

孫は、当時人気のあったパソコン雑誌三誌、『I／O』『ASCII』『マイコン』に日本ソフトバンクの広告を出そうとしていた。ソフトの流通をいちだんと拡張していくためには広告は欠かせない。

ところが、掲載を拒否されたのである。

この三誌はパソコン御三家といわれていた。『I／O』は工学社から出版されており、読者投稿中心のいちばんの老舗。アスキーの『ASCII』は、アメリカ情報を好んで載せた。『マイコン』は前述のとおり電波新聞社から出されており、業界情報が豊富だった。

それにしても、この種の雑誌で二、三号先の広告がいっぱいになるということがあるだろうか。

孫は思いがけない妨害にぶつかったが、冷静さを失うことはなかった。日本ソフトバンクの広告を載せないことを示し合わせている——それが読めない孫ではなかった。実はそのことをある筋から聞かされていた。

三社が広告掲載を拒否した背景には、彼らもソフト流通に乗り出す計画があったからである。競合相手を締め出す計画だったのだ。

孫は怒りをおぼえた。彼らはほんとうに日本のコンピュータ業界の未来を考えて商売をしているのか。アメリカではフェアという言葉をよく使う。機会はあくまで均等でなければならない。だが、小さな会社を踏みつぶそうとする日本的な島国根性にぶつかった。そんなことでどうするんだ。あまりにも日本的な行動や、嫉妬の感情がまじった考え方に我慢がならなかった。

孫は強く抗議した。名前からして、正義である。

そうか。これがいまどきの日本人なのか。きみたちは幕末の坂本龍馬や西郷隆盛、大久保利通の精神をどこかに忘れてしまっている。

「わかりました。こちらにも覚悟があります」

孫は静かに言い切った。この瞬間、彼は決心していたのである。

この三社連合の広告拒否作戦で孫は覚悟を決めた。いずれ出版に乗り出そうとは考えていたが、計画を早めた。彼は急遽、出版事業を興す決意をしたのだ。

機は熟してはいなかった。だが、この非常事態に黙って手をこまねいているわけにはいかない。日本一のコンピュータ雑誌を作ってみせる。孫の熱い情熱が燃え上がってきた。

三誌ともにパソコン専門誌として高いステータスを持っている。これら専門誌に勝つにはどうしたらいいか。後発の日本ソフトバンクは経験も人材も限られている。

後発には後発の創意が必要だが、逆に強みもある。はっきりした戦略が立てられるからだ。

孫の戦略は、さらに大きな展開を睨んでいた。月刊誌、しかも二誌同時に出す。大胆不敵といえば聞こえはいいが、あまりにも無謀だった。当時、孫の周囲にいた者たちは誰ひとり孫の戦略を理解できなかった。

「情報インフラの提供者としての地位を築くためには、最初から中立でなければならない。特定のメーカーに肩入れするような形を取ってはいけない」という一般的な考え方に対して、孫は「ランチェスターの戦略」の基本法則「敵が視野に入るような局地を攻める」方法を取ろうとした。有名な「弱者の戦略」である。無意識のうちにこの戦略を取り入れていたのだ。

「(中立を謳う)パソコン総合雑誌と正面からぶつかってはとうてい勝ち目はない。当時はまだメーカーごとにパソコンの互換性がなかったので、機種別情報雑誌を作ろうという戦略を立てた。これなら兵力が弱くても勝てる。中身の濃い雑誌を作ったのです」

イギリスのエンジニアで、この基本法則の考案者、F・W・ランチェスターによれば、弱者と強者によって戦略は変わってくる。この場合は弱者の立場である。

一点突破。大胆にして細心な孫のみごとな戦略である。

一九八二年五月、『Oh! PC』と『Oh! MZ』が創刊された。

『Oh! PC』はNECのPC－8000、PC－8800、PC－6000シリーズを載せた。『Oh! MZ』は、シャープのMZ－80B、K／C、POポケコンシリーズに特化した。

自信はあった。が、雑誌王国のアメリカで手にしたコンピュータ雑誌とは質がまるで違う。売れないかもしれない。

果たして二か月後、孫の想像をはるかに超えた返品の山だった。

一誌の刷り部数五万のうち、じつに八五パーセント以上が売れ残り、倉庫に積まれた。雑誌の山は断裁された。

毎月、返本の山。三号雑誌という言葉がある。創刊号を出して、すぐに翌月には二号を出さねばならない。その二号を出したあと、追いかけて三号の編集をする。そして三号を出したとき、創刊号がどれくらい売れたかという結果が出てくる。売れ行きが悪ければ、これであえなく廃刊となる。そして出版社、編集者の努力は水の泡となる。

戦略家、孫正義は、この惨状にもかかわらず敗北宣言をしなかった。すべてを賭ける。全身全霊を打ち込む。孫の真骨頂である。

それでも創刊から半年後の一一月、七号目で莫大な赤字を記録した。

一九八二年も終わろうとしていた。孫はリニューアル作戦を展開した。

読者からの要望にすべて答える。孫は決意した。

読者アンケートには、率直かつ明快なさまざまな意見が記されている。

そこで、『Ｏｈ！ ＰＣ』の判型を変えて、テレビＣＭを打つ。部数はこれまでの二倍、値段は六八〇円から四八〇円に値下げする。

およそ常識外れであった。この非常識きわまる戦略を成功させるためには、どうしてもある人物が必要だった。

一九八二年九月はじめのある日、ひとりの男——橋本五郎が新聞の求人広告に眼をやっていた。

「パーソナル・コンピュータの専門誌を出版。編集者求む」

橋本は失業者といっていい身分だった。当時は、貿易関係の出版社を辞めて、新たな転職先を探していた。三人の子持ちの三七歳。いままで苦労してきた。これからは、できれば一生を捧げるだけの価値のある会社を見つけたい。もとより編集者として、もう一度、自分の可能性に挑戦したい思いもあった。九月六日、橋本は千代田区四番町の東郷公園近くにあった日本ソフトバンクに面接を受けに出かけた。事務所は半地下のようなところにあった。熱気がみなぎり、みな忙しく動いている。

面接をした責任者は一〇月から新雑誌を出したいと切り出した。

8ビットのハンドヘルド・コンピュータ（ノートブック・パソコン）の専門誌『Oh！HC』を季刊で出したい。

「明後日からこられますか？」

山好きな橋本は、山登りに行く予定を立てていた。早くても二週間後あたりからの入社だと想像していたので、面食らった。

コンピュータに関心はあったが、専門家ではない。が、橋本は雑誌が好きなのだ。編集者魂が燃え上がってきた。眼が輝いた。

九月八日から出社することになった。一から原稿を書き、期限どおりの一〇月一二日に創刊号を出すことができた。評判もよかった。

その力量を買われて新編集長に指名された橋本は、孫にはじめて会った。衝撃を受けた。橋本も小柄だが、孫はそれよりも小さい。

孫の顔色はよくなかった。実はのちに知ることになるのだが、孫は大病を患っていた。だが、全身からエネルギーが放たれている。

孫は言った。

「テレビCMもやります」

雑誌は返品の山なのに、これまでの倍の部数を刷る。しかも一億円をかけてテレビCMをやるという。すごいことをやる。橋本は責任重大だと感じた。

この男に賭けてみよう。橋本はそのとき決意した。編集者としての自分のすべてを出す。それが孫の熱意に応えることになる。

橋本は雑誌の判型を変えた。中綴じのAB変形判を平綴じのAB判とし、背表紙のつく厚さにした。橋本の勘は冴えていた。

だが、いくら良質の出版物ができても、知名度が低ければ売れない。

孫はCMを扱う電通と相談した。

雑誌のCMスポットを打つ。それだけでもめずらしいのに、赤字の雑誌にそれだけの価値があるのか。

だが、劣勢のいまだからこそ、守りではなく攻めの戦略が求められている。

孫は強引に交渉し、一億円のスポット枠を六〇〇〇万円に値切った。電通との交渉のあと、孫はＮＥＣに直行した。強引に交渉して買った六〇〇〇万円のスポット枠の半分、三〇〇〇万円を出してもらおうというのだ。『Ｏｈ！ ＰＣ』はＮＥＣのＰＣシリーズのことが書いてある。

手間取ったが、ＮＥＣ副社長の大内淳義の力添えもあり、交渉はまとまった。

孫の提案に大内は「おもしろい、いっしょにやりましょう」と快諾した。孫の将来性を高く評価したひとり。大内は一九九六年に没したが、孫にとって大恩人である。

一九八三年二月、渋谷の交差点で『Ｏｈ！ ＰＣ』をかかえて立つテレビスポットは、あらゆるチャンネルで流れた。一〇万部は三日で完売した。広告収入も増え、編集部はにわかに活気づいた。そのあとも順調に部数を増やしていった。

その後、勢いに乗って『Ｏｈ！ ＰＣ』は部数を一五万部まで伸ばした。『Ｏｈ！ ＭＺ』『Ｏｈ！ ＨＣ』も順調で、つづいて『Ｏｈ！ ＦＭ』『Ｏｈ！ 55』『Ｏｈ！ ＰＡＳＯＰＩＡ』『Ｏｈ！ Ｈｉｔ Ｂｉｔ』『Ｏｈ！ 16』を出し、月刊誌四誌、季刊誌四誌、計八誌にまで増えた。

ある日、たまたま所用で本社（出版事業部は東郷公園近くのビルにあったが、本社は業務拡張のため、九段上に移転していた）に出かけた橋本五郎は廊下で孫に声をかけられた。

「五郎ちゃん」

孫は橋本の肩を軽く叩き、親しみを込めて言った。

「『Ｏｈ！ ＰＣ』おもしろいよ」

「ありがとうございます」

橋本は人なつっこい笑顔を浮かべ、頭を下げた。嬉しかった。一生を捧げるに値する仕事に出会えた。それは生命を託す人物と出会えた喜びでもあった。柔らかな早春の日射しのなかで孫は満面に笑みを浮かべていた。

のちに常務取締役出版事業部長までつとめた橋本は、すでにこの世にいない。生前、橋本は孫についてこう語った。

「孫さんは仕事はとても厳しいけれど、すごく優しい人。アナログの心を持ったデジタル人間なんだ。孫正義という人物と同じ時代に生きた幸福をつくづく感じるよ。ぼくは幸福者だ」

# 21　荒ぶる魂の叫び

日本ソフトバンクは、順風満帆であった。いや、破竹の勢いといってよかった。わずか三人ではじめた会社が、八二年には社員三〇人、売上げ二〇億円。翌八三年には社員一二五人で、売上げ四五億円と急成長する。

孫は眼がまわるほど忙しい毎日を送っていた。土曜、日曜も休まず、睡眠時間を削って働いた。社員たちも同様に、忙しく働いた。就業時間内では仕事が終わらず、会社に泊まる者もいた。めいめいがソファや寝袋で仮眠をとった。

孫は集中すると周囲の何も眼に入らない。ひたすら仕事に没頭した。ほとんど何も食べない日もあった。

いつも寝不足のせいか、からだがだるい。仕事が忙しいせいだ。そう、思っていた。

そこで、日本ソフトバンクは定期検診制度を設けることになった。

孫も検査を受け、一週間ほどして検査結果が戻ってきた。

孫は愕然とした。

「要再検査」

血の気が引いた。

過労のためからだがだるいのだと思っていた。しかし、ふつうの疲労感ではなかった。脱力感といったほうがよかった。それがここにきて「異常な疲れは肝臓の機能が弱っているため」という結果を突きつけられた。

肝臓のe抗原が異常な数値を示している。ウイルス増殖のさかんな時期に血中に流出する暴れん坊の蛋白質。e抗原が強い陽性であれば、ウイルスがさかんに活動していることを示す。

すぐに有名な大学病院に駆け込んだ。

担当医の声が非情に聞こえた。

慢性肝炎。仕事はすべてキャンセル。

「入院して治療に専念してください」

すぐに入院しないと命の保証はできない。

孫は「どのくらいで治りますか?」とおそるおそる訊いた。

医師の顔が曇った。

当時、慢性肝炎は不治の病で、完全な治療方法は見つかっていなかったのだ。

「慢性肝炎から肝硬変になれば、あとは肝臓がんです」

さすがの孫も息をのんだ。だが、すぐに訊き返していた。

「あとどれくらいで……」

「それはわかりません。でも、五年以内には肝硬変になる可能性が高いでしょう」

孫は入院した。


「孫正義、肝炎で入院」

この報せを聞いた友人のホン・ルーは、すぐさま日本に飛んで見舞った。

妻の優美も、古い友人であるホンの顔を見て、思わず涙を流した。

まだ夫は二五歳。こんなおそろしい現実は、優美にとっても信じられないことだった。

わずかな救いは、外見からではまったく大病には見えなかったことだ。

孫は、それまで考えつづけてきたことをホンに告げようと決心した。

ユニソン・ワールドを清算してホンに売りたいと提案した。日本円で約二億円。

ホンは一八七センチの長身を丸めた。

そんな大金をすぐに払う余裕はなかった。孫は融資先を紹介し、会社の利益のなかから少しずつ返済していく形を提案した。

ゲームソフトは、新作がユーザーの関心を引きつけても、次に別のゲームが出れば、あっという間に話題性を失ってしまう。

会社のオーナーとなったホンは、その後ゲームソフトから手を引いた。熟慮の上の決断だった。

もっと多くの人の役に立つソフトの開発をめざす。このあたりにやはり俊敏なビジネス感覚が見られた。孫から学んだものであった。グリーティングカード用、スケジュール用のソフトなどヒット商品を手がけるようになった。このほかにも一〇年以上も売れつづけたソフトもある。ホンの先見性も高く評価すべきだろう。

ホンに会社の経営権を売ることの背後には、新しい運命を切り拓かせようとした孫の友情と冷静な判断があったと見てよい。

当時、孫は自分の入院を社員たちにも伏せてあった。

日本ソフトバンクは、すなわち孫正義だった。

「社長はアメリカに出張中」

孫の長期出張が社内に浸透していた。

ごく一部の幹部社員を除いて、ほとんどの社員がほんとうに孫はアメリカに行っていると信じ込んでいた。

幹部社員のなかでも、孫の腹心の部下になっていた立石勝義は、むろん実情を知っていた。立石は一九八二年に入社。営業、資金関係、仕入れなど、あらゆる面で孫を支えてきた。

孫はそれまでもひんぱんにアメリカを往復していたので、取引先はもとより、多くの社員は誰ひとりとして入院を知らなかった。腹心の立石が「アメリカ出張中」と言うのだから、誰もが信じて疑わなかった。

一方、孫は病院を抜け出してはこっそり会社に顔を出していた。孫はいつも笑顔を絶やさなかった。

机のうしろには簡易ベッドが置いてあり、疲れると横になった。

立石といっしょに車に乗ったときなどは、うしろの座席で横になり「ごめんね」と断って、立石の膝の上に足を乗せた。

誰よりも近くで孫を見守ってきた立石には、つらいことだった。

孫が必死に頑張っている。立石はひとりで大病に立ち向かっている孫の姿に胸を痛めた。彼ならこの難病をかならず克服するだろう。立石の胸にあったのは同情ではなかった。絶対の信頼であった。

果たせるかな、e抗原の数値が少しずつ下がりはじめた。

自宅療養を許された。

退院した孫は、新宿区納戸(なんど)町の自宅にパソコンを入れ、一日に七、八時間も仕事をした。

当然のように体調を崩し、病院に舞い戻ることになった。

病室の孫は孤独だった。

会社はようやく軌道に乗ってきた。ところが、これから五年生きられるかどうかもわからない。

娘は一歳半。新しく生まれてくる子どものためにも生きたかった。だが、現実にはベッドに仰臥(ぎょうが)して点滴の流れを凝視するしかなかった。このままじっと死期を待つのか。その時期がいつなのかわからない。退院できたところで、いつ再発するのかわからない。不安に耐え、身を削りながら細々と生きていかなければならない。

人生とは？

誰のために生きているのだろう？

自分のため？　家族のためか？

それとも社員のため、顧客のため？

だが、もっともっと深く人生を生きられないか。

自分や家族のためだけでなく、広く世のなかのためになることができないか。

一回きりの人生ではないか。

このとき孫は、必死に人生の意味を問いつづける求道者（きゅうどうしゃ）といってよかった。

当時の苦しい胸の内を私に打ち明けてくれた。

「夜、病室でひとり泣きました。治療が苦しいからじゃないんです。まだ、子どもも小さいし、会社も始動したばかり。どうしてこんなときに死ななければならないのだろう。病気のことは秘密にしておかないと、銀行からは融資をすぐにでもストップされる。そのために、こっそりと病室を抜け出して会議などには出ました。そのときに徹底的に考えたのです。自分はなんのために仕事をしているのかと……。その結論が、人に喜んでもらえる仕事がしたいということでした」

病床にあっても事業のことが頭から離れることはなかった。

孫はつねづね「金融やマーケティングに詳しい人を紹介してほしい」とシャープの佐々木正に頼んでいた。

佐々木は、当時日本警備保障（現・セコム）の副社長だった大森康彦と会食する機会があったとき、孫を誘った。

孫はホテルニューオータニの地下二階にあるレストラン、エルミーで大森に会った。

しばしば食事をする手を止め、孫は壮大な夢を大森に語った。

「すばらしいですね」

「光栄です」

孫は、常に事業に対しては綿密で非常に慎重な対応をする。

それほど冷静な孫だったが、初対面で意気投合すると、相手の言うことを信じ過ぎるほど信じてしまう。むろんそれが孫の長所だったが、ときには欠点にもなる。

「創業者タイプの経営者は、新しもの好きで、熱しやすく冷めやすい。それが自分の欠点だと気づいていました」

だから、むしろ自分にはない面を持った大森の手腕に期待したのかもしれない。

大森が病室を見舞ったとき、孫は言った。

「うちの会社の経営を手伝っていただけませんか?」

大森は五二歳、孫より二七歳年上。慶應の経済学部を出て野村證券に入社。国際部長などを経て、一九七五年に日本警備保障の顧問、のちに副社長に就任していた。株式、マーケティングなどの豊富な経験を持っている。

日本警備保障の創業者で、日本を代表する企業家でもある飯田亮（まこと）の右腕だった男だ。経営手腕も認められている。押し出しもいい。申し分ない人物であった。

孫は迷った末にこう切り出した。

「私が退院するまで社長を引き受けてほしい」

日本警備保障への配慮から孫はウルトラCの裏技を使った。いったん大森が日本警備保障を退社して、ヘッドハンティング会社に登録。一日で、日本ソフトバンクがヘッドハンティングするという形を取った。それほどまでしても価値のある人物であると孫は考えた。

孫が会長。大森は社長。ふたり乗りのタンデム自転車だ。

一九八三年四月、大森は日本ソフトバンク社長に就任した。

就任パーティでは、ふたりはにこやかに並んで挨拶をした。

だが、それは病魔と闘う孫にとって、つらく、長い苦難の道のはじまりでもあった。

# 22　病虎、吠(ほ)ゆ

運命とは、なんと苛酷なものだろうか。一九八三年、孫が肝炎で苦しんでいた時期、彼の前に立ちはだかったひとりの天才がいる。アスキーの西和彦である。ついに宿命のライバルが衝突した。

大森康彦が日本ソフトバンクの社長に就任して二か月後であった。「天才・西」対「神童・孫」。宿命のライバル。このふたりのあいだにくすぶりつづけていたマグマが大爆発を起こした。

一九八三年六月一六日、西はマイクロソフト社のビル・ゲイツ会長や日本のパソコンメーカー、家電メーカーの大手一四社の代表を従えて、意気揚々と記者会見を行なった。

「ＭＳＸを提案します」

家庭用マイコンの仕様をＭＳＸに規格統一したいと提案したのである。

それまでは機種ごとにＣＰＵ（中央演算処理ユニット）も違えば、プログラム言語も異なっていたため、それぞれの機種ごとにソフトウエアを開発する必要があった。つまり、ソフトの互換性がまだ実現してなかった。また、同じプログラム言語を使っていてもメーカーによってそれぞれ特殊性があり、互換性がない。

互換性を持たせるには、ＣＰＵ、言語、開発ツールをまったく同じ条件にする必要があった。そうすれば異なるハード上でも同じソフトウエアを利用できる環境が整うのである。

こうした不便な環境は、のちにＤＯＳ／Ｖという標準仕様が各社に採用されるまでつづいた。

その共通のＯＳとして西はＭＳＸを提案した。

しかし、これは客観的に見ればアスキーの覇権的な欲望に発したものといえるのではないか。

そのとき孫は病院のベッドにいた。ニュースを聞いた孫の胸中に噴き上がってきたものは、激しい敵愾心（てきがいしん）だった。

悔しいが規格統一は認めてもいい。だが、マイクロソフトが規格統一という形でパソコンの支配権を握ることだけは許せない。相手にとって不足はない。マイクロソフトがそんな手段で業界に君臨しようとするのは、孫のグローバルな世界戦略にもかかわってくる。

そもそも、この規格統一については孫が先鞭をつけていた。事は一企業の収益にとどまらない。大きく言えばこれ以後の日本の命運にさえかかわる重大事なのだ。このことに、孫はいち早く気づいていたのである。

だが、西は一企業の利益のために規格統一を図ろうとしていると、孫には映った。マイクロソフトが提示したのは、規格統一の参加料として三〇〇〇万円から六〇〇〇万円、パソコン一台当たりのロイヤリティは数千円と高額なものだった。これに対して日本ソフトバンクは参加料数百万円、ロイヤリティは数百円で対抗しようとした。

こうした西のやり方を孫は認めない。フェアではない。パソコンの将来を考えたとき、なんとしても阻止しなければならない。

病床にあった孫は真っ向から西に挑もうと決心した。

西和彦は孫とはまったく異なる環境で育った。一九五六年神戸市生まれ。孫よりも一歳年上である。

祖父は私立須磨学園（神戸市）を創立し、祖父母、両親ともに同学園で教鞭をとる教育者一家である。西はその長男。アカデミックな環境で育った。

東大受験に二度失敗して、早稲田の理工学部に入学するまで挫折を知らなかったという。

大学に入学した翌一九七六年一〇月、西は『インターフェイス』というコンピュータのマニア向け情報誌を編集していた星正明に誘われ、郡司明郎や塚本慶一郎らと『I／O』を創刊した。創刊号は驚くほど売れた。星は、『I／O』出版に専念するようになった。西もまたコンピュータの世界に登場した風雲児であった。

一九七七年六月、西は郡司、塚本を誘って『ASCII』を創刊する。

それから一年後、西に大きな転換期が訪れた。

西は大学の図書館で、一冊の学会誌を手にした。それはビル・ゲイツがBASICで作ったマイコン用のソフトウエアの記事だった。

「このマイコンソフトウエアは、コンピュータの世界に革命をもたらす」

西はBASICに強い関心を抱き、ゲイツに会いにいった。

一九七八年六月、カリフォルニア州アナハイムで開かれた全米コンピュータ会議の会場で、西とゲイツははじめて会った。これもまた運命的な出会いといってよい。パーソナルコンピュータ時代の到来に夢をかけた、同じ二二歳の若者はたちまち意気投合した。

その後、ふたりは日本におけるBASICの販売権を西に与える契約書にサインした。これこそマイクロソフトBASICの、日本を中心とする東アジアにおける独占販売権であった。それを西の会社に与えるというものだ。アメリカの商習慣である弁護士を介在させてのものではなく、あくまでふたりだけで交わされた契約だった。

ＢＡＳＩＣの独占販売権を得た西は、これ以降、日本のパソコン市場で大きな力を持つことになった。パソコン市場への参入を急ぐ家電メーカーは、西の経営するアスキー詣でをするほどだった。

西は「日本のビル・ゲイツ」と呼ばれた。ゲイツとは互いに「ビル」「ケイ」と呼び合うほどの親密さだった。西は時代の寵児(ちょうじ)としてもてはやされるようになった。

孫正義と西和彦との出会いは、一九七七年夏のことである。孫はまだ、バークレーの学生だった。

ふたりは大阪の松下電器産業本社ではじめて会った。引き合わせたのは、当時、同社の技術本部長だった前田一泰である。

前田はなぜかふたりのことを英語で紹介した。

孫はシャープと電子翻訳機の契約を交わしたあと、別の製品であるハンドヘルド・コンピュータのような学習機の開発契約を交わすために松下を訪れていた。

「おもしろい男がおるで……」

孫は前田から西を紹介された。

このときのふたりは短い挨拶を交わしただけだった。ふたたびふたりが会うのは四年後の一九八一年である。

孫はまだ、日本ソフトバンクを立ち上げたばかり、西はすでにアスキーで大成功を収めていた。

何かの機会に孫は挨拶をした。

西はこう言った。

「ぼくに英語で話しかけてきたあのときのきみか?」

西にとっては、翻訳機のことをさかんに自慢していたおもしろい韓国人という印象しかなかったらしい。

孫のほうは西との出会いをはっきりとおぼえていたが、西は孫のことを「シャープ(頭のよさそうな人物)だと思った」という程度だった。

その後、孫が日本ソフトバンクの業績を伸ばすにつれて、両者は激突した。

『I/O』『ASCII』『マイコン』三誌による日本ソフトバンクの広告掲載拒否はすでに述べた。孫は屈辱にまみれた。

ソフト流通業として順調にきて、これから小売店の開発、ソフトハウスを開拓していくためには、広告はきわめて重要である。広告掲載拒否は、会社の存亡そのものにも影響した。この思いがけない挫折が孫を出版事業に踏み切らせたのだ。

孫にとっては、忘れられない大きな転機であった。孫の内面にたぎっていたものは、理不尽な大企業の冷酷さへの怒りではなかったか。

しかもソフト開発をしていたアスキーは、孫の会社にソフトの供給をしなかった。

「口で言うことと、腹で思っていることが違う」

約束を守らないことが、孫はいちばん嫌いである。どんな小さなことでも孫は約束を破らなかった。

広告拒否のときも、ソフト供給拒否のときも、孫は腹に据えかねた。そういった姑息（こそく）なやり方に我慢がならないのだ。

だが、孫に対するバッシングは激しさを増していった。

一九八三年、そんな西と孫が正面から激突したのがMSX戦争だった。

西の提唱するMSXは、統一規格に見せかけた独占だった。またしても、孫の正義感がむらむらとこみあげてきた。

統一規格をオープンにしない。それだけでも許せないことだった。

日夜、必死に新しいソフトを開発しようとして、しのぎを削っているそれぞれの開発メーカーから高いロイヤリティを取ろうとする。これは企業エゴイズムというより、弱い者いじめではないか。

さらに、孫を屈辱感にまみれさせたのは、こういった一連の動きが孫の知らないところで動いていたことだった。

六月二一日、雨が降っていた。孫は病院を抜け出した。自分の病気のことなど考えてもいなかった。

このときの孫は生気に満ちて見えた。

孫は集まったパソコンメーカー二一社を前にして声を振りしぼった。

「私たちも別の規格を提案します」

会場から大きなどよめきが聞こえた。このとき列席者たちの誰ひとり孫が大病に苦しんでいるなどと想像できただろうか。

その前夜、孫と西はホテルで話し合いをしていた。

「いっしょにやろう。ロイヤリティは安くする。明日の朝一〇時までに電話を待っている」と西は言った。

孫は西に電話をかけた。

「これから全面戦争だ」

裏交渉は決裂した。

会場をあとにして病院に戻った孫は、ぐったりとしてベッドに横たわった。

孫は血を吐いてでも、ＭＳＸを叩きつぶす決心だった。

西も譲らなかった。

ふたりの仲裁に松下電器産業の担当部長が入った。

孫としては西と喧嘩するつもりなどなかった。あくまでコンピュータの将来が視野にあった。

「西さんが提唱したMSXというのは、ハードにしろソフトにしろ、開発メーカーから高いロイヤリティを取るという、アスキーとマイクロソフトが有利になるような規格だったのです。オープンにしてください。そうでなければ私たちも別の規格を出しますよと、西さんに言ったのです」

そして一五日後の六月二六日深夜から二七日にかけて、孫と西はふたたびトップ会談を行なった。

ハードメーカーにスペック（仕様のこと。CPUの種類やインターフェース、メモリー容量、寸法など）を公開する。ソフトウエアを作る情報はすべてオープンにする。西が譲歩することで決着がついた。

「天才・西」に対して、ひるむことなく自己の主張を貫いた「神童・孫」。メディアの与えた当時のこの「天才」と「神童」の形容は、むしろ逆ではなかったか。なぜなら「神童・孫」は、成長しても「ただの人」にならなかったのだから。

一九八三年、パソコンの売上げ台数は年間一〇〇万台を突破した。

孫の描いた未来は、着実に近づきつつあった。

# 23 天運に任せる

一九八三年の暮れになっても、孫の病状はいっこうによくなる気配を見せず、一進一退を繰り返していた。

病室の孫は寒々とした窓におのれの運命を凝視した。

このままじっと死を待つか。それとも新しい方法に賭けるか。

新しい春を迎えることができるのか。たとえ、春を迎えたとしても、こんな病身で、次から次に襲いかかってくる困難にどこまで立ち向かえるのか。暗澹たる思いであった。

孫は肝臓の専門医が発表した論文を読み漁って、自分の病気を治してくれそうな医者や治療法を必死で探していた。

だが、孫を救ったのは思いがけない人物であった。

子を思う親の願いが天に通じたのか。

孫の父、三憲は、肝炎の画期的な治療法を紹介する新聞記事を眼にした。

虎の門病院の熊田博光という医師が肝臓学会で新しい治療方法を発表して、注目を浴びている。これまでにないまったく新しい治療方法。「ステロイド離脱療法」という。三憲がその有効性をどれだけ理解していたかはわからない。だが、すぐさま息子に電話をかけた。

「熊田先生に会いにいったらどうだ」

孫は父の気持ちが涙の出るほど嬉しかった。

「可能性に賭けてみるべきじゃないのか」

三憲の言葉には説得力があった。

孫は父の言葉に従うことにした。

年が明けた一九八四年一月、孫は虎の門病院の熊田医師の診察を受けた。

「先生の治療法を新聞記事で読みました。私の病気は治るでしょうか？」

その声に、必死な響きがあった。孫は狭い診察室の椅子に、からだを丸くして座っていた。

三七歳のこの医師は、まだ無名だったが自信と情熱にあふれていた。

「やってみましょう。とにかく、やってみなければわかりませんよ」

熊田は静かな口調で言った。

当時、慢性肝炎の治療法はまだ確立していなかった。効果的な治療法がなく、慢性肝炎になると肝硬変になり、やがて肝臓がんになる不治の病だった。

熊田は孫のカルテに眼を落とした。

健康体であれば、e抗原の数値はゼロ。いわばe抗原は暴れん坊のウイルス、横着なウイルス。どんどん肝臓を食べ、破壊してしまう。

数値は、低、中、高の三段階に分かれる。孫の場合は、二〇〇を超えている。

孫はこのとき明らかに重度の慢性肝炎だった。軽度、中度、重度、肝硬変、肝臓がんと進行していく。孫の場合はすでに肝硬変になる寸前だった。五年以内には肝硬変になり、腹に水がたまる状態だった。

熊田は、医師としてできる限りの手段を取ってみようと決心した。

熊田は当時の孫が新進の起業家であることを知らなかった。不治の病に苦しんでいるひとりの若者であった。だが、病気に負けまいという決意が眉宇(びう)にあった。その必死の思いが熊田の心を打ったのである。

熊田という医師もまた、平坦な道を歩んできたのではなかった。

小、中、高と岐阜で過ごした。優秀な少年がそのまま地方の医大をめざしたのも当然であった。岐阜大学医学部を卒業すると、虎の門病院病理学科で研究に携わったのち、同病院の消化器科に移り、臨床医となった。

一九七九年、熊田は六三歳の女性患者の症例に、ふと不審なものを認めた。この患者は慢性肝炎で、従来の治療法であるステロイドをずっと投薬していた。だが、その病態にある変化が見られた。ふつうなら見過ごしてしまうようなことだが、変化を熊田は見逃さなかった。そしてある日、彼女のからだからe抗原が消えていることに驚いた。

なぜだろう？

熊田は必死で追跡検査をした。漢方薬でも飲んでいるのか。いろいろ調べた結果、その患者は入院中は看護師が配るからステロイド剤を飲んでいたが、退院後に飲むのをやめ、退院してからいっさい飲んでいないことが判明した。

治療薬を飲むのをやめて、逆にe抗原が消えた。いったいなぜだろう。

研究者としての熊田はきわめて綿密、しかも細心であった。

急性肝炎は治るが、慢性肝炎は治らない。退院した慢性肝炎の女性が治ったのは、ステロイド剤をやめたために、逆に免疫力がついてe抗原を消すことができたのかもしれない。

そこでまず、短期間にステロイドを投与して免疫力を抑える。その後、投与をやめて、急性肝炎を引き起こさせて、いっきに治してしまう。いわば賭けのような治療方法である。

慢性肝炎を急性にして治す。まさに発想の転換だった。

従来の方法は、ともかくステロイド剤をずっと使って、少しでも悪くならないようにする治療だった。それが世界の主流だった。

だが、熊田はあえて新しい方法に挑戦した。それが劇的な効果を上げた。

孫は熊田の説明をじっと聞いていた。

(この医師は、たいへんな情熱を持って取り組んできている)

孫は熊田の治療方法にあらためて深い関心を持った。

一九八一年、熊田は慢性肝炎の斬新な治療方法である「ステロイド離脱療法」を学会で発表した。

だが、受け入れられるどころか、袋叩きにあった。

一時的に薬を抑制して、患部を悪化させる——そんなものは治療ではないという意見が圧倒的だったのである。

ごく一部の医師が関心を示したが、日本の肝臓学会ではほとんど否定された。

大論争を巻き起こしていたその治療方法を新聞が取り上げ、父三憲が目にした。

ただ、孫は病院を変わることに抵抗があった。入院中の病院でも必死になって治療に当たってくれている。命を預けている。患者と医者は信頼関係で成り立つ。しかも、医者を替えたからといって治る保証はどこにもない。

「治りますか？」

孫は居ずまいを正して熊田に訊いた。

「七、八〇パーセントは治ります」

熊田は、きっぱりと答えた。

不治の病と言われている慢性肝炎が治る。孫はからだが震えるほどの感動をおぼえた。いま診てもらっている有名大学病院では、決定的な治療法はない。せいぜい現状維持でしかない。

そのままじっと死を待つか。それとも新しい方法に賭けるか。

孫は熊田に言った。

「いくら時間がかかってもかまいません。先生、治してください」

熊田はにっこりと笑った。

「やってみましょう」

孫はこのとき自分が生きていることを実感した。

（たしかに不治の病に苦しんでいる。明日をも知れぬ身であった。だが、まったく発想の違う方法が、人の運命さえ変える可能性がある。己のやろうとしていることも、ぎりぎりのところでは熊田先生のやろうとしているところと同じではないか）

孫の胸に清々しい感動がこみあげてきた。

大学病院に戻った孫は、担当医に転院することを告げた。熊田のことはいっさい口にせず、いかにも律儀で真正直な孫らしく、これまでの礼を述べた。

「転院することにしました。これまでありがとうございました」

一九八四年三月一三日、孫は虎の門病院川崎分院に転院した。妻の優美はつきっきりで看病した。優美はどうしても沈みがちになる夫を励ました。

一七日から本格的な治療が開始された。

ステロイド剤を短期間投与し、いったんやめると、e抗原はみるみるうちに減少していった。

孫のなかで目覚めた免疫力がe抗原と闘っていることは、はっきりと数値にも現われていた。

だが、孫の表情は暗かった。

熊田が回診にくると、孫は心配そうに訊いた。

「治りますか?」

「うまくいっていますか?」

入院してから孫が口にしたのは、そのふたつだけだった。笑顔を見せながら、熊田は答える。

「数値もよくなっているし、順調ですよ」

孫はにこりともしない。

熊田が出ていくと、カーテンを引いて閉じこもった。

ベッドに横になって天井を眺めた。

孫は大きくため息をついた。

二年間、この繰り返しだった。

ふたたび暗い闇のなかに放り込まれた。

孫の身に黎明が訪れたのは、ゴールデンウイークの明けた五月九日のことだった。

孫のe抗原は正常値に近い五〇以下にまで下がっていた。

「先生、うまくいっていますか?」

孫は熊田に訊いた。

「いいよ、きっとうまくいく」

このあと上がるか下がるか——それが重要である。これまでの治療方法では、e抗原値が下がれば、薬をやめないでずっと使っていた。だが、これではウイルスは完全には消えない。喧嘩しないだけだ。ここで、投与をやめて大きな喧嘩が起きるかどうか。大きな賭けである。

「きっとうまくいく」

熊田の言葉が響いていた。孫はひたすらベッドに横になっていた。

以前のように、こっそり病院を抜け出して仕事をするということはまったくなかった。

治療にすべてを賭けていた。この間、マンガ本から歴史書まで、あらゆる分野の書物、三〇〇〇冊以上を読破した。

南向きの窓辺のベッドに横たわり、孫はくる日もくる日も本を読みふけった。

とりわけ心をとらえたのは、中学生のころ読んで感銘を受けた司馬遼太郎の『竜馬がゆく』であった。

龍馬の痛快な生き方にあこがれた。

土佐藩を脱藩した。脱藩は死罪であり、累は親類縁者にまでおよぶ。

そのため、次姉は自害、龍馬を育てた三姉の乙女は離縁された。

『竜馬がゆく』を読み返した孫に、それまで理解できなかったものが見えてきた。

龍馬は大きな志に生きた。

刺客の手にかかった。三三歳の短い命(いのち)であった。

だが、人生は長さではない。いかに燃焼して生きたかどうかに価値がある。

孫は龍馬の生き方にふたたび大きな感動をおぼえた。

天運に身をゆだねることが大切なのだ。

ふたたび孫に生きる力が湧き上がってきた。
病室に午後の強い光が射し込んでいた。

# 24　いのち弾む

一九八四年五月、初夏のさわやかな日射しが射し込んでいた。

虎の門病院川崎分院。南に面した五〇三〇号室のベッドに横たわって本を読んでいた孫は、いつの間にかうとうとしていた。ふと眼をさますと、いつもと同じ光景があった。

（ああ、おれはまだ生きている）

陽光の恩恵を受けている。

生命の喜びを感じた。

孫は入院するとき、主治医の熊田博光に言っていた。

「先生に、私の時間を全部あげます。ですから、どれだけかかってもこの病気を治してください」

社長の任を大森康彦に託し、自らは会長に退いた。いまは治療に専念するしかない。

孫は何度も自分に言い聞かせていた。

「かならず治ってみせる」

熊田医師が週に一回、回診に訪れる。

孫はにこりともしない。

相変わらず、孫は熊田に同じことを訊いた。

「うまくいっていますか？」

熊田はにこにこしながら答えた。

「ええ、うまくいっていますよ」

その返事を耳にするたびに、孫は熊田への信頼を深めていった。

孫は、いま生きる喜びをかみしめていた。一日一日が贈り物だ。

完治したら、思い切りはばたこう。暴れまくってやる。

このとき孫の胸中には将来の大きな事業計画の構想があった。株式を公開して、新しい事業の展開に資金を投入する。

彼の視野にはアメリカがあった。

青春時代を過ごしたアメリカでもビジネスを展開したい。アメリカ人は誰でも成功への夢を持っている。そんな人々と互角に渡り合って成功する。かならずしも不可能ではない。いや、むしろはっきりした成算がある。だが、アメリカだけをめざすのか。アメリカでの成功は自分が見据えている計画の一部にすぎない。いずれ世界に飛び出していって世界戦略を展開する。日本ソフトバンクを世界のソフトバンクにするのだ。

熊田医師はタイミングを見て、ステロイド離脱療法を開始していた。三月一七日、ステロイド剤（プレドニゾロン）の投与を開始。一週目は四〇ミリグラム、二週目の二四日からは三〇ミリグラムに減量して継続投与。少しずつ減量して、四月五日には投与を中止した。

投与期間中、肝機能障害を示す数値、GOT、GPT値は下降したが、投与を中止すると急激に上昇に転じた。リバウンドが生じたのである。離脱（投与中止）から一一日後の四月一六日には、GOT八一単位、GPT二一八単位。この数値がピークだった。

「いい兆候ですよ」

熊田は孫を見て微笑んでいた。

孫のe抗原の値が急上昇したことは、慢性肝炎が急性に変わった可能性を示していた。期待どおりになってきた。賭けに勝てる。

これまでの症例では、こうした変化が見られるのは四か月後、最長で六か月かかる。それが孫の場合、二か月目に入ったあたりで急上昇した。劇的な変化である。

そして五月二〇日を境に、孫のe抗原はみるみる下がった。

熊田も驚くほどの変化だった。

六月一日、回診のとき、いつものように熊田は笑みを浮かべながら孫に言った。

「e抗原がどんどん減ってきている。もう、消えそうだよ」

熊田の言葉に孫は短く答えただけだった。

「ああ、そうですか」

まだ孫はこの激変が信じられない。

これまで、治療では何度も失望してきた。自分が生きるか死ぬかの境目にいるとき、医師たちの宣言は、ときには絶望を意味した。だから、熊田医師に対しても今度もまた期待を裏切られるのではという思いが脳裏をよぎっていた。

熊田は孫がどういう仕事をしているのかさえ知らない。ごくふつうの病人でしかなかった。しかし、診察するたびに病気を克服したいという強い意志が働いていることはわかった。それは医師の想像をはるかに超えていた。

医師をその気にさせる。その意味で、孫は模範的な病人だった。

熊田は微笑んでいた。

孫のe抗原はどんどん減って、完全に消滅した。

「孫さん、やっとe抗原が消えました。これで退院できますよ」

病室の孫は、まるで笑ったことがない。いつも固い表情をしていたというのが熊田の印象だった。

このとき熊田は孫がはじめて微笑んだのを見た。

「そうですか、先生」

いつもは冷静な孫の声がうわずっていた。

孫は熊田の手を両手でしっかりと握りしめた。

「先生、ありがとうございます」

熊田の手は温かかった。

命の恩人であった。

妻の優美は、このころの孫をどう見ていたのだろうか。

虎の門病院川崎分院のベッドでの三か月。それまで二年半も苦しみつづけてきた。慢性肝炎と告知されたときは、このまま死んでいくのではないかと覚悟した。

絶望の淵に落とされた孫を、熊田は救い上げだ。

闘病生活を送る孫にとって、いちばんの支えになったのは家族の愛である。

ふたり目の子を身ごもっていた優美は自らの体調がすぐれないときも、孫を献身的に励ました。

「きっとよくなるわよ」

これから生まれてくる子どものためにも、なんとしてでも生きなければという強い思いから、孫は病苦と闘ってきた。家族への思いが孫に不治の病を克服する奇跡的な力を与えてくれた。優美は、誰よりも孫の恢復を願っていた。孫の思いはそのまま優美の願いではなかったか。

六月七日、虎の門病院川崎分院を退院したその日、孫は微笑みを浮かべ、熊田に心から礼を述べた。

「先生、これで大丈夫ですね」

だが、熊田はいつも退院していく患者にはこう答える。

「大丈夫だと思います」

大丈夫だが、油断しないほうがいい。何が起きるかわからない。人間のからだは機械ではない。

その後も熊田の指示を忠実に守った孫は、二か月に一度の定期診察を受けた。

「もう、大丈夫だ」

その年、一九八四年も終わろうとするころ、熊田は太鼓判を押した。

「完治したんだから、これからの診察は半年に一度でいいですよ」

孫は忙しい仕事の合間をみて熊田の診察を受けた。熊田医師に対する絶対的な信頼があった。

「先生に会うと安心するんです」

診察というよりも、熊田の顔を見にくる。命の恩人への感謝を忘れないでいたいという孫の思いがそうさせるのだ。

熊田もまた、孫に対して敬意を払っている。

「病気を治すのは、基本的には本人の生命力だと思っています。孫さんには、とても強い生命力を感じています」

孫は足かけ三年の長い闘病生活に終止符を打った。

会社に復帰すると、大きな難問が待ち受けていた。病気が癒えたばかりの孫にとっては想像を絶する精神的な負担になりかねない。

孫が不在のあいだ、日本ソフトバンクは難破船になりかかっていた。

むろん、入院中にも会社から報告は受けていた。孫の息がかかった人たち、とくに苦労をともにしてきた幹部社員が次々に解雇されていた。

創業時から営業の第一線で貢献してきた立石勝義も、当時、大阪営業所に移っていた。幹部たちには孫の見知っている顔はいなくなっていた。

もともと、日本ソフトバンクは孫が独力で立ち上げ、急成長をしてきた会社である。それだけに会社組織として矛盾だらけなのは当然のことである。混沌としている。それがエネルギー源でもあった。

立石は孫の不在中、黙って大森の人事に従っていた。

孫正義のためなら、という思いが強かったからである。

立石は当時を振り返る。

「大森さんは、孫さんを見下しているところがあったと思います。外部からスペシャリストを連れてきて、企業としての体裁を整えようとしていました。それで、ずいぶんと辞めた社員もいます。よくも悪くも、大森さんがきて会社としての形だけはできたように思いますが……」

出版部の橋本五郎は得意先からこんな声をよく聞いた。

「最近の日本ソフトバンクはちょっとおかしいのと違いますか。孫さんが創業した会社というので、うちもつき合っているんですよ」

会社の現状は、シャープの佐々木正から見ても眼にあまるものがあった。なんとかこの動きを止めなければならないと佐々木は感じていた。

「ベッドにいる孫君にはいろんな報告が上がってきて、『まいったな』と精神的にも落ち込んでいた」

と佐々木は述懐している。

佐々木はひたすら病魔と闘っている孫にあえて真相を伝えなかったが、孫を見舞った幹部たちが窮状を訴えないはずがなかった。

企業としては極力、経費を削減して必死に働いて利益を上げてきた。みな同じ思いで急成長を遂げてきた。孫が不在だった時期の幹部社員の悔しさを孫は痛いほど思い知らされた。

大企業ひとすじに見てきた大森は、会社といっても名ばかりの日本ソフトバンクを自分の思いどおりの企業にしたかった。

創業時からいる幹部社員は大森の方針に戸惑った。

大森が孫の陰口を言っているという。病室の孫にも、そうした情報は届いている。もし、孫の立場や存在に不満や不平があるのなら正面切って言ってほしい、と孫は思った。

他人を貶し、責めたところで進歩はない。争ったり、いがみ合ったりすることが本意ではない。

だがいま、われに艱難辛苦を与えてくれている。ありがたく受け止めよう。孫の強靭な精神がこの難局に雄々しく立ち向かわせた。

孫のなかに大きな勇気が湧き上がってきた。バークレーで、友人のホン・ルーと会社を興したとき、日本に戻ってきて日本ソフトバンクを創業したときの熱い思いがよみがえってきた。

孫は私に語った。

「当時の私には、大森さんの言っていることが理解できないこともありました。しかし、いまになってみると、大森さんから学んだことはとても多いのです。ときが経つにつれてそういう気持ちが強くなってきました。感謝しています」

けっして相手を非難しない孫らしい謙虚な言葉である。

退院してからは週に三、四日だけ出勤することを考えていたが、そんな悠長なことは言っていられなかった。

事は日本ソフトバンクのような小さな企業だけの問題ではない。時代は動いている。大きなうなりを上げて変化している。

孫はデジタル情報社会の到来を睨んでいた。そのために何をするか。

経営会議で力説した。

「これからはコンテンツの時代がやってくる。とくにデータベースがカギを握る。われわれはいまから対処しておかないと間に合わない」

だが、そうした展望は本来の日本ソフトバンクの事業領域とは違う、と役員たちの猛反対にあった。

いくら説得しても、この状況は変わらなかった。

その年、一九八四年七月、夏季オリンピック・ロサンゼルス大会が開かれ、カール・

ルイスが陸上で四冠を達成。柔道無差別級では、足を痛めながらも山下泰裕が金メダルを獲得した。

## 25 肚を据える

一九八二年、中曽根康弘内閣が打ち出した第二次臨時行政調査会（臨調）の答申のなかにはさまざまなものがあったが、最大の目玉は日本国有鉄道（国鉄）の分割民営化と、日本電信電話公社（電電公社）の民営化であった。

一九八五年四月一日、電電公社は民営化され、日本電信電話株式会社（ＮＴＴ）としてスタートした。この時代の大きなうねりを孫が感じないはずはなかった。すぐにでも行動に移す。

躊躇している余裕などない。

一九八四年、孫は役員会の猛反対を押し切り、資本金一億円でデータネットを立ち上げた。むろん、近く到来するデジタル情報社会を睨んでのことである。

孫は『ＴＡＧ』というショッピングカタログ情報誌を創刊した。

が、意に反してこの雑誌はまったく売れなかった。いきなり一億円の赤字である。テレビや電車の中吊りなど、広告宣伝にも力を入れたが、売上げは上向かなかった。

　さまざまな意見を出したが、販売部数は好転しなかった。半年たっても業績が好転しないときはいさぎよく廃刊にするという約束どおりに、孫はこの雑誌の廃刊を決めた。

「ぼくがすべての責任を持つ」

半年間で六億円の赤字を出し、残務処理に四億円、計一〇億円もの莫大な借財を負うことになった。

新宿納戸町の自宅に戻った孫は、めずらしく妻の優美に打ち明けた。

　妻はわが耳を疑った。

日本ソフトバンクは、やっと一億円の黒字が出たばかり。会社に迷惑をかけるわけにはいかない。孫が所有する自社株は売却しないといけないだろう。

　病気が癒えたと思ったら、今度は一生かかっても払い切れないような莫大な借金をかかえてしまった。尋常の男なら、ここで絶望してしまうところだろう。

だが、孫は違う。肚（はら）が据わっていた。何事にも動じない。

　いや、窮地に立たされたときこそ力を発揮する。積極的な思考で難局に立ち向かってゆくのである。

「一〇億円ぐらい稼いでやる」

だが、二日たっても三日たっても一〇億円を稼ぐアイデアが見つからない。視点を変えた。

孫が眼をつけたのは、NTTに対していわば叛旗を翻した新電電であった。第二電電（現・KDDI）、日本テレコム（現・ソフトバンク）、日本高速通信（現・KDDI）などが誕生していた。

孫はある人物と会った。

のちに家族ぐるみのつき合いをするようになる新日本工販（現・フォーバル）の大久保秀夫である。

大久保は、二六歳で電話機やファクシミリなど、各種通信機器を販売する会社を設立。三四歳だった一九八八年には、社団法人関東ニュービジネス協議会から「第一回アントレプレナー大賞優秀賞」を受賞。同年、店頭市場に上場した新進の起業家だ。孫より三歳年上。弁護士をめざしたが、司法試験に二度失敗。挫折を知る苦労人でもある。

新日本工販は、日本ソフトバンクからソフトを購入しており、取引関係はあったが、それまでふたりは面識がなかった。東京・渋谷の新日本工販の本社で、孫と大久保が会うことになった。

だが、約束の時間を二〇分、三〇分過ぎても孫はこない。途中、道が混んでいるなどの連絡が入ったが、結局、四〇分も遅れて到着した。ただでさえ多忙な大久保は、時間にルーズなやつはそれだけで信用できない、と見ていた。

孫は席に着くなり初対面の挨拶もそこそこに大久保に言った。

「取引をするなら、うちと全部やってほしい」

遅れてきたうえに、いきなりこう切り出した。

「女と同じで、二股かけられたら相手につくす気にならないでしょう。大久保さん、いまが最高のチャンスでしょう。お互いのビジネスをいっしょに発展させようじゃありませんか」

孫は言いたいことだけを言うとさっさと帰ってしまった。そのとき、大久保にはなぜかさわやかさが残った。からだは小さいが肚が据わっている。たいした男だ。

数日後、突然、孫が大久保に電話で連絡してきた。

「きょう、空いていますか？　どうしても会いたいんです」

「いきなり、アポイントと言われても困るのだが……夜なら、空いていますよ」

孫と大久保はすぐに時間の調整をした。深夜近くふたりは東京・永田町で会った。

孫は会うなり大久保に言った。

「結婚しないか？」

孫の眼に、ふざけた表情はなかった。だが、ビジネスにかけても百戦錬磨の大久保が一瞬、あっけにとられたとしても無理はない。

「なんじゃア、それは？」

のちに大久保は私に語っている。

「ふつうなら、ふざけるなという思いがあったと思いますが、いやあ、不思議な魅力がありましてね、あの人には」

孫に会った人たち、とくに孫とビジネスの交渉をした人は、孫の「不思議な」魅力を語っている。

「Ｃ＆Ｃ（コンピュータ＆コミュニケーション）を知っていますか？　いま、コンピュータのナンバーワンは日本ソフトバンクだと思っています。コミュニケーションについてはＮＴＴを除けばあなたがトップだ。まさにトップとトップの出会いじゃありませんか。つまり、お互い結婚すべきときがきたのです」

孫はいっきに話した。

「新電電を知っていますか。これこそ大久保さんの領域でしょう。しかし、あれはコンピュータがなければだめなんだ。そこでどうでしょう。すごいアイデアがあるんですが……」

当時、発進したばかりの新電電は一方で設備を整えながら、ＮＴＴを切り崩して、新た顧客獲得に躍起になっていた。

だが、後発だけにいくつかクリアしなければならないことがあった。「マイライン」が導入されたいまとなってはもはや昔話だが、当初は安い料金の回線を使うためには、相手の電話番号の前にさらに四ケタの数字をまわす。地域によっては回線がつながらなかったり、新電電よりもＮＴＴのほうが安い場合がある。新電電にメリットがあるとは知っていても、顧客は電話をかけるときに、ＮＴＴと新電電三社の回線のうちどれが安いかをいちいち調べる必要がある。こうした不便さを取り除かなければ顧客は増えない。

どうすれば解決できるか。

電話番号の前に四ケタの番号をまわさないで、これまでどおりのダイヤルだけで自動的に新電電のもっとも安い回線を見つけ出して接続できるアダプターを作れば、問題は解決する。

誰もが想像することだった。だが、それを実現するとなれば、やはり大きな困難が立ちはだかっている。

孫と大久保はほとんど毎晩会うようになった。結婚というセレモニーに向かって歩み出したカップルのように。

ふたりが会うのは、お互いの仕事が終わってからの午後八時、九時。ときには一〇時からという日もあった。ディベート（討論）はいつも午前一時、二時、深夜にまでおよんだ。

ふたりの話は、どうかすると周囲には怒鳴り合い、喧嘩をしているように聞こえる。誰も近寄れない。孫は大久保に対して一歩も譲らない。大久保も、そうした孫にたじろいでいるようにも見える。だが、そこにはほかの第三者の介入を許さない緊迫した空気があった。

新日本工販の副社長が様子をうかがって、そっとコーヒーを運んできたこともあった。大久保の合意を取った孫はすぐに特許事務所へ連絡を入れた。これまでの経験がここでも生きている。すでにそういった機器が発明されていないかどうかを調べ上げた。孫はその日のうちに、細かなアイデアを記した特許出願書を書き上げた。

一方で、新電電の幹部と会って秘密保持契約書にサインをさせたうえで説明した。幹部は孫の話を聞いて驚愕した。さらに孫はわずか二か月半で作ってみせると確約した。約束どおりの短期間で、孫は世界ではじめてのアダプターを完成させた。

一九八六年一二月二四日のクリスマスイブ。このアダプター「NCC BOX」を持って、孫と大久保は京セラ会長で事実上の第二電電のオーナーである稲盛和夫（いなもりかずお）に売り込みに行った。

稲盛は一九三二年鹿児島生まれ。二七歳で京セラ（当時は京都セラミック）を設立。

半導体、電子部品から完成品まで幅広い製品を製造するかたわら、盛和塾を主宰して若手経営者を育ててきた。六五歳で経営の第一線から退き、臨済宗妙心寺派江湖道場円福禅寺で得度した。京セラ、ＫＤＤＩを生み育てた大物経営者である。

京セラの本社の会議室には、稲盛をはじめおよそ二〇名ほどの幹部が顔を揃えていた。二九歳の孫と三二歳の大久保は、当時五四歳で、京セラの会長に就任したばかりのベンチャーの雄に対峙した。

孫の説明を聞いたあと、稲盛は言った。

「うちが五〇万個買うから、うちだけに売っていただけますか？」

ひどくていねいだったが、その背後にどれほど凄まじいものが隠されていたか。しかも稲盛の提示は、孫たちの思惑とは反するものだった。

孫は第二電電だけでなく、新電電他社への販売とアダプターのロイヤリティを目論んでいた。

「第二電電は、ワン・オブ・ゼムです。他社でも使えるものを作ったのです」

だが、第二電電は、アダプター本体の買取りを主張して譲らない。

双方の話し合いは平行線をたどった。延々一〇時間にもおよび、時間は午後九時を過ぎようとしていた。

百戦錬磨のビジネスマンの稲盛が本性を見せた。

「きみたちは何か思い違いしているんじゃないか」

五〇万個を二〇億円で買い取るという条件は、稲盛にしてみれば最大の提示条件である。日本ソフトバンク、新日本工販の将来性を見込んでのことである。

稲盛の迫力に孫と大久保は押し切られる形で「第二電電のみにアダプターを売る」という条件の契約書にサインをした。

孫と大久保の完敗だった。

街ではジングルベルの音が鳴っていた。ホテルに戻った孫はめずらしく肩を落としていた。

「惨めだな、大久保さん」

ふたりはまんじりともしないで夜を過ごした。

翌朝、孫と大久保は稲盛の自宅を訪ねた。

「よく考えたのですが、昨日の契約書を返していただきたいのです」

さすがの孫も縮み上がっていた。声が震えている。残りの新電電に賭けたいという思いと、やはり、無理やりサインをさせられたという悔しい思いがふたりには残っていた。

稲盛は激しい言葉でふたりを詰(なじ)ったが、契約書は返却した。

京都から東京に戻る新幹線のなかで、ふたりの若者はほとんど口をきかなかった。

孫がぽつりと大久保に言った。

「やめてもいいよ」

結局、孫たちは日本テレコムへの売り込みに成功し、ＯＥＭ（相手先ブランドで生産）契約を結んだ。

孫が考案したアダプターは日本テレコムの名で販売された。

果たせるかな、第二電電は同種のアダプターをすぐに開発した。

孫のデータネットと新日本工販には数億円のロイヤリティが入るようになった。

孫はいっきに巨額の借財を返した。

だが、それ以上に孫にとって、稲盛との商談失敗から学んだ意味は大きかった。

孫をタフ・ネゴシエイターに成長させたのである。

# 26 いざ、見参！

真ん丸い顔である。童顔といっていい。人なつっこい表情。背丈は小柄。

しかし底知れぬエネルギーが秘められている。

それはときとして凄まじい爆発を起こす。

孫は何事にも情熱を持って、命を懸けて取り組んできた。何ひとつおろそかにしたものはない。

事業家なら誰しもそうした資質や性格を持っているだろう。

孫にとって出版事業はかけがえのないビジネスであり、彼自身の生きている証でもあった。

「出版事業部は廃止したほうがいい」

日本ソフトバンクの経営会議で、役員のひとりが発言した。

孫の会社は事業拡大にともなって、事業部的な考え方で、部門で損益がどうなっているかを厳しく監査していた。柱となるソフト事業部と出版部のうち、出版部の累積赤字が二億円にもなっていた。

この日の議題は「今後、出版部をどうするか」だった。

会長の孫と、社長の大森康彦が並んで会議の進行を凝視していた。

「出版事業は、どんなに手をつくしても業績が上がらない。あきらめたほうがいい」

大森や役員が、出版をつづけることに反対だった。

孫は射るように彼らを見た。

孫は即座に反論したい気持ちを抑えていた。

血の出るような思いで出発させた出版ビジネスを、みすみす切られてたまるか。

孫にすればまったくゼロから出版事業をスタートさせ、毎日駆けずりまわってきた。大手取次の東販、日販に口座を開き、さらに電通やNECなどの協力を得てきた。その後、『Oh! PC』を立ち上げた。強い思い入れがあるのは当然のことだ。

出版はいわば自分が生み出したもうひとりの大事な子どものような存在といってよい。

デジタル情報社会はかならずやってくる。それも遠からず、である。いや、遠からずどころか、きょう明日にも迫っている。そういう緊迫した時期だからこそ、出版は大きな柱になる。だからこそ、出版という形で提供し、逆に流れ込んでくるおびただしい情報を考えるがいい。そうした情報が今後のデジタル情報化社会に決定的なメリットをもたらすんだ。きみたちにはそれがわからないのか。

孫はついに口を開いた。

「出版事業を切るのは反対だ。マネージメントの方法が悪い」

出版部は、一年前までは黒字を出していた。ならば、改革すれば業績を立て直すことができる。

孫は自ら出版事業部長代行に就き、会議に出た連中の度肝を抜いた。

黒字にするんだ、という強い思い入れ。発想そのものから転換しなければ成功はないのだ。

まず、一人ひとりが志と信念を持たなければ何事も達成できない。

孫はただちに編集スタッフ、経理担当者などを招集した。

橋本五郎もそのひとりだった。

当時、橋本は編集部長だったが、彼の上に局長、さらに出版事業部長がいて、窮屈な思いをしていた。自分の思うように仕事できないもどかしさを感じていた。橋本が担当していた『Ｏｈ！　ＰＣ』は黒字だったが、もう一誌が採算ぎりぎり、あとの六誌が大幅な赤字をかかえていた。

孫は橋本らに問いただした。

「なぜ、こんなに赤字になったのか、みんなで考えてほしい」

橋本たちの表情が変わったのは、次の孫の言葉だった。

「赤字が解消できなければ、その雑誌は廃刊にする」

この言葉に全員が凍てついた。日ごろ、人なつっこい表情で、部下に対して優しい顔を見せている孫がここまで決断をしているとは。

「懐に入ってくるものに出費を合わせる。つまり、コスト削減と人員削減だよ。利益管理は編集長自らにやってもらう」

人員削減という言葉に橋本たちは猛反対した。

「私たちも努力しています。それでも業績がだめなら、コスト削減も人員削減もやむをえないでしょう。いきなり、いまやるのは許せない」

これまで孫に対して忠実だった橋本が、このときは正面切って反対した。

孫が復帰したいまこそ全員が団結して頑張るべきじゃないのか。

孫に対する不満が噴き出した。

冷静だった孫の語気がしだいに鋭くなってきた。

「自分は雑誌の生みの親なんだ。親が子を憎むはずがないではないか」

社員の奮起をうながすためだった。

ところが、めずらしく橋本がむきになった。

「社長が生みの親なら、ぼくは『Ｏｈ！ＰＣ』の育ての親だ。こっちの話を聞いてくれないのなら、私たちは出ていきます」

橋本が席を立つと、ほかのスタッフもいっせいに会議室を出ようとした。

背後から孫が叫んだ。

「ちょっと待て！　まだ何も話していないじゃないか。ここまできた以上、お互いにはじめからきちんと話そうじゃないか」

孫の言葉にこのとき橋本は心底うなった。

（この男はすごい）

孫の肚の据わった言葉に橋本も逃げるわけにはいかなかった。

孫は橋本の反対意見こそ期待していたのだ。橋本ほどの腹心が真っ向から反対している。全員が事の重大さを肝に銘じるきっかけではなかったか。

孫は黒字を出すためにありとあらゆるアイデアを取り入れた。

編集者は、雑誌の内容には気を遣うが、利益を上げることにはあまり関心がない。橋本たちは毎週、業績に対して孫から詰め寄られた。

「ここのところはどうなんだ」

毎週一度開かれる会議では、孫はわずかな数字の誤差も見逃さなかった。

週一回の会議が、まるで毎日行なわれているように橋本たちには感じられた。

各編集部の業績がオープンにされた。

編集部員たちは編集だけでなく、利益管理も引き受けることになった。

広告掲載の注文を取り、デスクの文房具ひとつにも気を配って経費削減に努力した。

やがて、その効果ははっきりと数字に現われた。半年後には、ほとんどの雑誌は黒字に転じたのである。

孫は社長に復帰し、一九八六年五月二〇日に社長就任パーティがパレスホテルで盛大に行なわれた。

めずらしく妻の優美が公式の場所に姿を見せた。孫のかたわらで笑みを浮かべながら、来客一人ひとりにていねいに挨拶をしていた。

「うちじゃ、仕事の話をしないから」

と優美が言うように、孫は家庭と仕事をはっきり分けていた。

このときばかりは孫は妻と喜びを分かち合いたかったのである。

一九八六年暮れ、出版事業部の忘年会で孫は挨拶した。

「みんなほんとうによく頑張ってくれた」

孫は声を詰まらせた。涙ぐんでいた。社員の誰もがはじめて見る孫の涙だった。

一九八七年、ビル・ゲイツと西和彦は袂を分かった。パソコン業界はまさに戦国時代に突入していた。

——なぜ、西さんと訣別したのか？

「アスキーがめざしているゴールと私のめざしているものが違ってきたからです」

ビル・ゲイツは孫とのインタビューのなかで、訣別の理由を答えている。

「マイクロソフトは、ソフトウエアに焦点をしぼっています。私は彼にソフトウエアをやってもらいたかったのですが、ケイ（西）はハードウエアをやりたかったのです」

なぜ、孫はアメリカに飛んでビル・ゲイツにインタビューしたか。

その年七月、孫は雑誌『THE COMPUTER』の創刊号のためにアメリカに飛んだ。それまではPC活用雑誌しかなかったが、この雑誌は初のPC関係のビジネスマガジンである。

出発する時点では、アポイントメントは取れていなかったが、孫はともかく同誌編集長の稲葉俊夫（のちのソフトバンクパブリッシング副社長）をともなってシアトルのホテルに着いた。

孫は確認のための電話をかけた。OKが取れた。

インタビュアーとして、孫はビル・ゲイツにはじめて相対することになった。

訊きたいことは山ほどある。孫は稲葉と質問事項を練り上げた。

孫がビル・ゲイツに会う前につけたタイトルは「八〇年代最高の成功者、また奇跡が起きた」である。

積極的で夢を感じさせるタイトルをつけた孫は、ビル・ゲイツに自らの夢を投影させていたのかもしれない。

当時、マイクロソフトは、新興勢力として大きく飛躍しようとしていた。だがもうひとり、ワークステーションの次の世代を担うであろうスコット・マクニーリ率いるサン・マイクロシステムズとどう夢を分かち合えるのか。孫の大いに興味のあるところだった。

ワシントン州シアトルに近いレドモントにマイクロソフト社はある。鬱蒼（うっそう）とした緑、森のなかに美しい社屋があった。雨の多いこの地域だが、その日は抜けるような青空が孫を迎えた。

孫とビル・ゲイツはにこやかに挨拶を交わした。

ピンクと白のストライプシャツにエンジのセーターを重ね着したラフなスタイルのゲイツ、グレーのブレザー姿の孫がテーブルをはさんで相対した。

ゲイツの大きな机の上は書類が雑然と積まれていて、地球儀と三台のコンピュータが置かれていた。ウインドウズとともに、マックプラス、マック2が置いてあった。

孫は、ゲイツに鋭い質問を連発した。

アメリカのコンピュータ業界の将来について。あるいは、日本ではマイクロソフトとアスキーが提携関係をやめたそのいきさつについて。ベテラン記者さながらに孫はしつこく、綿密な質問を繰り出した。それにゲイツは答える。

丁丁発止。稲葉は固唾をのんで聞いていた。

ゲイツは興奮するとからだを揺らす癖がある。

孫はまるで機関銃のように質問を連発した。ゲイツはからだを乗り出して答えた。答えに窮する場面もあった。

一時間のインタビューの約束時間をはるかに超えていた。

当時、ロータスがソフトハウスのリーディングカンパニーだったが、この年の四半期でマイクロソフトが抜いた。抜いたことで、社員が歓喜していた。

ゲイツは孫たちを社内に案内した。

案内を終えると、孫とゲイツははじめて握手を交わした。

外に出ると、ひんやりとした外気が心地よかった。

孫が言った。

「ゲイツの高校を見にいこう」

稲葉やカメラマンの小平尚典をともなって、地図を片手にゲイツの学んだレイクサイド高校を探すことになった。車を飛ばして、校名にもなったように何艘ものヨットが停泊する湖の近くにある高校を探しあてると、孫は大きな声を上げた。

「ここか！」

孫は感慨深そうに、木々に囲まれたレンガ造りの校舎や、芝生の美しい広大なグラウンドを写真におさめた。

七月のシアトルの空は青く澄み渡っていた。

孫の胸には熱いものがこみあげてきた。それは八〇年代最高の成功者、ビル・ゲイツに対する競争心だったのか。あるいはともに二一世紀を作っていこうという固い信念だったのか。

孫はインタビューがはじまる直前にゲイツに訊ねられた言葉を反芻していた。

「『PC WEEK』を読んでいるかい？」

「ときどき眼を通している」

「毎号読んだほうがいい。この一冊でいまパソコンの世界で何が起きているかがはっきりとわかる」

かならず『PC WEEK』の日本語版の版権を手に入れる。

だが、そのとき孫は誰にもその決意を言わなかった。

# 27　アメリカの父と母

歴史に「イフ」（もしも）はないという。当然、ビジネスの世界での「イフ」はほとんど意味がない。

だが、あえて言おう。

もしも、孫がこの人物に出会わなかったら、今日のような世界的な成功が可能だったかどうか。

丸い顔に、広い額。まるで、手塚治虫の『鉄腕アトム』の生みの親、お茶の水博士か、あるいはアメリカでよく見かける有名コンピュータショップのトレードマーク、エッグヘッドに似ている。男は笑顔を絶やさないが、ときおり見せる視線は鋭い。知性あふれた男。

テッド・ドロッタ。

テッドの愛称で親しまれるこの人物こそ、孫が世界の檜舞台に出る大きな原動力となった。テッドと会うことがなかったら、世界戦略をめざす孫の軌跡はかなり緩やかで、また違ったものになっていたに違いない。孫が世界に飛躍するときに、それほど大きな影響を与えた人物とは——。

テッドは、孫にとっては「アメリカの父」である。

アメリカ式ビジネスのやり方から食事の作法まで、孫はこの人物から多くを学んだ。

一九八八年七月、孫はソフトバンク・アメリカを設立した。テッド・ドロッタが社長に任命された。

実は孫とテッドがはじめて会ったのは、それより二年ほど前のことだ。

テッドは五二歳。いかにもアメリカ人らしく、タフでエネルギッシュに人生に立ち向かってきた。ポーランド出身。技術畑を歩いて、博士号を取っている。実力のある成功者だった。そのテッドが、五〇代にさしかかって、新たな人生の可能性をめざしていた。いわば、人生の転換期を迎えていたといってよい。

当時、テッドはカリフォルニアに住み、UNIX関連の会社、インタラクティブ・システムズに勤めていた。小さな会社で、まだ未知数のコンピュータ業界に続々と現われた群小企業のひとつにすぎない。

技術者だったテッドは、すでに充分すぎるほど成功している。だが、第二の人生に何か新しいことをやりたいと考えていた。彼もまた燃えるような情熱に突き動かされていた。

テッドはかつて、世界でも有数の研究機関であるベル研究所に勤めていた。この研究所は、AT&Tとウエスタン・エレクトリックの技術部門として誕生した。電話を発明したグラハム・ベルが興したベル電話会社が前身である。世界二五か国に約三万人のスタッフがおり、うち一一人の科学者がノーベル賞を受賞している。テッドの元同僚が東京に派遣され、たまたま孫と会った。

この時期の孫はUNIXの仕事をするに当たって、いっしょにやれる人物を探していた。

かつての同僚はテッドに、「孫という人があなたのような人物を探している」と言った。

「もし関心があったら、コンタクトをしてみたらどうだろう」

すぐテッドは孫に電話をした。

テッドは遠い日本にいる事業家、孫に自分の可能性を見たのかもしれない。

孫はすぐに答えた。

「重要な話があるんです。明日、東京で会えませんか？」

「いくらなんでも、それはむずかしい」

テッドはなかば呆れて答えたが、ちょっと考えて言った。

二、三日後には仕事でオーストラリアに行くことになっていた。

「オーストラリアからの帰りに、東京に寄りましょう」

テッドは太平洋を隔てた日本の若い男のために旅程を変更した。

テッドは東京に飛んだ。一九八六年の東京——。

ワンレンやボディコン、ディスコ、プールバーなどのブームがはじまっていた。その年の五月、チャールズ皇太子とダイアナ妃が来日して、ダイアナ・フィーバーが起きた。

パレスホテル。皇居前に聳（そび）える一流ホテルである。テッドと約束したとおり、孫は時間きっかりにホテルに姿を見せた。アメリカのビジネスマンに会うときは、こうしたパンクチュアリティ（時間厳守）がモノを言う。孫はそこまで計算していた。孫はひとりでやってきた。

「ロビーまで降りてきてくださいますか？　私ですか？　すぐにわかりますよ。グレーのブレザーを着たアジア人です」

テッドはロビーに降りたが、グレーのブレザーを着たアジア人であふれていた。そのなかで、人なつっこい微笑を浮かべている小柄な人物がいた。ひときわ眼が輝いている。

ホテル地下二階にある和食レストランのカウンターで寿司をつまみながら、孫はテッドに自分の夢を語った。

テッドはたちまち孫の夢に惹きつけられた。

孫とテッドのあいだにはユニークなエピソードもある。

エピソードの舞台となったのは、ロサンゼルスきっての超高級ホテル、リージェント・ビバリー・ウィルシャー。ジュリア・ロバーツの映画『プリティ・ウーマン』のロケが行なわれたり、日本の皇族をはじめ各国大統領、世界のＶＩＰが宿泊する名門である。ちなみに八階にあるプレジデンシャル・スイートルームは通称「プリティ・ウーマン・スイート」と呼ばれ、一泊四五〇〇ドル。

この日、孫は八階のエレベーターの前でテッドを迎えた。だが、ハプニングが起きた。素足のまま部屋を出た孫の背後でドアが閉まってしまった。さすがの孫も慌てた。鍵と靴は室内に置いたままであった。

こういうときの孫はユーモアを忘れない。

「マミー（おかあさん）！」

テッドに向かって言ってみせた。「どうしよう、ママ、助けて」という意味である。

テッドはたちまち孫が好きになった。

結局、ホテルの支配人まで飛んできた。まるで喜劇さながらの展開である。おかげで、テッドはホテルの支配人に、素足のアジア人の男がこの高級ホテルの最高の客であることを説明しなければならなかった。

　このエピソードからもわかるように、孫正義は身のまわりには無頓着な人物なのである。孫の天衣無縫さといおうか。これがテッドの初仕事となった。むろん、あとで笑い話になったが。

　二、三週間後にテッドのもとに契約書が送られてきた。

「孫さん、あなたは私のコンサルティングにどのくらいの時間を望んでいますか？」

　とテッドが孫に訊いた。

「それはもう、あなたの可能な限りやってください」

　と孫は答えた。

　テッドは言った。

「オーケー」

　これが孫とテッドの刎頸（ふんけい）の友（とも）たる第一歩であった。

　ちなみにテッドは孫と親しくなってからも、アメリカ式のファーストネームで呼ぶことはなかった。いつも、敬意を込めて「孫さん」と呼んだ。

　一九八七年からテッドは孫のためにフルタイムで働くようになった。

　孫といっしょにアメリカ全土を旅行することも多くなった。

ある日、ふたりは高級レストランで食事をした。

自分の気持ちに素直な孫は、ウエイターにハンバーガーを注文したが、さすがにテッドがたしなめた。

「ビジネスマンは、一流のレストランでは、そんなメニューは注文しないものです」

孫は驚いたが、忠告に従った。

孫の英語は日本人としては立派だが、ときに微妙なニュアンスが表現できないことがあった。

そんなときはテッドがていねいに直してくれた。

ポーランド生まれで、大戦後アメリカに渡ったテッドは、四か国語を話す語学の天才でもあった。英語の語法にはとりわけ厳しかった。

孫がある会議ではじめて英語でスピーチをしたときのことだ。

テッドの前で孫はスピーチの練習を繰り返した。

“Good evening! Ladies and Gentlemen!”

（こんばんは！　紳士淑女の皆様）

ひどく緊張していた孫は、これだけのことを言うのに何度もつっかえた。

いま堂々と英語でスピーチをする孫からは想像もできない。

ソフトバンクの仕事をはじめたとき、テッドは五三歳。孫とは父と子ほどの開きがある。

この〝父子〟は絶妙のコンビネーションで世界のビジネスマンを相手に渡り合うことになる。

テッドの基本的な仕事は、ソフトバンクをアメリカのUNIXビジネスに組み入れることだった。

孫に忠実だったテッドは、次から次に仕事に追われた。

SRI(ソフトバンク総合研究所。おもにPCとUNIX関連の開発を行なった)での業務や、日本に進出したアメリカ資本の会社と取引できるようにお膳立てをするのもテッドの重要な仕事だった。

もうひとつ、アメリカのPC関連の雑誌の版権獲得の交渉をするのも大きな役割だった。

孫はビル・ゲイツから『PC WEEK』を読むように勧められたときから、日本語版の版権を取ると決めていた。

一九九〇年三月、孫は橋本五郎とともにニューヨークに飛んだ。

世界一のコンピュータ出版社ジフ・デービスが発行している『PC WEEK』の日本語版の版権を得るためである。

この雑誌は当時、世界でもっともよく読まれているPCの総合雑誌。PC関係者なら誰もが注目していた。

ニューヨーク五番街のジフ・デービス本社で、ウィリアム・ジフと会った。約束の時間はわずか一〇分間である。

会談は約束を大幅に過ぎて一時間におよんだ。

五月から、『PC WEEK』の日本語版を毎週五万部出した。

のちに、ジフは橋本に言った。

"I met three geniuses."（私は三人の天才に会った）

マイクロソフトのビル・ゲイツ、アップルのスティーブ・ジョブズ――そして孫正義である。

その孫は橋本に言った。

「五郎ちゃん、いつかジフ・デービスを買いたいな」

そのとき橋本は、孫が冗談を言っているとしか思えなかった。あまりにも、荒唐無稽な話に思えたからである。

だが、天才の眼は笑ってはいなかった。

アメリカン・ドリームはいつかかなうことを孫は誰よりも強く信じていた。

そして五年後の一九九五年一一月、孫はジフ・デービスを買収した。

「テッドが父だとすれば、ロンは母のような存在です」

そう孫が言うのは、ロナルド（ロン）・フィッシャー（ソフトバンクグループ取締役副会長執行役員）だ。

「ロンはまさにテッドから紹介されてね。これから情報革命のなかで、何としても頑張っていきたい。当時はまだ小さかったですからね。日本にもテクノロジーを持ってこなきゃいけない、アメリカにも拠点を作らなきゃいけないというときに、テッドは『自分はベル研究所のエンジニア出身で、技術的な要素はいろいろできるけれども、ビジネス的な要素としては、絶対、ロンを推薦する』ということで、テッドがロンを紹介してくれた」

アメリカでいろいろな人に会いに行くときには、常にテッドが同席して、技術的な観点からかみ砕き、議論をするパートナーだった。

一方、投資をする、交渉する、買収するといったビジネス的な観点は、常にロンがアドバイスして、孫といっしょに考えた。

「冷静で、フェアで、非常に頭が良くて、分析力も長けて、数字にも法律的なことにも強い。しかも人柄が最高に良いから、みんなロンと話をすると安心するし、絶対、人をだまさない。正面から相手と向き合って、常にフェアな落としどころはどこかを熟知している」

交渉に行き詰まるようなときに、条件の解決策を見出し、相手を説得するには、ロンは欠かすことのできない人物だ。

「優しいし、ほんとうに愛情豊かだし、常に見守るという立場です」と、孫はロンに絶大な信頼を寄せている。「アメリカの母」の存在は絶大だ。

孫とロンがはじめて会ったのは一九八六年、アメリカ・ロサンゼルスのディナーの席だ。出席者はマサ、テッド、ジョン・ホワイト夫妻、そしてロン夫妻。

ロンはそのときのことを明確に記憶している。

「テッドが、大きなビジョンを持っている日本から来たクレージーガイを私たちに会わせたいということで実現した。素晴らしい会で、マサはどのようにソフトバンク（現・ソフトバンクグループ）を創業したのかを話した。ミカンの木箱の上でたったふたりの社員にビジョンを語ったら翌日辞めてしまったこと。そして彼のビジョンについても、なぜわれわれと働きたいかということにからめて話してくれた。日本にテクノロジーを持っていきたいということだった」

ディナーのあと、ロンの妻はこう言った。

「マサは、これまでの人生で出会ったなかで、いちばん人を惹きつける力のある人ね」

ロンも同感だった。

「マサには、人と通じ合うことにかけて彼独自の優れた力が備わっている。ほかの人にはない。成功者たちは総じて、自分がすべてのようなところがある。しかしマサは、いっしょにいる相手にとって何が大事か、とか、ともに働き、より大きなことを成し遂げるにはどうすればよいかを、真に理解し通じ合える力を持っている。だから起業家とあんなにも通じ合える」

ロンは冷静かつ的確に孫について語る。

「起業家とマサの会合では、彼の成功などを話したりしない。マサは起業家のことやビジョンを知りたがる。そして、ビジョンを共有するにはどうすればよいかと議論する。このように、人と通じ合い人を魅了する能力こそが、マサをその他の大勢の成功者とはまったく違う存在にしている」

また、ロンはこう言う。

「マサは大変に忙しいが、遅刻しない人だ。電話やビデオ会議はいつも時間通りでけっして遅れてくることはない。他者へのリスペクトだ。当時私はその場にはいなかったが、ジャック・マーとのときもそうだったのだと思う。ふたりは通じ合っていた。そういうことを何度も何度も見た。ヤフーのジェリー・ヤンともそうだった。初期の投資のときも、パートナーとして相手の考えは何かを理解することに注力していた。彼を印象的な人物にしているのは、知的な能力ではなく、人を惹きつける類まれな力だ」

ロン・フィッシャーは一九四七年一一月一日、南アフリカで生まれた。祖父母が一九一〇年ころに南アフリカへ移り住んで、両親はどちらも南アフリカ生まれだった。ここで育ったロンは、南アフリカの大学を卒業した。常にテクノロジーやコンピュータに興味を持っており、メインフレームコンピュータのシステムエンジニアとしてキャリアをスタートさせた。

南アフリカで二、三年働いたのち、一九七〇年にコロンビア大でMBAを取るためアメリカに渡った。高度な教育は会社の意向だったため、学費は会社が負担し、MBA取得後は会社に戻ることになっていた。期間は一九七二年までの二年間だったが、当時はアパルトヘイトで南アフリカは大変な時期だったため、アメリカに留まることにした。ロンの会社は、ロンをアメリカのテクノロジー・コンピュータ事業の所属に移してくれた。ロンの興味は常にビジネスとテクノロジーにあった。

ロンはコンピュータの進化のすべての過程を見てきたし関わってもきた。メインフレームは初期のミニコンピュータからPCと変化してきた。初期のテクノロジーに関わった経験は、どのようにビジネスに応用できるか、という観点において役立つと考えていた。

やがてロンは、ビジコープという、世界初のスプレッドシート（表計算ソフト）を作った会社で働きはじめた。ＩＢＭ初のパーソナル・コンピュータ用のスプレッドシートの開発を行なっていた。インターネットの時代を経て、いまやモバイルの時代だが、いつの段階においても新しいテクノロジーに魅了されてきた。

ビジコープでは、インテル８０８０と８０８６などの世代に関わった。当時ＩＢＭが発表していたのはＩＢＭＰＣで、テクノロジー系コンサルティング会社が予測したＰＣ需要の世界の合計台数はわずか五〇万台だった。

ロンの妻はコンサルティング会社に勤めており、そのときはアップルの仕事をしていたのでふたりでたくさん話をしたが、妻から学んだことがある。それは、テクノロジーのプラットフォームが変わると、ユーザー予測を立てるのがむずかしいということだ。人々が、これまで考えたこともなかった使い方で新しい技術を用いると、新たな需要が生まれる。それがＰＣの爆発的な普及につながった。ビジコープでアップルやＩＢＭのスプレッドシート開発に関わったり、ＰＣを製造していた企業すべてと話したりして気付いたのは、エンジニアでなく、一般の人々がＰＣを使いはじめたということだった。使うために専門の研修など必要なかったからだ。コンパックＰＣが持ち運べるようになったように、それ以前も理解も予測もされていなかった形で、利用の仕方が変化して、人々の毎日に浸透していった。これまでもテクノロジーの移り変わりの流れにおいては、ずっとそのような形がみられる。

インターネットの初期も同様で、インタラクティブ・システムズにいたとき、アメリカ中のコンピュータをつなげるシステムに関するプロジェクトがあった。そしてあるエンジニアのオフィスを訪れた際、第一世代のインターネットを見せてもらい、これは素晴らしいと思ったが、このときまでは開発者用のものに過ぎなかった。使用が広まったのは、その後モザイクがインターフェイスを変更したことをきっかけで、突然、いままで想定されていなかった方法で人々が利用しはじめたのだ。

「マサはそのことを見ていて、テクノロジーの中心にいたければアメリカにいるのがよいと気づいた。そのため彼は私を説得してソフトバンクグループに呼び、一九九五年に参画することになった」

こうしてロンは、ソフトバンク・ホールディングス（現・スターブライト・ホールディングス）のDirector and Presidentに就任した。

アメリカでのソフトバンクグループの成長を模索するなかで、最初に取り組んだのは、世界最大のコンピュータ見本市コムデックスを運営するジフ・デービスの展示部門に投資することだった。孫はテクノロジーの中心にいるためにはどうするか、ということを考えていたため、関係者と最新情報が集まる場としての出版や展示会に注目した。

買収の手続きを踏むなかで、孫はジフ・デービス社長のエリック・ヒッポーからある話を聞いた。オーナーのテッド・フォースマンを説得し、カリフォルニアのとあるスタートアップカンパニーに投資しているというのだ。そのスタートアップはインターネットの検索を専門にしていると聞いた孫は、興味を掻き立てられ、その会社の人々と会いたい、と言った。

紹介されたのは米ヤフーのジェリー・ヤンとデビッド・ファイロ。はじめての面会から帰った孫は、「これはすべてを変える。われわれのビジネスを変える」と言った。「出版や展示会でテクノロジーの中心にいると思ったが、今日聞いた話によれば、私たちのビジネスは時代遅れなものになるだろう」

ヤフーへの初回投資は一九九五年一一月二九日で株式の約五パーセント、その後一九九六年四月に三〇パーセント以上取得した。

当時の状況をロンが説明する。

「一九九六年、インターネット系への投資がブームとなり、私たちも数十件行なった。うまくいったものもいかないものもあった。これらの投資を通じて、インターネットに何が起こっていくのかという感覚を手に入れた。当時の多くの人たちが目にすることのできないことだった。新しいテクノロジーのトレンド（潮流）を目にしたら、考えを切り替えてインターネットに注力しようというものだ。そして私たちはそのビジョンを実行するべく、ジフ・デービスとコムデックスを売却し、インターネットに焦点を合わせた。それが一九九〇年代後半だ」

二〇〇〇年のドットコムバブル崩壊後、携帯電話に関しては、日本は世界のどこよりも進んでいた。孫はインターネットに集中していたし、日本でのモバイルの導入に関してもフォーカスしていたので、その二つの視点を合わせてこう話した。ロンがつづける。「次世代のインターネットは、PCだけでなくモバイルがすべてに関係してくる。ミニコンピュータからPCへの移行と同じようなもの。有名な逸話だが、スティーブ・ジョブズと会ってもいる。再びテクノロジーの活用法が変わると考えていた。そしてマサの典型的なやり方で、『自分たちもやってみよう』ということになった。モバイルの会社になるということではなく、インターネットに関するテクノロジーを使って人々をつなぐということ。新しいテクノロジーと新しいチップのテクノロジーを組み合わせればコストダウンが可能で、それによって利用が拡大するという洞察力があったが、新しいテクノロジーをどう利用してよいものか、誰にもわからなかった」

二〇〇〇年代初期にこんなことがあった。アリババが生まれた当初のビジネスはPCベースでモバイルベースではなかったが、中国でモバイルが一気に広がった。ジャック・マーと孫は、モバイルが人々をつなげる手段やビジネスの手段となったり、買い物に利用されたりするだろうと考えた。孫は新しいトレンドに気づくと、すべてを置いてそこに集中し開拓する。

「アメリカの母」はいかなるときも孫の傍らにいた。

# 28　疾(はや)きこと風

一九八九年一月七日。

薬石効(やくせきこう)なく昭和天皇は崩御(ほうぎょ)された。

昭和から平成に元号が変わって、新しい時代がやってきた。

日本は空前のバブル時代に突入していた。この年、三菱地所がニューヨークのロックフェラーセンターを買収。日本はさまざまな分野で世界市場を視野に入れて動きはじめていた。

逆に、世界市場もまた、日本という巨大な市場をめざして鎬(しのぎ)を削っていた。ファッションでも、アルマーニ、ヴェルサーチなどのイタリアンブランドが大きなブームを起こしていた。服飾産業に限らない。レジャー産業などでも消費が拡大し、多くの企業が新たなビジネスチャンスに群がった。

そして情報産業。孫のソフトバンク・アメリカがいよいよ本格的に始動した。

このときすでに孫はもう次の戦略を見据えていた。企業向けにハードやソフトを供給している、アメリカのビジネスランド社に狙いを定めた。

孫は新しい風に乗じて、ビジネスを上昇させようとしていた。

当時の日本ではまだ、LAN（ローカル・エリア・ネットワーク）などのネットワーク事業が発達していない。LANというのは、オフィスやビル内などの比較的狭い範囲でコンピュータ同士を接続し、ネットワークで結ぶシステムである。孫はこのネットワークが日本でもかならず拡大すると見ていた。

ソフトバンク・アメリカ社長のテッド・ドロッタから情報が入った。ビジネスランド社快進撃のニュースだ。

デヴィッド・A・ノーマン率いるビジネスランドは、一九八二年から毎年七〇パーセントの驚異的な成長を遂げ、年間二〇〇〇億円を売り上げているという。孫がこの会社の業績に気づかなかったわけがない。むしろ知り抜いていたといってよい。

孫はいつかかならずコンタクトを取ろうと思っていた。しかし、孫の日本ソフトバンクは、ビジネスランドと比較すれば、売上げでは横綱と平幕ほどの差があった。にもかかわらず、孫はこのときビジネスランドと組んで、LAN事業のノウハウを手に入れようと考えたのである。

一九八九年秋、孫とソフトウエア事業部仕入部長の宮内謙、営業部長の矢部孝行は、テッドの待つアメリカに飛んだ。

宮内は一九八四年に日本ソフトバンクに入社。以来、厚い信頼を受け、文字どおりの腹心として孫を支えつづけてきた。現在、国内通信事業を展開するソフトバンクの代表取締役会長。孫のアイデアをもっとも忠実に実行できる辣腕のビジネスマンであり、孫と部下との橋渡し役をつとめる繊細さも併せ持つ。

アメリカに出かける前は、流通事情を把握する名目であり、視察先はビジネスランドだけではなかったが、調査するうちに焦点が定まってきた。

このときのアメリカ行きも、孫にとってはひとつの賭けだった。

ビジネスランドのノーマンに会うことが最大の目的であった。アポイントメントが取れれば、目的の半分は達成できたようなものである。一度会見すれば絶対に成算がある。

だが、孫の期待に反して、ようやく対峙したノーマンの態度は冷ややかだった。

そんなことでくじける孫ではない。説得をつづけた。

孫を日本からやってきたただの起業家と見ていたノーマンの態度が変わりはじめた。ついに孫の話を真剣に聞くようになり、のちに業務提携に合意する。

孫はたたみかけるように言った。

「日本でＬＡＮのテクノロジーや製品を広げていくために、アンガマンバス社とも手を組みたいので紹介していただけますか？」

ノーマンなら、ＬＡＮの製造販売元であるアンガマンバスを紹介してくれるという計算があった。こういう会談で日本人的な恥じらいや、遠慮は禁物である。こちらが何を求めているかズバリ言う。これがアメリカ式である。イエスかノーかはっきりしている。

孫の英語は説得力があった。

だが、意外にもノーマンの答えはノーだった。

「アンガマンバスはやめておきなさい」

しかし、ノーマンはこうつけ加えた。

「ノベルとつき合ったほうがいい」

孫にとってははじめて聞く名前だった。

ノベルはパソコンＬＡＮ用のネットウエアを開発・販売している会社。全米六五パーセントのシェアを誇る。そのネットウエアは直販ではなく、日本のような流通経路で卸売業者を介して売っているという。

ただし、ネットワーク構築に細かい設定が必要なため、技術を持った人を介して売るという方法を取っていた。

孫の研ぎ澄まされたビジネス感覚がすばやく反応した。

その場でノーマンを納得させれば、日本でネットワーク事業を展開できる。大手メーカー各社を集めたジョイントベンチャーが実現する。

「私の提案は、あなたの会社にも有利になるはずです」

孫は冷静な論理とあふれんばかりの情熱で説得した。

ここにきてノーマンははじめてうなずいた。

数日後、孫たちはノーマンの自宅に招待された。アメリカ人が知り合ったばかりの人物を自宅に招くことはめずらしくない。ホームホスピタリティ（私的なもてなし）である。だが、ノーマンが自ら豪邸に招待するというのはやはり破格の待遇といっていいだろう。

ここでノベルのノーダ社長を紹介してくれることになった。

孫はノーダに、日本でもネットワーク事業を進めていきたいと単刀直入に言った。こういう交渉術はまさに天性のものであった。ノーダは、まだネットワークが発達していない日本という巨大な市場を視野に入れていた。日本進出のきっかけを狙っていたのだ。まさに千載一遇。初対面の孫の話に大きくうなずいていた。

帰国後すぐに、日本ビジネスランド設立。ところが、一か月もしない一九八九年一二月末、さすがの孫をも驚かせる情報が舞い込んできた。

兼松江商（かねまつごうしょう）（現・兼松）がノベルと仮契約。

こんなことがあっていいのか。一瞬、孫に動揺が走った。あれほど孫の話に大きくうなずいていたノベルの社長の顔を思い浮かべた。

生き馬の眼を抜くような世界。ノベルに見捨てられた。激しい屈辱感が胸を灼いた。いや、裏切りではないか。アメリカ式ビジネスの凄まじさを感じていた。

孫は秘書に言った。

「すぐにアメリカに発つ」

孫は成田空港に向かう途中、車からロサンゼルスにいるテッド・ドロッタにも国際電話を入れた。

「いま、成田に向かう車のなかにいる。明日の朝、サンフランシスコに着く。そこで会いたい」

孫はフライトナンバーまでテッドに伝えた。アメリカに飛ぶときはほとんど隠密行動を取っていた孫にしてはめずらしいことだった。これまでにないことだ。テッドはただならぬ気配を感じていた。

「ソルトレイクシティまでの航空券を手配しておいてほしい」

と孫はテッドに言った。

「なぜ、ソルトレイクシティに？」

孫の答えにテッドは耳を疑った。

「ノベルのレイ・ノーダに会うんだよ」

「それはいい。何時に会うんですか？」

「おいおい、テッド。きみが会議をセッティングするんだよ」

孫の放胆さに何度も驚かされてきた。

しかし、このときの孫の行動にはテッドも茫然とした。相手のノーダ社長は、全世界を股にかけている大実業家だ。いきなりアメリカに飛んで、会える保証はない。

ようやく事情が飲み込めたテッドは何本もの電話をかけた。

必死にノーダの所在を追って、やっと会合をセッティングできた。

孫に報告したあと訊いた。

「ところで、孫さんはノーダがアメリカにいると知っていたのですか？」

すると、孫は事もなげに答えた。

「いや、知らなかった」

どの国にいようとも、孫はノーダを追いかけるつもりだった。

孫とノーダ社長は笑顔で握手を交わしたが、話が進展しない。

ふたりの顔から笑顔が消えた。

両者は譲らない。

兼松江商は日本でも有数の商社だが、キャビアやフォアグラの商品知識はあるにしても、コンピュータについては素人に近い。これが孫の論点だった。

このビジネスは、あくまでもジョイントベンチャーにすべきだとノーダに説明した。

「私なら日本で強力なパートナーになる相手を紹介できます」

この言葉で、ノーダの表情がさっと変わった。その感情の揺れを孫が見逃すはずがなかった。

「ミスター・ノーダ、明日、日本に行きましょう!」

のちに孫は知ることになるのだが、ノーダは億万長者だが、たいへんな節約家である。旅行をするにしてもシニア割引のある平日、それもエコノミークラスにしか乗らない人物である。しかも、ノーダは日本嫌いな一面もあったのだが、

「きみの言うことはわかった。うちの副社長をいっしょに行かせよう」

ノーダも決断は早かった。

翌日、孫は副社長とアメリカを発った。

日本に着くまでに、孫は取引先のNEC、富士通、東芝、キヤノン、ソニーなどの担当役員に連絡を入れ、出資を呼びかけた。

商談は円滑に運んだ。ノベルの副社長は、ただちにノーダ社長に日本ソフトバンクと手を組むべきだと進言した。

電光石火の早業とはまさにこのことだ。孫の卓越した英語力と豊富な商品知識をもっ

てしてのスピーディな行動にアメリカのビジネスマンが脱帽した瞬間でもあった。

一九九〇年春、ひとまず日本ソフトバンクとノベルの共同出資で、ノベル日本法人が設立された。

社長には元ＮＥＣの渡辺和也が就任した。

同年六月、大手メーカー各社は日本ビジネスランドへの出資を決めた。

七月、日本ソフトバンクは、ソフトバンクに社名変更した。

そのとき風が吹いた。

孫は風を味方につけた。

# 29　志定まれば、気盛んなり

一九九〇年、携帯電話が普及しはじめ、漫画『ちびまる子ちゃん』が大流行し、スーパーファミコンが売れた。

八月、孫は三三歳になった。

その年の一二月、ＮＥＣ、富士通、東芝、キヤノン、ソニーによるノベル日本法人への出資が決まった。

孫がひそかに思い描いていたジョイントベンチャーが、ついに現実のものとなってきた。

孫を中心とした日本ビジネスランドも業界の注目を浴びていた。設立から一年、ついに単月で黒字を出した。

順風満帆と見えた。少壮の事業家として、向かうところ敵なしといってよかった。だが――彼の行く手には暗雲が待ち受けていた。嵐が襲いかかってきたのである。まかり間違えば帆は裂け、マストは折れ、荒れ狂う怒濤に投げ出されかねない状況であった。

ビジネスランド社本体の経営が傾き、アメリカのコンピュータシステム会社ＪＷＰに買収された。

孫にとっては寝耳に水といってよかった。自信満々で敵陣に斬り込んだ若武者がふと気がついたとき、本陣が焼け落ちている。そんな心境だった。すぐに陣を建て直さなければならない。

このままではソフトバンク（現・ソフトバンクグループ）だけでなく、日本ビジネスランドに出資してくれた各企業は累積赤字を残したまま、合弁解消に追い込まれる。孫はすぐにビジネスランドのノーマン会長に会うためにアメリカに飛んだ。

孫の顔には、強い決意がみなぎっていた。

「この合弁解消の責任はあなた方にある。出資してくれた日本のメーカーに返金してほしい」

ここに孫のビジネスに取り組む姿勢が現われている。

日本人としては、自分に直接の責任がないからといって、見て見ぬふりというわけにはいかない。道義的なものも含めて、きちんとした責任を取る。アメリカと日本のビジネスのやり方の相違以前の問題だ。だが、アメリカ人のノーマンにはこうした発想がない。はじめから理解できないことだった。

孫は説得をつづけた。

会談の最後になって、ノーマンは条件をのんだ。

孫の信念が通じたのである。むしろ、気魄に押されたのかもしれない。

契約書には「合弁解消の場合、出資金は返さなければならない」とは記されていない。

だが、ノーマンは出資企業に満額返すことを承諾した。

孫もまた大きな犠牲を払った。ソフトバンクも出資した以上、この非常事態に眼をつぶるのではなく、それまでの累積赤字分も負担することにした。各社に満額返済した。

このときソフトバンクは二億円を超える欠損を出したが、得られたものは大きかったと、いまでも孫は考えている。

まず、どんな苦境に立たされても、けっして取り乱さない。そしていつも出処進退を誤らない。それは孫のビジネスにおける戦術、戦略を貫いている。

このとき孫は、何物にも替えがたい信用という大きな財産を得たのである。

各メーカーの重役たちは、創業赤字の会社への出資金が全額戻ってくるとは思ってもいなかった。

失敗を失敗に終わらせないのが、孫の最大の強さだ。失敗のなかにこそ、成功のカギがある。

たしかにビジネスランドとの提携は失敗だった。

だが、失敗という偶然を悔やむより、もっといい結果に眼を向けよう。ビジネスランドを失ったが、その途上で日本ノベルを設立した。このことが、冷静に判断すればソフトバンクの大きな柱となるネットワーク事業の確立にもつながったのである。

目先の利益ばかりを追っていては、大きな利益は得られない。

孫がよく口にする言葉がある。

「損（孫）しても正義」

孫という人物を語るとき、絶対に見逃してはならないのは家族愛だろう。

父、三憲が遠い祖先の出自を誇りにしていたように、家族に対する誇りが正義にもある。父母を敬い、兄弟姉妹を慈しみ、朋友を信頼し、わが子を愛する。人間として当然の思いであった。

孫は多くの日本の若者から共感を得ているが、精神を忘れて生き方のみを真似ても無益だろう。

孫からもっとも影響を受けた人物がいる。

一五歳年下の弟、泰蔵である。

孫は男ばかりの四人兄弟だが、とりわけ歳の離れた泰蔵をかわいがった。兄として、ときには父のような厳しさで接した。ちなみに、この泰蔵の名も孫が命名した。当時、財界で尊敬を集めていた東芝会長の石坂泰三（たいぞう）にあやかろうとしたが、四男なので三とつけるのはおかしい。そこで、蔵を建てるという願いを込めて泰蔵とした。

一九九一年四月、泰蔵は東大合格をめざして駿台予備校に通いはじめた。

兄と同じ名門、久留米大附設高校で学び、優秀な成績で卒業したが、受験に失敗。その後好きなジャズのバンドを結成し、地元福岡で気楽な浪人生活を送っていたが、二浪してひどく不安に襲われ、上京して予備校に通った。

兄正義に相談すると、厳しい口調で叱られた。

「このままだと人生に失敗したという思いが離れなくなる。負け癖がつくぞ」

泰蔵がかろうじてすがりついていた小さなプライドは、ずたずたに切り裂かれた。が、兄に似て負けん気の強い泰蔵は、このときから必死になって受験勉強の計画を立てた。

泰蔵は自信を持って計画表を兄に見せた。ところが、またしても叱責（しっせき）された。

「何を考えとんのか、おまえは」

兄は弟に、なぜこの計画表ではいけないのかを説明した。計画は足し算ではなく、ユニークな割り算でなければならない。

まず、一年間という期間を考える。その際、一年を一二か月で割ってはいけない。どんな綿密な計画を立てようと、かならず計画どおりにいくとは限らない。兄は一年の三六五日を一二ではなく一四で割ることを泰蔵に教えた。

そして、本来なら一か月かかることを、一年間の一四分の一、すなわち二六日間で終わらせろというのだ。すると一か月に四〜五日、一週間に一日の予備日ができる。

そこに精神的な余裕が生まれ、仕事の能率も上がる。

さらに一時間かかるところを一〇分ぐらいでやってのける。それができるかどうかを考える。

その計画を実行していく場合も孫はきわめて緻密である。

新たに受験勉強に取りかかった泰蔵は、計画表の進行状況を正義に見せた。緑色は計画どおりに進んだところ。怠けてしまったところは赤色、途中までのところは黄色で印をつけた。泰蔵は一日一八時間勉強した。

兄の正義がホーリー・ネームズ・カレッジやバークレー時代、寝るとき以外はすべての時間を勉強に注ぎ込んだことを泰蔵は知っていた。

(兄貴に負けんぞ)

泰蔵は猛勉強した。はじめのうちこそ赤色か黄色のところが多かったが、次第に緑色が増えてきた。

泰蔵は、その進行表を兄に見せた。

一瞥(いちべつ)した兄は弟を叱った。

「おまえは勉強というのがわかっていない」

今度こそ、ほめられこそすれ、叱られることはないといささか自信を持っていた泰蔵は眼を白黒させた。そもそも兄に一喝（いっかつ）された理由がわからない。

「いいか。黄色が問題なんだぞ」

サボって赤色に塗ってある箇所は問題にしなかった。人間誰しもいつも完璧とは限らない。できないときもある。

緑色の部分は、そもそも予備日をつくってあるのだから、計画どおりできて当然である。

むしろ、途中までしかできなかった黄色の部分が重要なのだ。どうしてできなかったのか。実際にはどこまでできたのか。

課題をはっきりさせることが勉強なのである。問題はあくまで結果。ということは、最終的にすべてを完了する計画を立てるべきなのだ。

泰蔵は、兄の言葉にうなずいた。

計画をコントロールできるようになった泰蔵の成績は、みるみる上がっていった。

超難関の東京大学経済学部に入学できた。

これが孫正義のすごさである。今日も孫は一日を五分単位のスケジュールで動いている。

商才にすぐれた父と、情に厚い母に育てられてきた泰蔵は、兄をまた深く尊敬している。

何億円もの単位のビジネスをする兄を見ていて、「すげえなあ」と思う。

スケールが違う。

とうてい兄には勝てないだろう。

だが、泰蔵は東大在学中から、ビジネスをはじめていた。二三歳のとき、一九九六年二月にインディゴを設立。インターネットに特化したビジネスを展開することになった。兄が日本ソフトバンクを興したのも二三歳。この点では負けていない。

ネット検索のパイオニアである米ヤフーのジェリー・ヤンに会ったのが、直接のきっかけである。

一九九五年一二月、ジェリー・ヤンに会った泰蔵は、ヤフーの日本版ローカライズを成功させる。ジェリー・ヤンの生き方に感銘を受けたことが、会社設立につながった。

孫家には独立自尊の家風がある。

何事も自分で道を切り拓いてゆく。

ゲーム好きな兄の正義は、弟とスーパーマリオ・ブラザーズのゲームをしながら経営哲学を教えた。

キノコはどうやって取るのか。うまくカメを飛び越えていけるか。

そこで、誰かに攻略法を教えてもらったとしよう。ここに土管があり、ワープできると教えてもらう。どうしたら、苦労しないで四面にいけるかを教えてもらう。

だが、それではゲームをしていておもしろいだろうか。

一面をクリアし、モンスターを倒し、二面にいく。むずかしくなる。二面からさらに三面に。

ビジネスもスーパーマリオと同じだと兄は言うのだ。一つひとつ、自分で道を拓いてゆくことが大切なのだ。

かつて、中学生のとき、正義と泰蔵は関ヶ原というシミュレーションゲームをしたことがある。石田三成と徳川家康に分かれて戦う戦略ゲームだ。

兄は徹底して攻め立てた。一個の軍勢に対しても六個ぐらいで囲んだ。

弟だからといって容赦はしなかった。

企業の大型買収を行なってきた孫には、攻めのイメージが強い。

だが、孫は大胆にして細心なのである。

「人一倍、手堅いと思います。でも、橋を渡ると決めたらダンプカーで進む」

このことも泰蔵は兄から学んだ。

志定まれば、気盛んなり。

これは幕末の革命家吉田松陰（よしだしょういん）の言葉である。いったん決心がつけば、いかなる困難にも立ち向かっていくことができると松陰は教えた。

ビジネスにおいて、何をめざすのか。

孫の青春時代に培われたもの――それは志であった。

自分の仕事がこれからのデジタル情報社会に貢献するという強い自信、すなわち高い志である。

一九九四年七月二二日、ソフトバンクは株式を店頭登録した。

同年七月に、ユニクロのファーストリテイリングも株式上場している。

# 30　大胆にして細心

誰しもが忘れられない光景がある。

一九九五年一一月一五日、水曜日。ラスベガス・ヒルトンのスイートルームの孫の部屋に、ソフトバンク・グループの幹部たちが集まった。

ソフトバンク・アメリカ社長のテッド・ドロッタ、デヴィッド・ブルームスタイン、ロン・フィッシャー、そして孫に同行してきた、社長室長（のちヤフー株式会社社長）の井上雅博である。

その年、孫はインターフェース・グループの展示会部門、コムデックスを買収し、さらにジフ・デービスをも買収していた。

二九階のスイートルームにはベランダがついている。孫は滞在中、そのベランダには一度も出たことがない。怖いのだ。どうやら孫は高所恐怖症らしい。

孫はいま大胆不敵な決断をしようとしていた。

大きな部屋のソファに男たちはゆったりと腰を下ろした。

孫が口火を切った。

「ヤフーというインターネットの会社があるのだが、非常におもしろいので出資をしたいと思う」

ジフ・デービス社長のエリック・ヒッポーから出資を求められている。

ヤフーは株式公開のために出資者を求めていた。ジフ・デービスは投資しようとしていたが、折しもソフトバンクに買収されたため、クロージングの手続き中で投資できない。買収が決定すると資産査定などのために一定期間、資金を動かせないのである。

したがって、孫に投資を持ちかけた。孫はヒッポーを信頼している。

締め切りは週末の金曜日である。あと二日しかない。

「ねえ、どう思う?」

孫は日本語で訊いた。

孫が日本語で話せば、相手は井上雅博である。

井上は即座に答えた。

「インターネット、いいと思います」

井上は孫と同い年、一九五七年、井上のほうが半年ほど先に生まれた。七九年にソード電算機システムに入社し、八七年にソフトバンク総研に転職。本社に移ったのは九二年である。以来、孫のそばには井上がいた。社長室長、秘書室長をつとめ、実際にカバンは持たなかったが、孫のそばでマネージメントをつぶさに学んできた。

孫がいったんこうと言い出したら、引き下がらないことも知っている。井上はときに冷静に孫を見つめてきた。考え事に没頭していて、電信柱にぶつかったのも目撃したし、靴をはかずにジェット機に乗り込んだのも見てきた。

宮内謙は、孫とともに熱くなり、冷めるときもいっしょだが、井上は冷静だった。だが、このときは井上もからだが熱くなるのを感じた。インターネットの時代がくる。孫の判断は正しいと確信していた。

二〇〇万ドルをコムデックスから調達することにした。

翌日、一六日、孫はテッドとシリコンバレーに飛んだ。孫はヤフーの創始者、ジェリー・ヤンとデヴィッド・ファイロと会った。マウンテンビューにある彼らの小さなオフィスであった。

投資先を募っていたヤフーは、孫たちを歓迎する意味で、当初フレンチレストランかチャイニーズレストランあたりで会食するつもりだったらしい。

だが、孫が望んでいたのはふたりの若者と徹底的に話し合うことだった。そのためには宅配ピッツアとコーラがあればいい。

志高く、インターネットの未来について熱く語り合いたい。孫はそのことだけを願っていたのだ。

孫はそのときのことを語っている。

「ヤンたちと話していて、もう彼らしかないと思ったのです。すべてを賭けようと思ったのです」

ソフトバンクはヤフーに二〇〇万ドルの出資を決めた。さらにヤフーがナスダック（全米店頭株式市場）に株式公開するときに、第三者割当増資を引き受けて一〇〇億円を出資。ソフトバンクの持ち株比率は三〇パーセント以上になった。

ソフトバンクがヤフーへの出資を決めたとき、すでに日本ではいくつかの企業がヤフーと合弁会社を作りたいと提案していた。

井上雅博がヤフー・ジャパン設立の話を持ってジェリー・ヤンに会ったのは、その年の一二月のことだった。

そのときのことを井上は鮮明におぼえている。

「合弁のパートナーがわれわれに決まったのは、けっして巨額の投資をしたからではありません。他社はとにかくじっくり時間をかけてやろうという、従来のビジネス感覚しか持っていなかった。だがわれわれは、インターネットはスピードが重要だということで意見が一致した。だから三か月でやろうと」

ヤフーのオフィスには、他社のヤフー・ジャパン設立の提案書が積んであった。その書類の束に井上はちらと眼をやった。

「いま、いろんなところからプロポーザルをもらって、どうしようかと思っているんです」

ポロシャツ姿のジェリー・ヤンが言った。

井上は内心、何か自分も提案書みたいなものを持ってくればよかったかなと思った。何しろまったくの手ぶら、徒手空拳であった。

「ヤフー・ジャパンを作ろうか」

と井上は切り出した。

「いいね、でもどういうふうにはじめたらいいと思う？」

とヤンが訊いた。

「とりあえず、二、三人ではじめて、必要になったらだんだん人を増やしていけばいいんじゃないの？」

井上はつけ加えた。

「やれるところからやればいいんじゃないかな」

するとヤンが大きくうなずいた。

「そうだよね、インターネットはスピードが肝心だ」

同じ技術者同士、波長がぴたりと重なり合ったのである。

日本語化をどうするかについても話し合った。

すでに井上はこういった勘どころを心得ていた。日本とアメリカでは文化的に大きな違いがある。日本語化に当たっての前例はないので、何ものにも囚（とら）われず、自由になって考えたい。

「まず、とにかくスタートしよう」

井上とヤンは握手を交わした。

一二月二〇日。シリコンバレーの中心サンノゼのフェアモント・ホテルの前は広場になっている。近所の子どもたちが飾りつけたクリスマスツリーが、赤、黄、緑に輝いていた。

みんなで寿司を食べたあと、外に出た。

「クリスマスの飾りつけがとてもきれいでしたね」

井上に同行していた社員の影山工（たくみ）も、その日のことを特別な思いとともに記憶している。

何か大きなプレゼントを贈られたと感じていた。

井上たちは、帰国する機内や成田から戻る車のなかで報告書を仕上げ、東京・日本橋浜町のソフトバンク本社（当時）に直行した。

「よかった」

孫は満面の笑みを浮かべた。

一九九六年一月、ヤフー・ジャパンは設立された。

一月八日、孫は幹部を集めて檄（げき）を飛ばした。

「今年をインターネット元年とする。全面的にインターネットをやっていく」

一月一二日にはジェリー・ヤンが来日した。

サービス開始は四月一日ということになった。

当時、ソフトバンクでは日次決算の真っただなか。営業損益はきわめて厳しい。だが、誰かが一刻も早くこのプロジェクトに取り組まなければならない。

井上は人事部を巻き込んだ。

「たいへんだ。すぐやらないと」

人事部に「ヤフー立ち上げプロジェクト」を認めてもらった。

その中心人物のひとりとなったのが影山工である。

影山は雑誌『UNIX USER』の編集長だった。ソフトバンク創立の翌年に入社。苦学してコンピュータと編集を学んできた寡言（かげん）の男だが、責任感は人一倍強い。影山の名刺の肩書きは「編集長」。厳しい眼をもつ編集者としての誇りがそうさせている。

影山は孫の熱情とこまやかな心遣いに努力で報いる覚悟だった。

「ある年の忘年会のとき、どうしてもリストラしなければならない社員がいた。そのとき孫社長はみんなの前で涙を流したことがある」

井上と影山がやるべきことは大きく三つあった。ひとつはヤフーのディレクトリ、ふたつ目は検索サービスを日本語で動かすようにすること、三つ目は検索対象であるサイトを集めなければならない。

むろんこのほかにも、検索エンジンに何を使うか、それをヤフーのシステムと組み合わせて使えるようにするにはどうすればいいか、広告をどうするか、やるべき仕事は山ほどあった。

それをわずか二、三人で行なったのである。

そのための特別な部屋もなかった。社長室の空いている一角。あとはそれぞれの自分の席にいて、メールのやりとりで連絡を取り合った。

一番むずかしかったのはサイト集めである。

「三万個集めたい」

井上は思った。

「サイト集めのノウハウなんてわからなかったので、まったく手探りだった」

影山は粘り強く作業し、集まったのが一万五〇〇〇件。二四時間態勢で集め、登録するシステムを開発した。

それには孫の弟の泰蔵とその仲間たちが中心となった。

一九九六年七月から、井上は孫に代わってヤフー・ジャパンのトップに就いた。

以来、ヤフーを利用するユーザーは驚異的な伸びを見せた。

九七年一月には一日当たりのアクセス数五〇〇万ページビュー、九八年六月には一〇〇〇万ページビューを達成した。二〇〇〇年七月には一億ページビュー、二〇〇二年五月には三億ページビュー。そして二〇〇四年三月には七億ページビューを突破しており、検索、コンテンツ、コミュニティ、コマース、モバイルなど多くのサービスを提供している。

井上は孫とはじめて言葉を交わしたときのことをおぼえている。

一九八八年、ソフトバンク総研の社員旅行のときだった。

箱根の温泉につかりながら、孫と井上は32ビットのパソコンソフトはどうあるべきかなどを話し合った。

孫を意識しはじめたのは、それから五年後、ソフトバンク本社に移った一九九二年以降である。それまで子会社にいて、数字を管理されていた。どちらかといえば、井上にとって孫は煙たい存在だった。

「うるさいなあ、と思ったこともありますよ。彼は数字に細かいですからね。なぜ、なぜと質問攻めにされる。とくに赤字だとうるさい」

孫は一円でも黒字を出すことに固執した。しかし、井上は同時に経営者としてのすごさ、辣腕ぶりを肌で感じるようになった。

「大胆な部分と数字などで見せる細かい部分。その両面を持っている彼はすばらしい。どっちかひとつという人は多いんですけど」

大きな軸はぶれないが、ときに失敗することもある。

「茶目っ気を出したものはたいがい失敗してます。でも、言い出したら聞かないところもありますからね。そのときはじっと待っています」

しかし、孫が大きな志を持って進んでいることも井上は知りつくしている。

「志、目標を大きなところに持って突き進んでいる」

孫は常々、ＮＴＴのような通信インフラをやりたいんだ、と井上に夢を語ってきた。

そしてその夢が現実になった。

二〇〇一年四月。

東京・表参道のヤフー・ジャパン本社八階で、井上はこう発表した。

「孫さんと話し合って決めました。これからヤフー・ジャパンは新しい挑戦をします」

ブロードバンド事業を展開すると発表したのだ。

孫はこれまで、集中力が切れて飽きてしまったものがなかったわけではない。井上は笑いながら言う。

「でも、Ｙａｈｏｏ！　ＢＢはこれからもつづく。とてつもなく長い」

孫と井上が本気で取り組んでいるＹａｈｏｏ！　ＢＢの軸は三つある。最初はインターネットへのアクセスサービス。ふたつ目はＢＢフォン、三つ目はＢＢテレビ。いま、そのインフラを使って大きな花を咲かせようとしている。

「まだまだこれからいろんな広がりがありますよ。はじまったばかり」

井上は孫との違いも認識している。

「たとえば、ぼくは賭け金を一か所に賭けるというのはやらないんです。ひょっとしたらぼくのほうがギャンブルはうまいかも。一〇〇回やったらぼくのほうが勝つと思う」

笑ったあとつけ加えた。

「でも、彼の偉いのは、三回ぐらいで飽きるから、三回目ぐらいまでには勝っている。孫さんはどうやったら稼げるかをまじめに考えるタイプなんです。勉強もするし、学習能力も並み外れている」

穏やかな井上の眼がきらりと光った。

カリスマ経営者ともいわれるようになった井上は、孫の全幅の信頼を得た。井上もまた、しなやかな精神と大胆な行動力を持った男なのである。

二〇一二年に井上はヤフー社長を退任。

二〇一七年四月二五日、カリフォルニア州でのクラシック・スポーツカー耐久レースに参加中、自損事故で死去した。享年六〇。

# 31　志と野心

男が動く。風が起こる。

孫正義は激動の時代の先頭に立って動きつづけてきた。船が動いたあとに、波を割った航跡が、さらには澪(みお)となって広がるように、孫が動くとき、いつも新しい風が吹き、風は風を呼んだ。

ときに変革の新しい風であり、旋風は驚きを呼び起こした。

一九九五年四月、世界一のコンピュータ見本市「コムデックス」買収。

同年一一月、コンピュータ関連出版の最大手、ジフ・デービスの出版部門を買収した。

同月に、ヤフー株式取得、翌年九六年に、筆頭株主になる。

同年六月、「メディア王」ルパート・マードック率いるオーストラリアのニューズ・コーポレーションとのあいだで、デジタル衛星放送事業ＪＳｋｙＢ（現・スカパー！）

について提携。テレビ朝日の株を取得すると発表した（その後、中止となる）。

一九九八年一月一六日、ソフトバンクは東京証券取引所第一部に上場。店頭登録からわずか四年後である。上場初日は取引開始から買い注文が殺到。初値は店頭株の終値より一〇〇円高い三七〇〇円、終値は三八七〇円。

一九九九年六月、全米証券業協会とナスダック・ジャパン創設について提携。

二〇〇〇年九月には、日本債券信用銀行（現・あおぞら銀行）の株式を取得した。

変革の男、孫は、常に世人の度肝を抜く事業を展開してきた。

孫が姿を現わすとき、大きな風が吹いた。

だが、どんな強風が吹きすさぶ最中にも一瞬の静寂が訪れる。孫を立ち止まらせたのは六〇〇年に一度の宗徧流の茶会であった。一期一会であった。

宗徧流は千利休の孫、宗旦の一番弟子である初代宗徧によって、約三五〇年前に創始された。こういうエピソードをご存じだろうか。元禄一四（一七〇一）年、赤穂の浪士が、主君の仇を果たさんがため、粒粒辛苦していたとき――俳人として知られた四十七士のひとり大高源吾は宗徧に入門した。その苦労を察した宗徧はそれとなく吉良邸で催される茶会の日取りを教えたという。

現在の家元は山田宗徧。先代の急逝で学生だった二一歳のときに一一代を襲名した。

一九九七年九月、宗徧流は一席の茶会を催した。

上智大学出身の山田は、伝統に生きながら現代的なセンスを身につけ、幅広い人脈を持って、禅と茶と合わせた「大龍会（だいりゅうかい）」を主宰する。この会は一橋大学イノベーション研究センター教授の米倉誠一郎の発案で、現代の武将である「明日を創る」さまざまな分野のトップの人物が集い、茶の湯を後世に伝えようという会である。

その年の秋、金閣寺創建六〇〇年の茶会で、宗徧が席開きをすることになった。六〇〇年に一度という、宗徧流にとってもっとも意義深いイベントであった。招かれる者にとっても、それこそ一世一代のことであった。わずか数人だけが席に侍（はべ）ることを許される。身の引き締まる誉れというべきだろう。家元はかねてからの相談役である米倉に意見を求めた。

米倉は経営史が専門で、当然ながらコンピュータ産業の変遷にも詳しい。

「新たに躍動してきた企業を、われわれはともすると胡散臭（うさんくさ）く思ったり、やっかみ半分に眺めたりする。だが、こういう時代だからこそ彼らの失敗を願うのではなく、心の底から応援して、第二のソニーやホンダを育てていこうという風潮がないといけない」

というのが米倉の持論である。

米倉は、いわゆる孫バッシングに論陣を張って擁護してきた論客でもあった。

しかも茶道の嗜（たしな）みも深い。

米倉は迷わず、この茶会の出席者のひとりに孫正義を推薦した。

「これからの茶の湯は、影響力のある人物に嗜んでもらわないといけません。また、海外で活躍するビジネスマンにこそ茶の湯を理解してもらう必要があります」

こうして山田宗徧と孫正義という、異色の人物が出会うということになる。当時、多忙を極めていた孫だが、思いがけない誘いを快諾した。もっとも孫はそれまでお茶を嗜んだこともなかったのだが。

鎌倉・浄明寺の家元邸は、三〇〇〇坪の鬱蒼たる緑に囲まれ、小川が流れる敷地の一部は重要文化財になっている。その建物を一条昭良（恵観）公とともに作ったのは江戸時代の茶匠、金森宗和。宗和は金閣寺にも茶室を作っている。その縁で金閣寺創建の席開きが宗徧に依頼された。

この日、孫は東京から車を飛ばして定刻の午後四時半に姿を見せた。

用意された着物と袴に着替えた孫は、いくぶん緊張して見えた。

これまで茶道にまったく関心がなかったわけではない。

「自分の仕事と対極にある茶事に関心はあった。自然のなかでお茶をいただくのは、まさに異空間。忙しいほど自分を見つめ直すときが必要。カラオケやゴルフ以外のものを求めていた」

孫は家族と連れ立って演奏会に出かけることは多いが、カラオケは苦手で好んで歌うことはない。

だが、戦国の世において、利休、織部が信長や秀吉の精神的な支柱になっていたように、宗徧が孫の心をとらえなかったか。

不審庵と呼ばれる四畳半の小間で濃茶が振る舞われた。

茶室での孫は正座がいささかつらそうに見えた。

「自分が信長になったつもりで、お茶を飲んでください」

家元がそう言うと、孫の口元がかすかに緩んだ。

茶の湯で大切なのは、自分の心をどこに重ねるかである。

戦国武将がふれた茶碗に、おのれの心を重ね合わせていく。

終わるころには、周囲はほの暗くなっていた。孫は行灯のかすかな明かりに心が癒されていくのがわかった。

緊張と弛緩。

「心が落ち着きます」

孫はぽつりと言った。

席が改められ、料理が振る舞われた。

酒を飲まない孫がめずらしく酒杯に口をつけた。

「おいしいですね」

小さな酒杯で二、三杯飲んだ。

コーク好きのゲイツに敬意を表して、コークは飲むが、酒はほとんど口にしない。からだを悪くした父に酒をやめてもらいたくて、自らも口にしないことを約束した。

席がくつろいだころ、家元が孫に訊いた。

「インターネットとはなんですか?」

よく耳にする言葉だが、実態はよくわからない。

孫は静かに答えた。

「日本では政治家でインターネットができるというと、若造みたいにばかにされるけれども、それがそもそも間違いなんです。あくまでもインターネットは電話が普及するとか、そんなようなもの。インフラのひとつにすぎないのです。むしろ、それをどう使いこなしていくか。それによっていかにハッピーになるかが大切なのです」

孫の言葉には説得力があった。

伝統と新しい文化の融合をめざす宗徧も同じ思いである。

孫は心の底からそう考えていた。その言葉には濁りがない。

「孫さんと同じ志、同じ頭脳の人が、頭のなかの計画をそのまま推進すれば、問題なく実現するのでしょう。でも常人には孫さんの見えている未来が見えない。孫さんは、言うことがコロコロ変わると言われるけれど、それはわれわれ常人がついていけないことが一因かもしれませんね」

宗徧には、孫の言葉は体とひとつになっているように感じられた。まさにそれこそが茶の湯の真髄である。

すでに孫は茶の湯の精神を体得していた。

それから二年後、寒い冬の夜に行なわれた茶事でのこと。茶室に一葉のメモがまわってきた。

至急電話されたし。

宗徧は茶室に俗界を持ち込むことを躊躇したが、孫に訊ねた。

「孫さん、こちらに携帯をお持ちしますが、どうなさいますか?」

孫は答えた。

「恐縮です。お願いできますか?」

孫は中座を謝し、水屋で電話をかけた。かなりの時間が経過した。

その様子を高弟のひとりが偶然目撃した。

孫は電話口で相手にしきりに頭を下げていたという。

「いや、申し訳ありません。誠意をつくして頑張ります。私を信じてください。若輩者ですが、よろしくお願いいたします」

その謙虚さに宗徧流のわびの理想像「おごらぬさま」を見た高弟は、たちまち孫の支持者になった。

宗徧は、イギリス政治を研究している北海道大学大学院教授の山口二郎から学んだことがある。「志」と「野心」という言葉は同じ。いまは野心のある政治家がいない。志と野心がないから、結局ビジョンがない。ビジョンがないから混迷してしまう。志というのはもっと啓示的な言葉で、お金儲けとあまり関係がない。

ひとつ志を立てたら、人に何を言われようとも耐え忍ばなくてはならない。耐え忍んでいるうちに、人格が磨かれていき、人に慕われる人物になれる。

禅の教えによれば、苦労は楽しんでしないと人間的成長がない。

その点で、孫は志を貫いている大きな人物である。

いま、孫が置かれている状況がそうなのかもしれない。だが、孫はひるまない。

茶事が終わって、それぞれが何かひと言書き残す。「後書き」にはその人の素直な人格が現われる。

孫が大らかな字で書いた。

「風」

そこには、常に自らが風そのものでありたいという孫の強い願いが込められている。

茶の湯は人の内面を映し出す。

「濁りのない、澄んだお茶です」

宗徧の心に孫はそう映った。

# 32 武者震い

二〇〇〇年一月二〇日――。

東京・六本木は、その日も絢爛たる夜を迎えようとしていた。

テレビ局の前で、高級車から降りたった男は、意外に小柄で、どこにでもいる男のように思えた。だが、全身から溌剌颯爽としたエネルギーを発している。

人なつっこい笑顔の男がスタジオに入ると、緊張した空気が流れた。

この男の持っているオーラのようなものがそうさせたのかもしれない。

「よろしくお願いします」

その男――孫正義は慇懃な物腰で挨拶した。

「自分のことをどういうふうに自己紹介しますか？」

突然の休養宣言から『ニューステーション』に復帰したばかりの当代一流のテレビ

キャスター、久米宏は開口一番そう訊いた。

「インターネットにのめり込んでいる男ってところでしょうか」

聞きようによってはじつに平凡だったが、これほど彼の人生を要約した答えはなかった。その内面には哲学者が漸（ようよ）うたどり着いたような重みすら感じられた。

すかさず、久米は喰らいつく。

「全財産をインターネットに賭けてもいいと？」

「そうです」

孫の柔和な顔にキラリと光るものがあった。

当たりまえのことではないか。彼は無言で抗議していた。

ソフトバンクは巨大なインターネット財閥をめざしている。

そのため次々と新しい構想を打ち出してきた。

ベンチャー企業のための国際的な証券取引所ナスダック・ジャパンの設立、日本債券信用銀行買収。

インターネット上では、ヤフー・ジャパンのほか、車や書籍の販売、そしてブロードバンドに乗り出すなど、日本経済に大きな衝撃を与えた。

この時点で孫正義の個人資産は日本一といわれた。ソフトバンクの時価総額（株価×発行株式数。会社の価値を示す目安となる）は、およそ一〇兆円。日本企業のなかでベスト5に入った。

この日の久米は、彼本来の冴えを取り戻していた。

「一年ちょっとぐらい前までは、孫さんという人はヤマ師じゃないかと……何やっている人かわからないと……」

「いまだにバブル男と言われています」

孫は笑って答えたが、眼は笑ってはいなかった。


いったい、孫正義とは何者なのか。

どのようにして世界有数の資産家になったのか。

孫の率いるソフトバンクは実態が見えにくい。物を生産しているわけではない。企業買収を繰り返している投資会社的な要素の強い、よくわからない会社だと思われている。ソフトバンク自体は、事業を行なうのではなく、関連会社を統括する持ち株会社になっている。

一九九六年、メディア王のルパード・マードックと組んで、テレビ朝日の株を二一・四パーセント取得すると発表したが、その後、突然中止になった。

そのいきさつについても、孫は久米に語った。

「朝日新聞には、テレビ朝日を自分の傘下に置いておきたいという希望があった。株を買い戻したいということだったので、それでは無理強いはよくないと……」

新会社に投資して、その会社が上場して利益を上げることで、出資益を稼ぐ。

「一〇〇社ぐらいに投資して、一社がドーンと当たって、九九社が失敗でもかまわないと？」

久米が鋭く切り込んだ。

「そこまでは言ってませんが、実際の数字はそれでもかまわないくらいのリターンはあります」

久米はふいに話題を転じた。

「ソフトバンクの社長の給料はどのくらい？」

「月に五〇〇（万円）ぐらいでしょうか。はっきりおぼえていないんで」

眉ひとつ動かさず、事もなげに孫はそう言った。

「給料明細は見ないんですか？」

「見ないです」

個人の贅沢（ぜいたく）には無頓着。ソフトバンクの株式公開の翌日、三〇万円のゴルフクラブセットを買ったが、使ったのはそれだけ。腕時計も寿命がくるまで使うし、昼飯は社員といっしょにコンビニ弁当のこともある。

孫があっさりと答えたので、さすがの久米もなかば呆れた様子だった。

ソフトバンクの時価総額が高いのは、実体のともなわないバブル評価ではないかという久米の突っ込みにも、孫は動じなかった。

「そもそもバブルというのは、上がって上がって下がるもの。上がっても上がっても上がるのは、成長と言うんです。大きな違いがあると思います」

五〇年、一〇〇年、インターネットは永続的に社会に欠かせないものになる、まだほんのはじまり。孫の話に説得力がある。

ちょうど、二〇世紀が工業化社会、言い換えれば、テレビの時代であり、電話の時代であり、自動車の時代であったといわれるように、二一世紀はインターネットの時代だったと、あとで振り返って言われるようになる。

インターネット革命の時代がはじまったばかり。その時代にわれわれは生きている。

「今年中にビル・ゲイツを追い越すとか……」

と久米は訊いた。

「そんな恐れ多いこと、怒られます。そんなことはないです」

孫は真顔で否定したが、彼の内面はそうは語ってはいなかった。

もちろん、追い抜いて世界一になる。そう言いたい衝動をこらえていたと感じたのは、私だけだろうか。

久米は最後にこう訊いた。

「今年の目標はなんですか？」

「インターネットをさらに追求していくことです」

ヤマ師とか博打的経営だとか揶揄されようとも、孫はひたすら自分の信じた道を歩んできた。おれの人生。後悔だけはしないようにしよう。彼はいつも、そうやって自分を奮い立たせてきた。自信に満ちた男は満面の笑みで答えた。

孫正義と久米宏の印象に残るインタビューから一〇か月後、私は孫とラスベガスで会った。笑顔を絶やさず、孫の行くところ人垣ができていた。

二〇〇〇年一一月一二日、午後七時。ラスベガスのMGMグランド・ガーデンズ・アリーナのステージに、割れんばかりの拍手に包まれ、ノーネクタイにジャケット姿のビル・ゲイツが現われた。世界のコンピュータの動向を握る男だ。

アリーナを埋めつくした観衆の眼が彼に注がれた。おびただしい報道陣のカメラのフラッシュがいっせいに焚かれた。巨大なスクリーンに長身のゲイツの姿が映し出されると大歓声が上がった。

ゲイツは、パフォーマンスをまじえてオンライン・ショッピングして見せたり、ペットボトル片手に、手帳の簡便さとパソコンの機能を併せ持った新しい端末「タブレットPC」の試作機を披露した。

「いま、コンピュータ技術は転換期にあり、マイクロソフトがどの技術に賭けるべきかを決めるのが私のいちばん大きな仕事」とゲイツは強調した。

キーノート（基調講演）をするゲイツに、孫は会場の最前列で熱い眼差しを向けていた。ときに大声で笑いながら拍手を送る。ゲイツと孫はすでにその前日、ラスベガスの超一流ゴルフ場でプレーしていた。それはもう何年来の恒例になっている。パープレーを記録したこともある孫のゴルフは豪快で正確である。趣味はゴルフ。（ちなみに二〇一三年一二月一日、成田ゴルフ倶楽部。12番ホール、148ヤード。8番アイアン。人生初のホールインワンを達成している。）

「ゴルフのスコアぐらいは勝たないとね」

この言葉に孫の自信がうかがえた。

「マサ」「ビル」と呼び合うふたりは、プレーをしながら何を語り合ったのか。

「ビルのことを尊敬している」と孫は日ごろからよく口にする。

ゲイツのキーノートは、孫にあらためて二一世紀デジタル情報革命の確かな手応えを感じさせた。

一九九五年四月、インターフェース・グループの展示会部門、コムデックスを買収した際、孫は八億ドル（八〇〇億円）の買収資金のうち、公募価格九六九六円（スプレッド方式）の株式時価発行増資で一八一億円を、普通社債の発行で一〇〇億円を調達。残る五〇〇億円強は銀行からの借り入れでまかなった。日本の銀行からは融資の申し出が殺到した。

そして同じ年の一一月一三日、コムデックスの初日、孫は説得力のある英語で、オーナーとして冒頭の挨拶をした。

つづいてIBM会長兼CEO（最高経営責任者）のルイス・ガースナー会長がキーノートを行なった。講演が終わると、壇上で孫とガースナーは握手をした。

コムデックスは、まさに孫が世界に飛び出すきっかけとなった。そのラスベガスにくるたびに孫は武者震いする。

「ラスベガスは好きな町のひとつです」

二〇〇〇年一一月のコムデックス。キーノートを終えたゲイツは、万雷の拍手のなかで演壇を去った。

最前列にいた濃紺のブレザーにノーネクタイの孫が立ち上がると、多くの人がそのまわりを囲んだ。握手を求めてきたなかには、マイクロソフトCEOのバルマーをはじめ、コンピュータ業界のリーダーたちがいた。孫はゲイツとともに主役だった。この日、盛大なコンベンションのなかで、孫はあらためてゲイツに対する敬意と親しみを感じ、新たな競争心に燃えたといってよい。

バークレー時代、孫はラスベガスで一度だけギャンブルをしたことがある。あり金をすべてすってしまった。それ以来、一度もギャンブルはやらない。だが、それよりはるかにスリリングで、血湧き肉躍る日々を送っている。

一九歳のときから、孫が一貫してめざしてきたのはデジタル情報革命。

いま、その時代がはじまった。

二一世紀は、まぎれもなく孫正義とビル・ゲイツのふたりが牽引していく時代なのである。

一九九八年六月、孫とゲイツは韓国の金大中（キム・デジュン）大統領と会った。

当時、韓国は経済危機にあえいでいた。

大統領は孫に訊いた。

「わが国の経済を立て直すために、何をすればいいと思うか？」

孫はかたわらにいたゲイツの顔をちらと見て言った。

「金大統領、それには三つあります。一番目にブロードバンド、二番目にブロードバンド、三番目にブロードバンド。これ以外にない。韓国はブロードバンドで世界一になる。これをやればもう一度、復活できます」

つまり、これがあらゆるエレクトロニクスの根源的なインフラであり、その根源的なインフラで韓国が世界一の普及国になったなら、その上にありとあらゆる電子産業が花開く。

孫は言った。

「世界で最初にブロードバンドの世界一になるという決意をした大統領に、あなたがなるべきです」

「わかった。ところで、ブロードバンドとはなんだ？」

素直に訊ねる大統領に、孫は説明した。

平たく言えば高速インターネット、この超高速インターネットのインフラを大統領命令で徹底的にやるべきだ。徹底的にインターネットナンバーワンの国にするということを誓うべきだ。そう命ずるべきだ。

大統領は言った。

「よし、わかった。何かはよくわからないが、わかった。大事だということだけはよくわかった」

そう言ったあと、金大統領はビル・ゲイツに訊いた。

「ゲイツさん、孫さんはこう言っているけれど、あなたもそう思うか？」

ゲイツは答えた。

「一〇〇パーセント賛成です」

金大統領は答えた。

「ようし、わかった。孫さんとゲイツさんのふたりが言うなら私は信じる。よくはわからないけれど、そういう命令を出す」

翌月、大統領命令が出された。韓国のすべての学校にブロードバンドを普及させろ、ありとあらゆる規制緩和をすべてやれ。政府の予算配分、人事、法体系整備まで全部ブロードバンドを成功させるために改革せよという大統領命令が出た。

孫はビル・ゲイツをこう形容する。

「エジソン、ロックフェラー、カーネギーなど歴史上の偉大な人物といわれる人よりもゲイツは上ですね。彼は歴史に名前を残す人物です」

頭の回転が速く、チャレンジ精神に富み、しなやかな感性を持っている。

右脳の感性の部分と、左脳の論理の部分が、非常に高い次元で融合している。

「さいわいゲイツはテクノロジーの開発が中心で、私はコンピュータのインフラが主体です。このふたつは敵対関係ではなく、補完関係にあります。お互いによく連絡を取り合って、新規事業がぶつからないようにしています」

孫はゲイツから贈られた著書を大切にしている。

そのゲイツの初の著書、*BILL GATES THE ROAD AHEAD*（『ビル・ゲイツ未来を語る』西和彦訳・アスキー出版局）には、孫へのメッセージが添えられていた。
"You are a RISKTAKER as much as I am."（きみは勝負師だ。ぼくと同じくらい）
孫は顔をほころばせて私に言った。
「リスクテーカーだと言われるのが、ぼくにとってはとっても嬉しい。名誉です。ゲイツはぼくのことをとてもよくわかってくれている」

孫を「理解」している人物として、とりわけ忘れてはならないのはアリババの創業者、馬雲（ジャック・マー）だろう。「ソウル・メイト（魂の友）」と言ってよい。

孫とマーとの最初の出会いは、一九九九年一二月二日、北京でのことだ。いまや伝説となったことが起きた。

「きみに投資したい、いくら必要なのか？」

会って五分も経っていないところで、孫はマーの話を遮って訊いた。

「お金はいらない」とマーは答えた。本心から出た言葉だ。

その日のミーティングはおおよそ一〇分程度。

「同じ動物のにおいを感じた」と孫はのちに述懐している。マーも同じだった。

ふたりはほとんどビジネスの話ではなく、哲学・思想を語り合ったという。

二〇〇〇年一月一八日、アリババはソフトバンクグループから二〇〇〇万ドルの出資を受けた。マーは言った。「それだけあれば充分だ。多すぎるのはよくない」。

以来、孫とマーは「魂の友」としての関係をつづけてきた。

二〇一〇年四月、私は西湖で知られる古都、杭州市のアリババ本社で行なわれた孫とマーとの会見に参加した。

「中国で一番になることはアジアで一番になることであり、世界で一番になること」

孫とマーは同じ考えだった。リーマンショックが世界経済を震撼させたが、孫やマーの描く未来図はまったく揺らがなかった。

孫は言った。「はじめてジャック・マーに会ったとき、私が若いころ出会ったジョブズやビル・ゲイツ、ジェリー・ヤンと同じ眼の輝きを感じた」

ところで、孫とマーには意外な共通点があることはあまり知られていないだろう。

二〇二一年二月八日、ソフトバンクグループの二〇二一年三月期第3四半期の決算説明会で、公の場にほとんど姿を見せないマーの動向に関する質問があった。

孫は「絵を描いたので見てほしい」とマーから連絡があったと言った。「私も絵を描いているので、そのうち見せようと思っている」とも言った。

孫は子どものころから、絵を描くのが大好きで、いったん描き出すと、夜通し描きつづけた。そのため授業中に居眠りをしたという逸話も残っている。あるとき、孫が陶器の皿に魚の絵付けをした。その繊細なタッチに周囲が驚いた。モネとゴッホ、千住博が大好きだという孫の描く絵にマーがどんな反応を示すだろうか。

# 33　天才は天才を知る

殿ご乱心か。

二〇〇一年一月。

「きょうの午後から社長室には戻らんから。すべてのアポイントをキャンセルしてくれ。いっさいお客さんに会わない。社員にも会わない。ぼくはブロードバンドに集中する」

孫がそう言ったとき、秘書たち全員が思ったに違いない。

グループ会社の社長たちも訝(いぶか)った。ひょっとしたら誰かにだまされているのではないか。

孫が向かった先は、ソフトバンク本社の向かい側にある小さなビル。ひとりの男に会うためであった。

その男は〝マッド・サイエンティスト〟と呼ばれている。表情も話し方も春の日射しのようにゆったりとしている。

孫はこの男に向かって言った。

「なんでおまえ、進んどらんのや？　ブロードバンド最優先や言うとるのに、なんで進んどらんのや？」

「いや、稟議書が書けません」

男は小声で答えた。幼児がはにかみながら話しているようにも見える。眼鏡の奥の眼が優しい。

男は稟議書など書いたことがない。だから、必要な機材が買えない。

孫は激怒した。この男にではない。稟議書がないためにプロジェクトを進行させせない周囲に対して腹を立てたのだ。

ブロードバンドは最優先プロジェクトであると厳命してあったはずだ。

「この男は間違いなく天才ですよ」

孫がそう言う男の名は――筒井多圭志。

一九六〇年、大阪生まれ。ソフトバンク常務執行役員兼CS。

「稟議不要。機材をすべて入れろ。明日までに応援スタッフを一〇〇人集めろ」

孫は命じた。

「そんなの無理です」

突貫工事を開始するには人数を集めなければならない。

孫が作ろうとしているのは、純粋なＩＰ（インターネット・プロトコル。インターネットを構成する通信機器が共通に使用する通信プロトコル）技術だけで全国をつなぐことができるネットワークだ。

世界に前例のないものを作ろうとしている。それにこの男と全精力を投入している。

しかし、孫は確信していた。ＡＴＭ（非同期転送モード）方式によるブロードバンドは、世界中でみんなやっている。当然、そちらのほうが技術的な安定性が証明されている。それに対して、筒井の考えているＩＰは、全国をつなぐ純粋な完全ＩＰでの実例がこれまでひとつもない。たとえば、ＡＴＭの伝送容量は五三バイト。ＩＰは五〇〇バイト。ＩＰのほうが約一〇倍の情報を送ることができる。

これまで一社も実例がないものに全精力を投入してやるというのは、あまりにも博打がひど過ぎるのではないか。常人なら誰もが尻ごみする。

「このプロジェクトは超極秘で、どこにも気づかれてはいけない」

そう考えた孫は朝から晩までビルの一室にこもりっきりだ。本社に姿を見せない。

社内は大騒動になった。

ソフトバンクには世界中に八〇〇社におよぶ投資先がある。いわば孫は八〇〇社を統括しなければならない立場にある。明日の命運を握っているといっていい。

だが、殿は言う。

「おれにはいっさい話を持ってくるな」

会社の総帥が言うのだ。周囲は困り果てた。

「おれは知らないぞ。みんな勝手にやれ。おれはこれに集中する」

孫は突然、ほかのことは任せる、いっさい関与しないと言い出したのだ。

孫はまったく未知数のブロードバンド・ネットワーク事業のために、すべてを集中した。

それは傍目に見れば当然、殿ご乱心である。

むろん、孫は乱心などしてはいなかった。

孫が狙いを定めていたのは、単にブロードバンドという名の高速インターネット事業ではない。

すべてのメディアを変えてしまう。通信ネットワーク、つまり電話事業をＩＰで根底からひっくり返す。あるいはテレビ放送やビデオオンデマンドのシステムをいっきに作り上げて、放送や映画、ビデオソフトの業界を根底からくつがえす。音楽やゲームソフトも何千、何万といっきに流通できる。ソフトビジネス、ひいては市民生活すべてを変革するネットワークシステムなのだ。

あらゆるソフトが、ＩＰネットワークを通じて世界を駆け巡る。そのインフラを支え、ソフトの宝庫となるのが「ソフトバンク」という会社なのだ。なんとしても、デジタル情報革命を起こさなくてはならない。

そのために、誰も実証したことのない純粋な完全ＩＰネットワークを作る。

これが孫と〝マッド・サイエンティスト〟筒井が共有しているビジョンだ。

孫は筒井とともに革命を起こしたいという志、気概があった。

むろん孫は、筒井の技術を検証することも忘れなかった。

ところが世界のトップエンジニアたちに確認すると、異口同音に否定的な答えが返ってきた。

「それはできっこない、間違っている」

筒井は海外の超一流のＣＴＯ（最高技術責任者）たちを相手に喧々囂々の議論を闘わせた。激論は三日にわたってつづいた。

大筋のコンセプトはある程度わかるが、証明されていない。あまりにも危険だ。それを実現するための機器も揃っていないではないか。しかもソフトバンクはまだ、そういったネットワークのオペレーションを手がけたことがない。危険を重ねるというのはあまりにも無謀だ。そういう無謀な賭けには自分たちはいっしょに加わりたくない。

判断は孫にゆだねられた。孫は言った。

「わかった、きみたちはこのメンバーに入らなくていい。おれは筒井と死ぬ覚悟だから。

一〇〇パーセント筒井の考えを支持する」

孫は誰よりもよく筒井という男を知っていた。二〇年前の学生のときから知っていた。当時、筒井は東大のマイコンクラブの部員だった。

UNIXビジネスの重要性を感じていた孫は、UNIXの専門知識を持つ筒井を連れて何度もアメリカの先端事情について調査してまわった。

「こりゃもうほんとの天才です。自分ひとりで、当時、学生のときからすでに自分ひとりで伝説的なソフトをいくつも作っていた。ビル・ゲイツが当時ね、ひとりでBASICの言語を作りましたけど、筒井はそれよりもはるかにむずかしいC言語のコンパイラー（翻訳プログラム）を自分ひとりで書き上げた男です。そりゃもう、実力はすごいです」

コンピュータにのめり込む息子を見た筒井の母は、将来を案じた。息子は母の願いを聞き入れて、東大の工学部から京都大学の医学部に転校した。医者の免許は取得したが、臨床医としてよりも、最先端の通信に強い関心を抱いた。

卒業後は、小さなソフトハウスを経営する一方で、ADSLの可能性について研究を重ねていた。

「医者よりも、何千万人に影響を与えるような革命に参加せんか？」

孫がブロードバンドをはじめると決めたとき、筒井は大学で講師をしていた。

「おまえ大学で遊んどる暇ないぞ、もうブロードバンドやるから、辞めてこっちにこい」

二〇〇〇年四月、筒井は孫の誘いでソフトバンクに入社した。

だが、誰も筒井の実力を理解できず、社内で口論になったこともある。筒井のあまりにも先端的な発想は、常人にはわかりにくい。

「筒井さんを取るか、われわれを取るか。もし筒井さんの方法でやるっていうなら、われわれは辞めます」

全員が孫に詰め寄った。技術者たちの反乱が起きた。

孫は事もなげに言った。

「わかった。そこまで意見が食い違ったのか。おまえら全員辞めろ。おれは筒井ひとり取る、かまわん」

何人かはほんとうに辞めた。

半年後、残った半分の技術者は筒井の言うことが正しかったことを認めた。

孫は饒舌に語る。

「彼の言うことは本質論なんです。言葉の表現だとか、あるいは見てくれというものは、ぼくにとってはどうでもいいことなんです。どんなぼろを着ていても、どんな言葉の表現であっても、なんであってもであっても関係ないんですよ。筒井の言っているテクノロジーの本質は非常に正しい」

世界中のインフラ・カンパニーがATMを使ってネットワークを構成していた。

「しかし、それでは革命的なネットワークサービスはできない。それはアナログ電話にインターネットを無理やり乗っけたテクノロジー。つまり、疑似IPというのがATM。ほんとうの意味でのIP原理というのは、IPネットワークでなければ無理なんです」

IPを純粋に技術的に表現できるネットワーク・テクノロジーでなければ革命的なことはできない。至極簡単明瞭なことなのだ。

「筒井のすごさ、すばらしさというのは、それまでの常識にいっさいとらわれず、純粋に技術論でいくこと。つまり数学の世界といっしょ、純粋数学というのは美しい。シンプルで、美しい」

これに対してATM技術は美しくない。つぎはぎだらけで、過去のアナログ交換機におぶさった応用編のテクノロジーだ。

孫はこれまで、世界一のIP機器の提供者であるシスコシステムズ社の社外役員をやっていた。世界一のLANのOSを提供したノベル社ともジョイントベンチャーを作った。

こうした会社と孫はそれぞれ合弁会社を作り、パートナーシップで、ネットワーク・

インフラを見つづけてきたのだ。

だからこそ孫はIPの時代がやってくると確信していた。

「インターネットのネットワークを作る時代がやってくるというぼくの基本的思想と、筒井の実際にネットワークとして設計していくアーキテクチャー、つまり構造、構成の思想が完全にマッチングしたんです」

孫の思想を機器やOS単体で具現化しているのがマイクロソフトであり、ノベルであり、シスコシステムズだ。さらに、それを全国的なネットワークとして世界ではじめて設計したのが筒井である。すべてがいまひとつになった。

IPは複雑怪奇ではない。シンプル・アーキテクチャー。

孫は一七、八歳のころ、コンピュータ・チップのあまりの美しさに感動して熱い涙を流した。

「いま、それと同じ感動を味わっている。IPはとてつもなく美しい」

原理原則にそったアーキテクチャーが、完全IPネットワーク。非常に安価で、非常に高性能。コストが一〇分の一、性能は一〇倍。コストパフォーマンス一〇〇倍。

ブロードバンドを使っている人々が多くなれば、より大きなコスト差が出てくる。

筒井は孫について語る。

「孫さんは経営者ですが、ＣＴＯもやっている。技術のことも深く知っておられます。ぼくよりもはるかに理解が深いんです。ぼくはお手伝いをしているんです。ＩＰ電話も技術的には可能だとわかっていましたが、実現できたのは孫さんのおかげです。やってしまおうというので、われわれはやらざるをえない。その決断力がすごいですね」

これからどんなことが可能になるのか。

モバイルでインターネットが見られる。定額のブロードバンド、あるいは基本料なしの従量使用料。

筒井は言った。

「太陽電池などで電気が取れる機器がすべてインターネットにつながる、ユビキタス社会がやってきます。近い将来に」

二一世紀はユビキタス社会でもある。

その歴史的転換点が、二〇〇一年のブロードバンド元年。

天才と天才が新しい時代を築いた日でもあった。

同年九月一一日、世界を震撼（しんかん）させる世界同時多発テロが起きた。

時代は激しい変革に突入してゆく。

## 34　天下布武（てんかふぶ）

巨人NTTに戦いを挑んではいけない。

だが、たったひとり挑んだ男がいる。

「創業以来、こんなにつらいことはなかった」

一九八一年九月に日本ソフトバンク設立。株価は二〇〇〇年二月をピークに下がりつづけた。

格付会社のJCRはソフトバンクの格付をbb、「投機的」と判断。新たな資金調達の道が絶たれた。ソフトバンクは絶体絶命ともいわれた。時価総額が四〇分の一に縮んだ。

二〇〇一年一月六日、「高度情報通信ネットワーク社会形成基本法」（IT基本法）が施行された。この法律によってさまざまな競争政策や規制緩和が行なわれることになった。

「まさに時刻（とき）、きたれり。この日を待っていたのです。私たちも参入できると思った」

孫は経営資源をすべてブロードバンドに注ぎ込む決断をした。Ｙａｈｏｏ！ＢＢは二〇〇一年九月のサービス開始に向けて走り出す。

だが、順調に進みはじめたと思われたブロードバンド事業が、ＮＴＴの大きな妨害にあった。加入申し込みをしても開通しないユーザーから、苦情が殺到していた。

「ソフトバンク創業から二〇年、いままでそういう無茶な戦いっていうのはほとんどやってない」

孫はいかなる場合も充分に準備をして、不利な状況にある場合には極力、戦いは挑まないようにしてきた。

だが、孫はあえて自分たちよりも圧倒的に大きな相手であるＮＴＴに直接戦いを挑んだ。東西に分割されたとはいえ、すべて持ち株会社の下にある。実態は旧電電公社時代の独占のまま。管路も電柱も局舎も独占的に使っている。その弊害がさまざまな形で起きていた。

Ｙａｈｏｏ！ＢＢ開通に必要なＮＴＴの局舎内での接続工事の妨害。

たとえば、電話の名義とＹａｈｏｏ！ＢＢの申込者の名義が違っていると、それだけで延々と待たされる。あるいは、国民の共通財産である電柱もほぼ独占している。ネットワーク機器を局内に置くための申請書類は煩雑かつ作成に多大な時間がかかる。NTTの〝牛歩〟作戦。局舎のなかのコロケーションサービス（ネットワーク設備の設置）や局舎同士をつなぐダークファイバー（敷設されていながら使用されていない光ファイバーのこと）の利用も、不公平きわまりない。

民営化されたのは形だけ、NTTはいまだ独占的支配のままなのだ。公平な競争が行なわれていない。孫は怒りをあらわにする。

「この戦いは避けるわけにはいかない」

信長でいえば桶狭間。圧倒的に不利な立場にあるが、どうしてもここだけは戦わなければならない。

二〇〇一年六月二九日、孫は総務省に乗り込んだ。

必死の覚悟だった。

「NTTは、もうウソばかり言う。ダークファイバーもあるのにないと言う」

ダークファイバーで何局かを結んでリング（環）にする。だが、どこかが欠けるとリングにならない。

総務省に電話をしたり、直接抗議に行ったりしたが、担当の役人は話を聞くだけでなんのアクションも起こさない。

ついにその日、孫は最後の決断をした。

「一〇〇円ライターぐらい持っとるでしょ、それ借りますから」

　孫は総務省の役人に言った。

「えっ、どうして？」

　孫と同年代の役人は驚きの声を上げた。

「ガソリンかぶるんですよ」

　演技などではない。真剣だ。

　Ｙａｈｏｏ！ＢＢは、東京都内での実用化実験が順調だったので、ＮＴＴ局内で工事を進めている途中で申し込みを受けた。二週間で五〇万人ほどが申し込んだ。

　だが、ＮＴＴがダークファイバーを出さないために工事が終わらない。局内に置く設備のための電源もないという。

「あなたたちを別に偉いと思っているわけではないが、許認可という権限は持っている。あなたたちがＮＴＴを注意しないと、前に進まない」

　役人に詰め寄った。

「お客さんをこれ以上待たせることはできない。うちではなくてＮＴＴのブロードバンドに申し込みし直してくださいって言うことは、事業家として死ぬよりつらい。この状況がつづくのなら、ぼくにとって事業は終わりだから、もうＹａｈｏｏ！ＢＢをやめると記者会見する。その帰りにここに戻ってきて、ガソリンをかぶっていく」

孫はいっきにまくしたてた。

役人は声を震わせながら答えた。

「調査します」

果たして、その日の夜中、役人から電話があった。

「NTT東日本からダークファイバー数本が出てきました」

そしてNTTからは孫に会いたいという連絡が入った。

孫はNTTの官僚体質に憤慨していた。何しろユーザーを待たせている。

「われわれにとっていちばんむずかしかったのは、ネットワークの技術開発や実験ではなくて、NTTへの書類出しです。たとえば、一文字書き間違えると、それだけでまた二か月待つといったぐあい。電源もあるのに、ないと言う。そこでわれわれは自前で電源工事をした。結局、全部設計のやり直しだったが、すると二週間ですべてが終わった。でも彼らは、そんなことをしたら三か月もかかると言う。おかしいじゃないですか！」

NTTとの戦いの日々。孫は夜中の三時、四時まで、土曜も日曜も盆も正月もなく働いた。

まさに二〇年前の創業時と同じ、昂揚感に満ちていた。

「会社に命を賭けてやっているんです。お客さんを待たしてるからつながなきゃいけないんだということで、銭金(ぜにかね)は関係ない。損得も関係ない。なんぼ赤字出してもかまわない」

そうした最中に、世界を震撼させた九・一一世界同時多発テロが勃発。空港の機能が停止、アメリカからの部品納入が遅れた。設計をやり直さなければならない。

この間、唯一の趣味といえるゴルフもいっさいしなかった。完璧に集中した。

新しい設計で新しい機器だから、ネットワークがシステムダウンすることもあった。

「ダウンしたぞ！」

連絡が入ると、すぐさま孫は現場に真っ先に飛んでいった。自分で車を運転して名古屋に行ったことも一度や二度ではない。携帯はいつもオン。孫はエンジニアたちと二四時間態勢で臨んだ。

「いつも頭が朦朧(もうろう)としていました」

だが、孫に悲壮感はなかった。

ＮＴＴと戦っているときから、実は楽しくてしょうがなかった。苦しいけど楽しい。自分がやりたい方向性がはっきり見えた。それに全力を投入できて、完全燃焼できるということが楽しかった。

ＮＴＴ、すなわち最大株主である国に孫は戦いを挑んでいた。

「根気よく攻めつづけるしかない。一歩一歩切り崩していくということです。幕末の長州藩、土佐藩とか薩摩藩もそうでしたが、勢力も少ない、資金も少ない、既得権益もない。だけどね、新しい武器を先に手にしたんです。鎧（よろい）、刀で、ヤーヤー、われこそはと言っているときに、最新式の銃を用意して撃ちまくった。それで最後はいっきに逆転に持っていった。われわれもけっして見てくれはよくないかもしれないけど、最新式のＩＰ技術を武器に戦っている」

最先端の科学技術と熱い情熱。その両方で攻めつづける。

革命というのは日常の状況のなかでは生まれない。一〇〇年に一回ぐらい、根底から地響きを伴ってひっくり返すものだ。

連結利益が一兆円を超えるＮＴＴグループが、このとき創業以来はじめて前年対比の売上げを減らした。その減少率はほんの二、三パーセントであったが、世間には「ＮＴＴかわいそう」論が出た。

「売上げが減ってＮＴＴがかわいそう？　冗談言うなと言いたい。こっちは創業以来史上最大の赤字、一〇〇〇億規模の赤字出してね、それでも裸一貫で頑張っているんです。なけなしのお金と兵力で戦いを挑むというのは、無茶な戦いであるということに間違いないんですよ。だけどね、かならずしも、いつも贅沢な立場にいる人が勝つとは限らないんです」

Ｙａｈｏｏ！ＢＢという、ブロードバンド時代の顧客ニーズを先取りしたソフト主導型ビジネスによって、ＡＤＳＬ事業でＮＴＴを追撃している孫正義。

「私は、一番になれない事業には最初から手をつけない。負ける戦いはせず、必勝の構えを作る」

二〇〇三年九月五日、ソフトバンクはあおぞら銀行の株式を売却した。批判は孫の耳にも届いた。

「退却は進軍の一〇倍の勇気がいるんです。決断力も必要です。あれこれみんな追いかけると虻蜂取らずになる。ソフトバンクをはじめた第一日目から、デジタル情報革命のために会社をはじめている。それがすべての根源であり、中心軸。そういう意味では申し訳ないけど、冬のなかで、耐え忍んで戦っていくためには葉っぱも枝も落とさなければならない。勝負は勝たなければならない」

孫の理解者といわれた人のなかにも、非難の声を浴びせかける者がいた。

「みなさん長い年月のなかで理解してくださるっていうことで、ぼくは感謝の気持ちは変わらないんです。短期的には紆余曲折あります。でも、五〇年、一〇〇年経って、振り返って理解されればそれでいいんじゃないかと思う」

孫の信念は揺るがない。積極的な思考の持ち主である。

「一回しかない人生だからね、気持ちがふらついていてはしょうがない」

あおぞら銀行株売却の理由は明確である。

「資金調達です。戦いをするのに軍資金がないと戦えない。兵器だって買わなきゃいけない。兵隊も集めなきゃいけない。だったらそれはもう、理屈としては絶対に売らなきゃいけないということだと思うんです。ただ、心情の面でパートナーに申し訳ないということで苦しんだだけなんです」

孫は公明正大なプロセスを大切にしたかった。

「自分が怯(おび)えてたらね、ほんとの憎しみになったりね、心まで人としての品位がなくなっちゃうんじゃないかと思う。かならずやご恩返しはしたい。義理に対しても、きちっと報いていきたい」

二〇〇二年五月一〇日、八八七億円もの巨額赤字という決算発表の席にもかかわらず、孫からは笑顔が絶えなかった。

翌二〇〇三年五月九日の決算発表。ブロードバンド事業で九二〇億円の営業赤字。

「朝起きるのが楽しくてしかたがない。志はもっともっと大きいんです。そのうち、あっと驚くようなことを出しますから、もうちょっと楽しみに待っといてください。おもしろい玉手箱がいろいろと出てきます」

信長でいえば天下布武の印章。武力によるのではなく真の「天下泰平の世」を創る。デジタル情報革命を推し進める孫の旗印はいかなるときも揺らいだことはなかった。

二〇〇三年八月八日、第1四半期決算を発表。

「Ｙａｈｏｏ！ＢＢ事業は、顧客獲得費用を除けばすでに単月で営業黒字を達成した」

同年八月、孫の四六歳の誕生日を前に、Ｙａｈｏｏ！ＢＢの会員は三〇〇万人を突破した。

# 35　有言実行

二〇〇四年元旦。

新しい年の幕開け。

孫はいつもよりずっと遅くまで寝ていた。朝一〇時、すがすがしい気分で起きると、いつものように真っ先に自宅のＰＣにふれた。

何通ものメールに返事を書き、ネットで情報を検索し、Ｙａｈｏｏ！ ＢＢの加入者数をチェックした。

妻、優美（まさみ）の作った雑煮を食べると、孫は地下にあるシミュレーションゴルフ室に行き、オーガスタ（マスターズ・トーナメント開催の名門コース）を71でまわった。

三歳のパピヨン種、愛犬モックが、孫にまつわりついている。

庭にある大きなケヤキを孫は図書室から眺めた。

「いよいよ、今年は幅を広げるときがきた」

二〇〇三年末、日本のブロードバンド（高速インターネット）の加入世帯数は一四〇〇万を超えた。ソフトバンクBBがヤフーと共同で提供しているブロードバンド総合サービス、Ｙａｈｏｏ！ＢＢは市場拡大に大いに貢献した。現在、国内でもっとも多くのユーザーに利用されているシェアナンバーワンのブロードバンドサービスである。二〇〇一年九月に商用サービスを開始し、約一年後の二〇〇二年九月末には一〇〇万回線、二〇〇三年二月初旬には二〇〇万回線、二〇〇三年八月には三〇〇万回線、そして二〇〇四年三月には四〇〇万回線を突破した。サービス提供開始から、およそ三〇か月での四〇〇万突破である。

街頭での「パラソル部隊」と呼ばれる販売キャンペーンと、「世界一安く、速い」を謳い文句に驚異的にシェアを拡大してきたのである。

だが、ここまでの道は平坦ではなかった。前年の二〇〇三年初頭には二〇〇万回線を突破したものの、まだ損益分岐点にいけるかどうか、テクノロジーとして充分にいけるか、サポートのアプローチを含めて充分に機能できるかどうか、霧のなかを歩んでいるような状態だった。

「二〇〇万を突破できたところで、相当霧が晴れてきた」

これ以上ユーザーを増やさなくていいということなら、キャッシュフローで年間九〇〇億円ぐらいは稼げる。もう、充分に利益は出せる。

では、それで孫は満足するのだろうか？

孫は微笑を浮かべた。

「五〇〇万、六〇〇万、七〇〇万、あるいはそれ以上というふうに増やしていきたい」

孫は確かな手応えを感じていた。

「これからがほんとうにおもしろくなる。応用編でどんどん伸ばしていきたい。回線のテクノロジーをさらに増やしていきたい。この上に載せるコンテンツをどんどん広げていきたい。まさにこれから、コンテンツの時代がやってくる」

インフラ整備に関しては見えてきた。これからは深く掘り下げていくと孫は考える。

二〇〇四年の正月、余裕ができてきたからか、孫はのんびりと自宅で家族と過ごした。

大晦日には『紅白歌合戦』や元横綱の曙太郎とボブ・サップの闘いも楽しんだ。

二日は孫が大好きな司馬遼太郎の『竜馬がゆく』の一二時間ドラマに心躍（おど）らせた。自分でテープを五巻録画し、タイトル文字も書いた。

「今年のはよかった。大河ドラマのようによくできていた」

孫は『竜馬がゆく』を楽しみながら、坂本龍馬のように、新しい時代の夜明けを感じていた。

デジタル情報社会は間違いなくやってくる。人類の歴史でいえば、農業社会から工業社会、そして情報社会に移行している。真にデジタル情報社会として、二四時間、三六五日、いつでもどこでもネットにアクセスできるようになる。

「蛇口をひねれば水が出るように、私たちは究極のユビキタス（境界がない）社会を楽しむことができる。そういう時代がやってこようとしているのです」

まさにそのインフラのバックボーン（背骨）が、孫がはじめたブロードバンド事業だ。世界ではじめて、一〇〇パーセントＩＰ（インターネット・プロトコル）によるネットワークを作った。

日本全国がＩＰによってつながれている。これまで誰もどこもなしえなかったことを、孫の率いるソフトバンク・グループが実現したのである。

「そのバックボーンさえフルＩＰで作っていれば、最後の一マイルというのはＡＤＳＬ（従来のメタリック回線で高速通信を可能にするサービス。下り方向のバンド幅を大きく取り、上り方向のバンド幅を小さくすることにより、少ない一対の電話線のバンド幅をビデオ・オン・デマンドに使用するために考案された）であったり、光ファイバーであったり、無線であったり、あるいは無線ＬＡＮであってもいい」

孫が言うように、あらゆることが可能になる。それは端末のＰＣであったり、テレビであったり、あるいは携帯、家電製品、自動車、なんでもありだ。

「そういう意味で、ほんとうにいつでもどこでも、誰でもコンピュータにふれられるユビキタス社会。そのインフラに、念願のインフラの事業にわれわれソフトバンクが取り組めて、そのメドがついてきた」

孫はNTTに壮絶な戦いを挑んでいた。現代における桶狭間の戦い。信長のように奇襲戦法をとる。果たして孫はその戦いに勝利できるのか。

「勝つためのシナリオはある。そのシナリオに着々と、いま駒を進めつつある。これがおもしろくてしょうがない」

その勝利の日はいつくるのか。

「一歩一歩積み重なっていくということです。これはまた長い道のりでもある。一時的にある部分で勝ったとか、うまくいったと思っても、また別の局面がやってくる。やっぱり着実に大きくしていかなくてはならない。ある部分で勝ったら、その勝ちをさらに拡大していかなくてはならない。全方位で勝てるまでやり抜いていかなければならない」

孫正義は一九五七年生まれ。すでに明確に人生の構図を描いている。

四〇代は勝負のとき。まさにそのとき、インフラ整備に勝負を賭けて、四四歳、四五歳、四六歳と三年間つづいている。

「人生のクライマックスのときに、いろんな意味での規制緩和があり、競争を仕掛けられる局面がきた」

折しも、ブロードバンドに関するさまざまなテクノロジーが確立できた。それに孫は三千数百億円を投入した。

「ヒト、モノ、カネ。IPに関する技術者は、いまわが社がインフラカンパニーとして世界一揃っていると思います。そういう人材もだいぶ揃ってきた。コンテンツもヤフー、イー・トレード（現・SBI証券）をはじめとして、さまざまなコンテンツの会社をブレーンに従えることができるようになってきた。これはとてもラッキーだった。まさにこのためにいままでの人生があったようなものです」

五〇代になると、方面軍の勝ちを連続していかなければならない。六〇代でそれぞれ東西南北、方面軍で勝ちを連続させていく。

「勝ちの連鎖をつづけていく」

六〇代になったら、ある程度はバトンタッチをする。小さな穴を埋めていく。

「事業として、グループ連結経常利益で、一兆、二兆、三兆円として数えられるようにしたい。そして次の世代にバトンを渡していく」

孫はソフトバンク・グループの創業者として、第一コーナーを曲る。

「企業としては、三〇〇年ぐらいはもつグループを作っていかないといけない。そのためのタネをあちこちにまいている。ぼくはソフトバンク・グループのＤＮＡの設計者でないといけない」

六〇代でバトンタッチするまでには、少なくともグループ会社は数千社、売上げ数十兆円になっている。

「その規模で次の経営者にバトンタッチをするのがぼくの責務だと思っている。それまでのデコボコは全部誤差のうち。単なるプロセスにすぎない。株価が上がった下がった、利益がなんぼいった、いかなかった、そんなものはみんな誤差なんです。ぼくに言わせるとそういうことなんです」

孫の眼は遠くを見つめている。

大きな衝撃が走った。

ＡＤＳＬサービス「Ｙａｈｏｏ！ＢＢ」の顧客個人情報から約四五二万件が不正に盗まれ、恐喝未遂事件が起きた。

二〇〇四年一月一九日、本社一七階の執務室。

ソフトバンクＢＢ副社長兼最高執行責任者（当時）の宮内謙から報告を受けると、孫は自ら受話器を取り、電話をかけた。

「ソフトバンクの孫と申しますが……」

相手は警視庁ハイテク犯罪対策センターだった。

事の発端は七日、ソフトバンクの販売子会社の取引先が、Y・Tなる人物（恐喝未遂容疑で逮捕）から八人分の個人情報リストを見せられたことだった。一四日には、それが本物と確認された。

一六日に宮内から報告を受けた孫は、即座に調査委員会を設置、一九日には直接捜査当局に通報した。

二〇日、Y・Tはソフトバンク子会社役員に電話で「数百万件の情報を知人が持っている」と話した。

二一日、さらに一三〇人分のリストを受け取る。同時に「海外の合弁会社に数十億円出資してほしい」と二回目の恐喝。当局と相談の上、二三日に都内のホテルでY・Tから四六〇万人分の情報が入っているというディスクを受け取り、そのまま警察に引き渡した。

二四日、その一週間前にY・Tとは別にメールで一〇四人分のリストを送ってきていたfuufuなる人物から、ふたたびメールで返却条件と担当者の指定があった。

二月一一日、警察からY・Tならびにfuufuこと K・Yを逮捕したとの連絡が入る。

警察からは逮捕の事実を含めて、捜査上の理由で情報を公開しないように厳命された。

一二日以後、警察への捜査協力を継続。

だが二四日、読売新聞夕刊がスクープ報道。午後四時、総務省に報告。

二五日の早朝より、恐喝未遂容疑で逮捕されたY・Tの所持していた顧客データの照合を開始した。

二六日、孫は訪問していたヨーロッパから帰国。成田から本社に直行、すぐ幹部を招集した。情報漏洩（ろうえい）で社内逮捕者が出る最悪のシナリオを想定した。過去の類似ケースのなかでもっとも厳しい孫の六か月間五〇パーセント減俸などの処分案を固める。

二七日未明、データの照合作業を終え、解約者などのデータを含む四五二万件の顧客情報流出を確認した。

午前一〇時、グループ会社のCEO会議を招集した。

情報漏洩のなかった一四〇万人の会員も含め、合計五九〇万人の被害者に対する補償を検討。ある外国人取締役は「（企業に打撃を与えたい）犯罪者を勢いづかせることになるので、アメリカでは金品でお詫びした例はない」と述べ、激論となったが、五〇〇円の郵便為替を送付することでお詫びの気持ちを表わすことに決めた。総額四〇億円になる。

お詫びの品を、クレジット会社などの商品券ではなく郵便為替にしたのは、何か社会に有益なことに役立てたいと考えたからだ。換金の期限を過ぎたものは、ソフトバンクに戻ってくる。その金で「情報セキュリティ基金」（仮称）を設置して社会全体の情報セキュリティを高める活動や、身障者へのブロードバンド利用推進などに役立てる予定となっている。

同日午後五時半、都内のホテルで記者会見。孫の表情はいつになく厳しかった。これまで赤字でも一度も人前で頭を下げたことのなかった孫が、深々と頭を下げた。

「お客さまにご迷惑をおかけしたことを、心よりお詫びいたします」

二時間におよぶ質疑応答に自ら臨んだ。

質問は孫の責任問題にまでおよんだ。

だが、孫はきっぱりと言った。

「私はブロードバンド革命をこれまで以上に推進していくことになります」

事件発覚後は、顧客情報がインターネットに流出したり、名簿業者などの手に渡るような二次流出がないように最善をつくした。

なぜ、流出したか。原因については捜査を待たなければならない。

「これまでは顧客満足を追求する一方で、情報の管理が甘くなっていたのは事実です。システムに触れる人間に対しては、いわば性善説に立って接し、厳格な管理をしてきませんでした」

しかし、今後は振り子を反対側に振り、性悪説に立って厳密な管理をしていくことを決めた。

たとえば、顧客情報を扱うサポートセンターは「高度セキュリティフロア」として入退出を厳重に管理する。ポケットのない服装を求める。指紋チェック。IDの暗号化。二四時間監視カメラ。金属探知機の設置。携帯電話やメモ用紙などいっさいの手荷物を禁止する。当然だが、端末には外部記憶装置を接続できないし、コピーもいっさいできない。

顧客情報にアクセスできる人数も、一三五人から三人と大幅に減らした。アクセスしたときのユーザーID、時間、作業内容を、二四時間三六五日記録し、半永久的に保存する。

「世界一のセキュリティ態勢を作る」

最悪の事態は避けられた。今後はこれを教訓にして乗り越えていく。

「二〇〇五年九月末には、Yahoo! BB加入者六〇〇万人達成」の目標を変えるつもりはないと、記者会見で孫は答えた。

加入者六〇〇万人達成時には、ブロードバンド事業の年間営業利益が一二〇〇億円になる。

二〇〇一年一月にYahoo! BBを立ち上げたとき、「申し込んでも何日もつながらない」と言われつづけた苦難の時代を乗り越えてきた。いまはライバルを上まわる高い評価の調査結果も出ている。

マイナスをバネに生きてきた。それは孫を貫く哲学そのものである。

「けっして逃げない。正々堂々と誠意を持って難局に臨む」

時代はナローバンドからブロードバンドへ。新しい時代の到来だ。

「蛇口をひねれば出る水のように、ブロードバンドはわれわれの生活のなかに入ってくるようになります」

「ぼくは人々のライフスタイルを変えたいんですよ。ライフスタイル・カンパニーをめざす。社会のインフラそのものを進化させたい。人々の心や生活の変革を、われわれのデジタル情報革命を通じてやっていきたい」

ブロードバンドの普及にともない、IP携帯電話も含めてユーティリティ・コンピューティングは私たちのライフスタイルを変える。それが孫の使命なのだ。

「企業というものは、一創業者の寿命をはるかに超えて存在できる。自分がいなくなったあとも、ソフトバンクは二〇〇年、三〇〇年と成長しつづけてほしい。そのために企業のDNAをどう設計するかが、ぼくの一番の関心事です」

常に新しいことに挑戦しつづける孫に対して、ときに保守的な批判が集まることがある。いわく、ソフトバンクはなんら物を生産していない、なんら事業らしい事業、オペレーションをしていない、単なるデジタル・アクティビティ、ギャンブラーではないか、と。

「じゃあ、物を生産して工場を作ったら、それが立派な事業で、立派な経営者ですか？それは大切なことだというのは充分評価します。だが、この一〇〇年、二〇〇年の日本経済の歴史のなかで、世界に先駆けて人々のライフスタイルそのものを進化させる、そういうインフラを発明し、創造し、提供して世界をリードしていく、そうした事業家がいましたか？

欧米で発明された自動車、家電製品、あるいはそのほか多くのものを、少しでも安くていねいに作った、少しでも上手に流通させたという会社は、いままでゴマンとあった。でも、それは欧米の模倣であり、二番煎じでしかない」

孫が常にめざしてきたのは、事業家・孫正義である。

「ぼくにとっての事業家とは、道路を作る、電力のネットワークを作る、社会のインフラそのものを作ること。つまり社会の枠組みを変えることだ」

そこが孫のいちばんの生きがいであり、喜びであり、血湧き肉躍ることなのだ。

世界で最先端のもの、画期的なものを作り出す喜びは、何ものにも代えがたい。

一八七六年、グラハム・ベルが世界ではじめて電話を生み出した。

それ以来、電話のインフラではアメリカが世界をリードしてきた。エジソンによる電気を活用した発明を続々と提供し、世界一の経済大国、情報大国になった。

「日本がもう一度、世界のテクノロジーをリードし、経済をリードすることができる日がやってくるならば、情報の分野でしかありえないと思っている」

事業家として、日本のインフラを変えたい。デジタル情報化社会にもっとも適した世界最先端のインフラ国家にしたい。韓国はブロードバンド国家としてリードしたが、回線の絶対数で日本が抜いた。一四〇〇万世帯を超えた。平均速度は韓国の約三倍あり、価格は韓国よりも安い。世界一のネットワークの接続速度。日本のブロードバンド接続のスピードはアメリカの一〇倍、ヨーロッパの三〇倍である。

「日本はインフラでアメリカの一〇倍の速度。高速道路で言えば、アメリカの自動車は時速一〇〇キロで走り、日本は時速一〇〇〇キロで走っている。そんなことが、かつて日本の歴史にあったかと言いたい。しかも、世界一安い値段で利用できる。この技術で日本は復活できるんです」

だが、将来はADSLより光ファイバーのほうが優位だという考えもある。

「ADSLの技術もどんどん進化しています。光でないと見られないようなコンテンツは、ほとんどありません。私たちも当然、光の戦略も考えています。だがテクノロジーは適材適所、現時点ではＡＤＳＬがベストです」

では、政府がやるべき仕事とは何か？

孫はにこりともしない。

「ひとつだけです。邪魔をしないでほしい。日本における規制とは、新規参入を妨げることだった。アメリカにおける規制とは、独占企業を制限して、新規参入組にチャンスを与えることなのに」

孫に各方面から届く非難の声。だが、孫には応援歌に聞こえてくる。

「ああだ、こうだ、冷たい、不義理だと言う。だが、いまに見とれ。一〇〇年たって振り返って見てみろ。ぼくがやるべきは、わが社がやるべきはデジタル情報革命。これこそがいちばんの大義であって、それなくしてほかは何もないんです」

創業者型の経営者というのは、縮小均衡のあとに成長シナリオを描いて、もう一度、国全体を拡大均衡に引っ張り直すことだ。

「そうでなきゃ、暗いぞ、つまらないぞ、悲しいぞ。真のリーダー、真の船長というのは、みんなに相談して行き先を決めるものじゃない。もう沈没しそうであとがないのなら、船員を少々ぶん殴ってでも、マストの一本や二本、ノコギリで切り倒したとしても、言うことを聞かんやつについては『じゃあ、おまえ、船から飛び下りろ、ボケ』と言ってでも、船に乗った残りの人間を、残りの大多数の人を、ちゃんと大陸に送り届けなくちゃいけないんだ」

これが孫の言うリーダーシップ、すなわち大義を貫く力である。

たどり着いた大陸で、今度はもう一度、金銀、財宝を見つけて、大きな土地を見つけて、開墾し、子孫を増やし、大いに繁栄させていく。

「多少、紆余曲折があろうが関係ない。とにかくたどり着くことだ。要は拡大均衡にもう一度引っ張れる力。見た目の優しさというのも、ぼくに言わせればしようもないこと。人気取りは何もならん」

幕末の風雲児、坂本龍馬は大きな志を貫いた。

「日本を今一度　洗濯いたし申し候」

孫も同じ気概を持つ。

国全体を、社会全体を、インフラ全体を包含できる力。これがあるべき姿で、しかもフェアな社会。フェアで、自由で、豊かで、全員がチャレンジできる。おもしろおかしく、楽しく、人生を謳歌できる社会こそが、私たちのあるべき姿だ。

まだ日本にはアンフェアな部分が多分に残っている。間違った枠組みも多い。貧しい人たちも少なくない。ベンチャーが起業するのにさまざまな障壁がある。

日本は今一度、国際的に戦える力をつけなければならない。

「大きなマスタープランを描いて仕組みそのものを作る。それは、有言実行でしかできないんです」

すべての道はローマへとつづく。ローマは道路のインフラを世界ではじめて作った。イギリスは船で航路というインフラを作り、その結果、大英帝国ができた。電気、通信、モータリゼーションというインフラを作ったのはアメリカだ。

その時代における、最先端のテクノロジーをインフラとして具現化できた国。その国がその時代の最強の国際競争力を持てる。

「日本は一九八〇年ぐらいまでは敗戦後の復興という意味で急成長した。けれども、トップにはなれなかった。二番手止まりだった。デジタル情報化社会がやってくるいま、世界一安くて、世界最高速のスピードで、世界初のＩＰ技術を続々と生み出している日本は、大きなチャンスなのです」

二一世紀のメインテーマ、情報技術で世界最高のインフラを作る。日本に大きなチャンスがある。

「もっとも重要な三つのこと。一番目が志と理念。二番目がビジョン。三番目が戦略です」

孫は力強く言った。

「日本はかならず世界一になれる」

# 第三部

# 36　不退転



二〇〇六年、冬季オリンピック・トリノ大会ではフィギュア・スケートの荒川静香が華麗な演技「イナバウアー」で観客を魅了し、金メダルに輝いた。WBC（ワールド・ベースボール・クラシック）では王ジャパンが奇跡的な逆転劇を演じて初代王者になり、日本中を感動の渦に巻き込んだ。

その年の三月一七日。まだ春浅く、この日の東京は激しい風が吹き荒れていた。ソフトバンクがボーダフォンの日本法人を買収する。すでにその記者会見の定刻、午後五時を過ぎていたが、まだ社長の孫は会場に姿を見せない。そのとき、孫は東京・汐留のソフトバンク本社社長室で、ボーダフォン関係者と激しい詰めの交渉を行なっていた。

ごく一部の関係者だけが、あわただしく入退室を繰り返していた。

大きな契約である。弁護士が一文字一文字綿密にチェックする。時間がかかるのは当然のことだった。

一兆七五〇〇億円という巨額な買い物である。欧米流にいえば実質二兆円だ。買収規模、世界二位（当時）。

このとき孫は、巨額の買収金額にこだわっていたのか。

「いや、買収金額は全体の物差しの一部だと思うんです。大事なのは金額の大小ではなくて、（ボーダフォンの）顧客がおよそ一五〇〇万人いる、この顧客数は私が買収しても保てるのか、減っていくのか、増やせるのか。この読みがいちばん大事だった」

とくに同年一〇月には番号ポータビリティ（ＭＮＰ）がひかえていた。顧客が激減するかもしれない。

ボーダフォンには解決すべき問題が多くある。まず電話がつながりにくい。次に端末が野暮ったくて日本人の好みに合わない。コンテンツもＮＴＴドコモやａｕのほうが勝っている。さらに営業力、ブランド力において圧倒的に弱い。

番号ポータビリティで、三割以上顧客が逃げていくという調査結果も出た。

もし三割が抜ければ、ようやく利益が出ている状態なのに、固定費は変わらないのでいっきに赤字に転落してしまう。

買収には、株式交換による買収と、現金による買収の二通りがある。買収したあとに業績を伸ばしていけるという自信があれば、現金による買収のほうが安い。反対に、伸ばす自信がなければ、株式交換のほうが安全策になる。借金も増えない。

孫はどちらの道を選択しようとしていたのか。

より厳しい全額現金による買収の道を模索していた。

ボーダフォンは「沈みゆく船」と呼ばれていた。その船を修復できる自信が持てるかどうか、その瀬踏みに孫は神経をつかった。

第三世代（３Ｇ）携帯電話のネットワーク、基地局が何か所あって、あと何か所鉄塔を増やせばライバルに伍していけるのか。追加のキャペックス（ＣＡＰＥＸ。資産計上されて減価償却の対象となる、設備投資のために支出する金額）がいくらかかるのか。二〇〇〇億円ですむのか六〇〇〇億円なのか。あるいは一兆円かかるのか。この判断をしなければならない。

他社に比して、「つながらない」といわれているボーダフォンがライバルと競い合い、さらに追い抜いていくために、どれだけ投資しなければならないか。

むろん、ブランド名も変えなければならない。

「ボーダフォンの名前でつづけるわけにはいかないし、つづけたくもなかった。傷ついたブランドですから。逆回転させなきゃいけないわけです」

これまで意外なことに、「ソフトバンク」のブランドでは一般の消費者相手にほとんど商売をしてこなかった。ソフトバンクはソフトウエアの卸販売からスタートした。Yahoo！BBですら、ソフトバンクがほとんど一〇〇パーセント出資している事業だが、あえて子会社のヤフーというブランドを使った。

孫はソフトバンクの本丸のブランドを安易に使いたくはなかった。万が一その事業がうまくいかなければ、本丸が崩壊してしまう。次の事業がやれなくなるからだ。孫は言う。

「ぼくは無鉄砲にいろんなことを、ある意味でドラスティック（大胆）に、リスキーなことをやっているように見られているかもしれないけれど、どういう状況においても絶対に致命傷を負わないようにと、絶えず心がけてきたんです」

失敗すれば致命傷にもなりかねない大事業、携帯電話事業に打って出る。不退転の決意で、本丸のブランドを使って臨めるのか。孫は自らに問うていた。

通常、こうした弁護士間の大がかりな交渉は、まず数か月はかかるだろう。まして、今回のように大きなM&Aなら少なくとも半年くらいかかる。それを孫は実質一か月でやってのけた。孫の決意の強さ、判断の正確さはいうまでもないが、何がそれを可能にしたのか。

二〇〇六年の正月、孫は日常の忙しさからふと離れて、ひとりで何日間か考える時間があった。

ここで孫の内面に何があったのか。

「自分自身、どう腹をくくることができるか」

孫は正月休みが明けるとすぐに交渉を開始した。

ボーダフォン関係者とは、年末まで何回も会ってはいた。ただ、そのときは買収ということではなかった。ＭＶＮＯ（Mobile Virtual Network Operation）という形で、設備を借りて、彼らの傘の下で携帯事業をやらせてもらう。こういう交渉を実は四か月くらいやっていた。ここに、孫の大胆かつ緻密な作戦がなかったか。

年が明けた。

「まだるっこい」と孫は感じていた。

やる以上は、最後は頂点に立たなければならない。しかし、基地局が少なくて、携帯がつながらないのでは、顧客に迷惑がかかる。

「ボーダフォンが三年かけて設備投資する予定だった基地局の増設を、いっきに半年に前倒しすれば、解決の糸口が見つかるかもしれない」

やはり買収するしかない。

しかし、難問があった。

ソフトバンクはＡＤＳＬ事業の赤字のどん底から這い上がって、やっと黒字が出せるようになったところだった。日本テレコム（のちのソフトバンクテレコム、現・ソフトバンク）の買収。これとて最初の一、二年は赤字を出したが、黒字に転じた。これからやっとひと息つけるときに、またしても社の存続にかかわるほどの大きな投資をすることになる。

さすがにソフトバンクの経営陣も「うーん」となった。孫の手腕は誰しも信頼している。しかし、ボーダフォン買収は容易に賛成できる問題ではなかった。

二兆円が必要だということは、交渉のなかでおおむね見えたが、手許にそんな大金はない。

最初は何社かの共同出資で、ソフトバンクも三〇パーセントくらい出す、という案も考えた。

「だって、お金がなかったからだよ」

だからといって、孫は諦めたか。

買収する、あるいは新しい仕事に取り組むというときに、自分がいま何を持っているかを考えて、やれる範囲のことをやる、そういった生き方は孫ではない。

「積み上げ方式の人生なんてつまらない」

孫の発想は、あくまではじめに「志」ありき。つまり、「デジタル情報革命をやりとげたい」という大きな志が先にある。

デジタル情報革命は、パソコンからはじまった。単体であったパソコンがネットワークにつながった。革命がそれで終わるものではないことを、孫は誰よりも早くから気づいていた。少なくとも一九九八年から九九年には、すでに孫の頭のなかに携帯進出計画があった。

「現在の携帯は、ほんの数年前のパソコンのCPUの能力があるわけです。さらに、三年後の携帯というのは、いまのパソコンより能力が上なんです。そう考えると、いま携帯を含めておれがやらないで、デジタル情報革命が完結できるのか」

いつでも、どこでも、誰とでも、どんな情報でもやりとりできるというようにしなければ、デジタル情報革命は進展しない。携帯抜きでは全体が成り立たない。

1・7ギガヘルツの周波数帯で携帯ネットワークをまったくゼロから自分で作るという計画もあった。ボーダフォン傘下でのMVNOという選択肢もあった。

しかし孫は、ついに人生の大勝負に出た。

孫は一九歳のときに「人生五〇か年計画」ライフプランを立てた。二〇代で自分の事業を興す。名乗りを上げる。三〇代で軍資金を貯める。四〇代で、ここぞという一発勝負に出る。大きな事業に打って出る。

このとき、孫は四九歳、まさにこの四〇代。心身ともに充実して、もはや後顧に憂いのないだけの資産もある。そこに気運が整ってきた。ドラマでいえばまさにクライマックスを迎えていた。

「いまこそ、人生の勝敗を決するとき。二兆円の買収をやってみせる。五〇代こそ、おのれのすべてを懸けて勝負を成功させる。志を完成させるときだ」

孔子は五〇で天命を知った。

孫は四九歳で知命を得た。

一〇年間で頂点に立つまで戦い抜く。まさに「一〇年戦争」である。

「しかし、ゼロから自分で1・7ギガヘルツの携帯をはじめて、自分で基地局の工事をやるとなると、基地局の工事だけで五年かかってしまう。一〇年戦争のなかの五年間が基地局工事だけで終わってしまっていいのか」

最初はユーザーが少ない。端末の種類も少ない。となると、さすがの孫も戦えない。

「自分の人生が元気なときにやれる間尺（ましゃく）のなかで、ぼくは時間を買うんだ。二兆円でぼく自身の時間を買えるのならば安いもんだ」

だからこそ、自信を持てるかどうかを厳しく問うてきた。

「ボーダフォンから引き継いだ顧客を一五〇〇万人のまま保てるのであれば、いちおうキャッシュフロー上、これまでの借金は返せる。だが、一〇〇〇万人に減ったなら、これはもうパンクです。二〇〇〇万人、三〇〇〇万人に増やせるなら大儲けです。一〇〇

○万人なら地獄を見る。一五〇〇万人ならまあ借金は返せる」

そこの瀬踏みにかかっている。

端末については数多くのアイデアがある。ソフトについても豊富なアイデアを持っている。営業については、顧客をとれる作戦がある。基地局については、どれだけ設備投資を増やせばいいのか。何局ぐらい増やせば戦えるレベルになるのか。

孫は可能な限り、詳細な計算、緻密なシミュレーションを行なった。料金が下がったらどうなるか、顧客獲得コストがいくらかかるか、設備投資はいくら投資すればどうなるか。固定費用が追加でかかった場合は？　ありとあらゆる組み合わせを三〇〇〇通り。これらの戦略を孫は詳細に計算した。その結論を出すのに、どれだけの時間がかかったのか。

「二か月です」

二〇〇六年二月、孫は腹をくくった。まさしく大戦略家としての本領である。

ソフトバンクが一〇〇パーセント株主。つまり、リスクは全部取る。なおかつ買収をしようと孫は決意した。

「ところでおれ、お金いくらあるんだ？」

孫は周囲に笑いながら訊いた。

志が先にあって、金はあと。お金のことは考えてはいなかった。

「志があれば、金は天下のまわりもので、なんとかなる」

孫は本気でそう思っている。

「上幅、下幅、メドをつけて計算する。自分に心底自信があれば、人を説得できるんです」

あらゆる難題を考え抜いているか。

「考え抜いていれば、金は調達できる」

ソフトバンクとしての手金を二〇〇〇億円用意できた。あと一兆八〇〇〇億円足りない。

「われわれは二〇〇〇億円だけ出して、出資比率は一〇〇パーセント。なかなか普通はありえない。厚かましい、でしょ」

大事なことは、うまくいかなかったときはソフトバンクが全部リスクを取る。

「この自信があれば、二〇〇〇億円の資金でも二兆円の買い物をして、かつ一〇〇パーセント将来のアップサイド（儲け）を取ることができる」

どういうストラクチャー（仕組み）なのか？

普通株式はソフトバンクが一〇〇パーセント株主だ。そして、優先株式（配当金を優先的に受け取れる代わりに、経営への参加権が制限される株券のこと）という形で、ヤフー・ジャパンとボーダフォンが数千億円ずつ出した。この優先株は劣後債のようなもので、金利相当分は払う。だが、事業が非常にうまくいっても、配当の上限は彼らの元本に対して金利相当分の六パーセント。つまり、上限が頭打ちにされている形で両社に出資させて、それ以外は銀行団が融資した。

「われわれが二〇〇〇億円出して、優先株でヤフー・ジャパンに一二〇〇億円、ボーダフォン側には三〇〇〇億円の優先株以外に、貸付金を一〇〇〇億円出させて、それ以外は銀行団から実質金利三パーセントか四パーセントくらいで調達した」

ボーダフォン自体はすでに一五〇〇万人のお客さんを持っていて、イビットダー（EBITDA）、実質的な営業キャッシュフローで年間三〇〇〇億円くらい稼いでいる。その携帯事業のキャッシュフローで銀行団には返済できるから、銀行団は問題なく融資してくれる。しかもその借金は、ソフトバンク本体の借り入れではなく、ボーダフォン・ジャパンの資産価値を担保にしたLBO（レバレッジド・バイ・アウト）としたので、ソフトバンク本体にとっては事実上のノンリコースローン（もともとは不動産用語。特定の事業に対する債務が本体に遡及しない形での融資のこと）となった。

つまり、議決権のある普通株式に当たる部分を二〇〇〇億円に設定して、そこは自己資金で一〇〇パーセント押さえてしまう。残りは普通株以外の資金調達方法を充て、借りた金や出資してもらった金に対してはあくまで金で返し、金以外のものはいっさい渡さないことにした。

これならソフトバンク側には、巨額の買収資金の返済義務がない。リスクを全部遮断し、なおかつ将来のアップサイドが一〇〇パーセントとれる。

「ソフトバンクの株主から見れば、実はものすごくいい理想的なディールですよね、顧客数を増やせる自信があれば。で、失敗したときは二〇〇〇億が吹っ飛ぶというだけで、うまくいったら何兆円もの価値が出てくる。でも、ボーダフォン・ジャパンの一五〇〇万人のユーザー、プラスそこからくるキャッシュフローというのは、逆に言えばそれだけの価値があったということです」

お金はなくても資金調達はできる。

孫の面目躍如である。

はじめに志あり。

二〇〇四年五月、日本テレコムを買収し、固定通信に参画した。

二〇〇五年一月二八日、孫は名門の福岡ダイエーホークス球団（現・福岡ソフトバンクホークス）を買収した。

「これからはコンテンツの時代」

ブロードバンドで流すコンテンツとして「野球」はずっと孫の頭のなかにあった。デジタル情報革命を推進していくためにコンテンツは大きな意味を持つ。

いまや、ソフトバンクは、世界をめざしている。孫の構想はさらに壮大なものになる。

「ソフトバンクは日本でナンバーワンになり、世界でナンバーワンになる。かつてのソニー、かつてのホンダ、トヨタ。これから世界のソフトバンクと言われるように頑張っていきたい」

二〇〇六年末現在のソフトバンクを見ておこう。

日本でのユーザー数は、ソフトバンクモバイル（現・ソフトバンク）の一六〇〇万人、Ｙａｈｏｏ！ ＢＢの五〇〇万世帯、ソフトバンクテレコムの六〇〇万世帯。

合計で毎月課金をしているユーザー数が、二七〇〇万人。孫は億の単位で「〇・二七億人」と呼ぶ。

「単位が億でないといやなんですよ」

ヤフーのユーザーが日本で〇・四二億人、中国が〇・三四億人だから、全部足して一億人。さらに世界でパートナーのボーダフォンが五億人、ヤフーが四億人、合計すれば九億人。双方を足せば一〇億人となる。

「われわれはでっかい一〇億人のユーザーに向けて、自社が開発した技術、ビジネスモデル、コンテンツを提供していく。でっかいビジョンで考えているんです」

一〇億人向けのサービス。一〇億人向けの企画。

「ひとつうまく当てれば、世界中に覇を唱えることができる」

それほど大きなビジョンだ。

二〇〇七年五月の携帯電話契約の月間純増数で、ソフトバンクモバイルがＮＴＴドコモ、ａｕを抜いて一位になった（ドコモが八万台、ａｕは一四万台、ソフトバンクモバイル一六万台）。

「ただ、われわれの五月は一六万ですけれど、プリペイドが四万減ってます。これは儲からないから意図的に減らしているわけで、その数を入れて一六万ですから、一般普通携帯の端末は実質二〇万増えている」

まだ、わずかに一か月間の一位であるが、これは孫が是が非でも達成したかった第一歩だった。

これまで十何年間、ずっと負けつづけて、負け戦の癖がついていた。ボーダフォン・ジャパンの時代、一位になったことは一度もない。その前のＪフォンの時代もない。負け犬で当たりまえになってしまっていた。

それがいま、一位になった。

「これは何かの前兆である！」

孫は素直に喜んでいる。

「ひょっとしたらやれるのではないか。一位になった、一回でも金メダルをとったら、またとれるかもしれないと思う。自信が出てくる」

これがもっとも大事なことだと孫は強調する。

「考えてみてください。社員、販売店の店員、ユーザーさんも、自分たちが沈みゆく船に乗っているのか、昇る朝日のごとく進む船の乗客や乗組員なのか、思い当たるはず。そう考えれば、一回の勝ちで活力がまるで違うものになる」

さらに、ソフトバンクとして一般消費者に向けてはじめて本格的にテレビCMを打った。ここでも一位をとったのだ。

番号ポータビリティがはじまった二〇〇六年一〇月から一二月、全業種のすべての会社のなかで、テレビCMの好感度ランキングが一位になった。つづく二〇〇七年一月から三月も一位、四月もまた一位になった。

七か月連続一位というのは、長年調査を行なっているCM総合研究所によれば、「奇跡的だ」という。それまで一般消費者には知られていないソフトバンクというブランドが、松下電器、ソニー、サントリーなど有名ブランドを全部抜いて一位だ。

毎月二〇〇社がテレビCMを流しているが、そのなかでの一等賞である。

「これも何かの予兆である」と孫は悪戯っぽい口調で言った。

だが、その眼は笑ってはいなかった。

孫はまさに、一〇年戦争という修羅を見据えている。

現在は、端末の品数、色数でもドコモ、ａｕを抜いて、ソフトバンクモバイルは断トツだ。

ＣＭもブランディングもいっきにさわやかにしていきたいと、孫は自ら端末のデザインをした。新製品発表会でも「スタイル」をキーワードにした。

新しくスタートした家族への通話が二四時間無料になる「ホワイト家族24」も好評だ。

「これから一年、二年、三年と、着々といろんなことを一番にやっていく。かならず感動できるもの、エキサイティングなものを出していきます。トータルで勝つ」


さて、ボーダフォン買収は成功だったのか。

資金面では、借入金二兆円のうちの一兆四五〇〇億円を短期借り入れから七年間の長期借り入れに切り替えられた。安心感が出た。収益性はどうか。携帯の部分だけで営業利益が一・七倍に増えた。

ユーザー数はどうだろう。年間純増が前年の四倍になった。

ソフトバンク全体の営業利益も二〇〇七年は二七〇〇億円。完全にＶ字回復。全分野の利益が好転している。経常利益もＶ字カーブ。格付機関の格付も上がった。

番号ポータビリティを無事乗り越えられるのか、という懸念に対しては、契約数が一五〇〇万から一六〇〇万に一〇〇〇万人増えた。さらに五月は一か月で実質二〇万伸びている。買収を発表してから一年間で一〇〇万増えて、五月は月二〇万だから、年間ペースにすれば実質二〇〇万。一五〇〇万人が一六〇〇万人になって、さらに年間二〇〇万人増のペースになりつつある。

買収前の、自分に自信が持てるか、という問いに対して着実に答えを出している。買収の成果が見えた。

これまで孫は思わぬ苦境に立たされたことがある。

二〇〇六年一〇月には契約用のネットワークが申し込みでパンク、さらに広告に対して競合相手から抗議を受けた。

公正取引委員会に〇円を強調した「予想外割」の説明を行なった。テレビCMなど広告宣伝の修正も決定した。

一難去ってまた一難。孫の奇襲作戦が理解できない社員が去っていったこともある。次々と難題が持ち上がってきた。

「何事も困難はあるものですよ。どんな一流のスポーツ選手でも、怪我をすることもある。しかし、彼らにはそれを乗り越えていける気力と底力、自信がある」

人生は、常に困難に遭遇する。

ＡＤＳＬのときも、個人情報の漏洩事件など、これまで幾度も大きな試練が訪れ、乗り越えてきた。

「『人生ゲーム』でも、火事や盗難など、不運なカードを引くじゃないですか、何回に一回かは。ラッキーとアンラッキーは、みんなに公平にやってくる。だから、実人生でもアンラッキーなときに、自分は世界一不幸だとか、ほんとうは実力があるんだけどとか、言い訳するのがぼくはいちばんいやなんです」

ときに社員を叱り飛ばし、自らも気を引き締めながら戦ってきた。

いまは激しい戦いの最中である。ともに戦う同志ならばこその叱咤激励なのだ。互いに乗り越えなければならない試練のときなのだ。そのときにこそ「またきたか」「任せろ」「乗り越えてみせるぞ」という気概が求められる。

たとえばリレー競技で、ビリでバトンを受け取ったときこそ「わくわくする」と孫は言う。自分の前を走っているランナーを追う。並ぶだけではない。かならず追い抜く。追い抜いて追い抜いて、ついには一番になる。そんな快感を孫は何度も経験してきた。

現在、携帯事業でソフトバンクが置かれている状況に似てはいまいか。

「二、三年でできることじゃないです。相手だって、二〇年近くかけてやっているわけですから。しかし、一〇年かけてやれないとしたら、自分に恥ずかしい」

基地局が足りない、お客が理解してくれない、ブランドがまだ浸透していない、営業網が、店数がまだ少ない。だが、言い訳はしない。

「すべてを一瞬にして解決することはできないけれども、できないはずがない」

不退転。志を固く守って、あとへ退(ひ)かない。仏教では修行によって達した段階から後退しない意でもある。

いままでの事業のなかでも、携帯事業はもっとも大きな戦いだ。競い合うライバルも大きな会社。金額も、顧客の数も、社会に対する影響力も絶大である。だからこそ孫は全精力を懸けて、勝ち抜くまで戦う。

「三番のまま死ぬのはいやなんです」

「圧倒的一番になる」

# 37 夢の実現

ボーダフォン日本法人（のちのソフトバンクモバイル、現・ソフトバンク）買収後のソフトバンクの快進撃を誰が想像できただろうか。

二〇〇七年八月、孫は五〇歳になった。

孫の「人生プラン」では、五〇代はいよいよ事業を完成させる年代だ。それに向けての準備は着々と進めてきた。

話はボーダフォンの買収前、アップルがｉＰｈｏｎｅを発表する二年前に遡る。

そのころ孫は、「もし自分が携帯電話事業に参入するのであれば、武器が必要」という思いを強くしていた。

世界最強の武器を創れるのは誰か。

「ジョブズしかいない」と孫は思い、すぐさま行動を起こした。

孫はジョブズに電話をかけて会いにいった。

スティーブ・ジョブズはアップルを世界的な企業にしたカリスマ経営者だが、激しい性格と発言で「衝突」を繰り返し、創業者でありながら会社を追われたこともあった。

奇跡の「復帰」を遂げたジョブズはその後、iMac、iPodといった革新的な商品を世に送り出し、世界の人々の「ライフスタイル」を一変させていた。

孫は自ら思い描いた、モバイル機能を加えたiPodのスケッチをジョブズに渡した。

ジョブズは言った。

「マサ、それはいらないよ。自分のがあるから」

「まずいスケッチのことなんかどうでもいいけど、あなたの製品ができあがったら、日本向けのもの（権利）は私にください」

するとジョブズは孫に応じた。

「マサ、きみはクレージーだ。開発のことはまだ誰にもしゃべってないんだぞ。だけど、最初に会いにきてくれたきみにあげよう」

「あなたが約束を守ってくれるなら、私も日本のキャリア（通信事業者）をつれてくるから」

そう答えた言葉どおり、孫は二〇〇億ドル（約一・七五兆円）を投じてボーダフォンを買収した。ジョブズとの約束を果たしたのである。

二〇〇八年七月一一日、アップル社のｉＰｈｏｎｅ３Ｇをソフトバンク（現・ソフトバンク）が取扱い開始。その勢いもあって契約数は激増し、二〇〇八年から二〇一三年の六年間にわたって契約純増数一位をつづけた。

仕事一辺倒のように思われていたジョブズだが、意外にも良き家庭人としての一面もあった。とりわけ晩年は家族との生活を大切にした。自宅のあったカリフォルニア州パロアルトでは、忙しい時間を割いて、保護者面談や授業参観、仮装行列のパレード、募金活動など、夫婦揃って子どもたちの小学校行事にも参加した。黒のＴシャツにジーンズというおなじみのスタイルのまま、自転車で子どもを送り迎えしたこともある。

ジョブズは闘病生活の末、二〇一一年一〇月五日、亡くなった。孫は語っている。

「昔の時代で言えば、レオナルド・ダ・ヴィンチが当時の芸術・技術の最先端をリードしたが、（ジョブズは）そういう人物だ。その偉大な功績は、ずっとずっと後世に語り伝えられていくと思う」

孫はジョブズの類まれな才能に対してはむろんのこと、その人格にも深い敬意を払っていたのである。

デイジー（ヒナギク）やひまわりなどの花が咲き乱れるジョブズの邸宅の前には、主(あるじ)

の帰りを待つように、シルバーのベンツ、スポーツクーペが停められていた。

ジョブズの死から二年後の二〇一三年一〇月二一日、孫はかけがえのない人物を亡くした。笠井和彦である。享年七六。

「笠井さん、さみしいです。ほんとうにさみしいです」

孫の悲しみは深い。

二〇〇〇年六月、安田信託銀行（現・みずほ信託銀行）を退職した笠井を、孫は「ぜひ、私どもを応援してください、支えてください」と三顧の礼を尽くしてソフトバンクに招いた。笠井は六三歳でソフトバンク取締役として入社。笠井がソフトバンクに入社した直後、ネットバブルが崩壊。ソフトバンクの株価は一〇〇分の一になり、業績も悪化した。「ほんとうに申し訳ないと思った」と孫は振り返る。

二〇〇五年には福岡ソフトバンクホークス社長兼オーナー代行に就任。ソフトバンクの大番頭として、孫を支え励ましつづけた。

二〇一三年一一月一八日、東京のホテルと福岡ヤフオク！ドーム（現・福岡ＰａｙＰａｙドーム）で行なわれた「お別れの会」には約二五〇〇人が参列した。最初に弔辞を読んだ孫は、ときおり声を詰まらせながら遺影に語りかけた。

笠井がソフトバンクに在籍した一三年間は、まさに劇的な進化、飛躍を遂げた時期であった。Yahoo!BBがはじまったとき、赤字が四年つづいた。笠井は「大丈夫です、いけますよ。いきましょう」と孫を励ました。赤字から脱却し、これからさらに進んでいこうというときに、孫は笠井に相談した。インターネットはパソコンからケータイに移っていく。

「インターネットがわれわれの本業ですが、これをやっていくためにはパソコンのインターネットだけではだめだ。どうしてもモバイルにいかなきゃいけない、と。そうぼくが相談すると、『同感です、いきましょう』と言って、いっしょに腹をくくってくれました。そのためにはわが社にはブランドが必要だ。プロ野球の球団を買いたいんだ、ということを相談したら、笠井さんは『わかりました』と答えてくださいました。普通であれば、やっと赤字から脱却したばかりのわれわれが、そんな思いを描くというのは、分不相応だったと思います。でも、笠井さんは、『いきましょう』と言ってくれました。そしてホークスを買収し、われわれの傘下に収めることができました」

「いよいよそのあと、携帯電話事業への参入をめざしました。そこで、自力でゼロから作るのか、それともボーダフォン・ジャパンを買収すべきか。私としては当時、いろいろな銀行にだいぶ心配をかけているし、五〇パーセントをソフトバンクが持って、残りはいくつかの会社に持ってもらいましょうか、そのほうがリスクが小さくていいですよね、と相談しました。笠井さんは、『いや、私は五〇パーセントは反対です。どうせ買うなら一〇〇パーセントでいくべきだと思いますよ』と言ってくれたんです」

孫は、笠井から一度だけ強烈に反対されたことがある。

「リーマンショックの少しあとで、わが社の株価もぼろぼろになって、ぼくも全財産を失う、会社自体もかなりやばい、というときに、『まあしかし、業績はいいんだから大丈夫ですよ』と、逆に励ましてくれました。その後、少しリーマンショックが収まって、業績もさらに良くなりました。ぼくとしては株価が上がったり下がったりすると、株主の皆さんにも心配をかけるし、アナリストやジャーナリストへの説明もいろいろと面倒くさい。もういっそのこと、上場を取りやめて、私が個人で会社を背負おうか。そういうふうにも思うんです、と相談したときに、『絶対にそれは反対です』と、止められました」

笠井は孫に言った。

「たしかに業績は非常によくなっていたので、株式上場を取りやめて、個人会社に戻す。その資金の調達は可能ですよ。なんとかなるでしょう。でも社長、いいんですか、そんなことで。そんなことでいいんですか。ソフトバンクはもっと世界に大きく羽ばたいていかなきゃいけないんだ。だからそんな煩わしさとか、そんな面倒くささで、われわれの夢をちっちゃくしていいんですか」

孫は言う。

「いま思い起こせば、もしあのときに笠井さんが止めてくださらなかったら、その後のスプリントの買収も無理だったでしょう。その後のさらに大きな夢を描くという勝負も無理だったと思います」

心を開くことができる数少ない人物を失った孫の喪失感は、誰にも察することはできない。だからこそ孫は夢の実現に、いのちをかける。

安田信託銀行（現・みずほ信託銀行）の行員だった後藤芳光（現・ソフトバンクグループ取締役専務執行役員CFO兼CISO兼CSusO）は、二〇〇〇年六月、笠井と同じソフトバンクに入社。笠井を「人生の師」と仰ぐ後藤は、『プレジデント・オンライン』二〇一四年三月一三日号のインタビューでこう語っている。

「出会いは衝撃的でした。経営危機に陥った安田信託銀行を立て直すため、富士銀行が送り込んできたトップが笠井さんでした。笠井さんは最初の挨拶で、手を後ろに組み、我々の目をみて、自分の言葉で激励しました。銀行のトップといえば、用意された原稿を読み上げる人ばかりだったので、行内の士気は一気に上がりました。実際に、笠井さんは徹底した現場主義でした。融資でも不動産でも、営業先に同行して、猛烈な人脈でトップセールスをする。強烈なリーダーシップを持っていました」

その笠井に後藤は誘われた。「来るか？」とだけ訊かれ「はい、行きます」と即答した。笠井がソフトバンクに入ると報じられていたので、その意味を後藤は即座に理解した。後藤は笠井とソフトバンクに向かう車のなかで話を交わしていた。「ぼく、経営戦略とかコンサルは自信あるけど、英語できないっすよ」と後藤。「いや、英語はいらんと聞いてる」と笠井。「かちっとした事務管理とか全然できませんよ」と後藤。「いや、そういうこともやんないよ、きっと」と笠井。「じゃあ、何するんですか」、「うーん、なんか社長室付きらしいぞ」。

ソフトバンク（当時の本社は東京・日本橋箱崎町）の社長室で、孫は後藤を見るなり言った。

「良い眼をしていますね。じゃあ、笠井さん、後藤さんを採用しましょう」

面談はそれで終了。後藤は拍子抜けした。

こうして後藤はソフトバンクに入社。部員はゼロ、後藤は財務部を一から作り、いまでは「日本一の財務」と言われるまでに堅固なものとした。再び『プレジデント・オンライン』二〇一四年三月一三日号のインタビューから引く。

「（笠井さんは）ソフトバンクに転じてからは、一歩引いた『参謀』の役割を自任されていたと思います。役員会議での発言は多くない。しかし一言に重みがあります。いつもポジティブで、どんなにつまらない話でもニコニコして聞いてくれる。だから珍しく否定的なコメントをしたときには、大きな影響力がある。去年（二〇一三年）後半は車椅子で会議に出ていました。『無理はしないでください』とお願いすると、笑いながら『まだおまえらにはできない仕事がある。わしがおるだけで仕事になってるじゃろ』と」

この頃、スプリントの買収で円相場の変動を見事に読んだ笠井が、為替ヘッジ（為替相場の変動による外貨資産の円ベースの価値の変化を回避）することで実に四〇〇〇億円もの出費を抑えたことは、いまでも社内で語り草になっている。

ボーダフォンの買収、スプリントの買収などで「攻めの後藤」といわれ、多くの大型案件を成功に導いてきた後藤は言う。

「私のテーマはひとつですね。日本一、経営にシンクロできる財務、それをめざしているわけです。うちの経営というのは、社長以下がいろんなオポチュニティー（好機）を見つけてくるわけですよ。企業価値を高めるための買収案件もそうですし、新規事業もそう。ロボットにはびっくりしちゃいましたけどね。とにかくいろんなビジネスチャンスをもってきて、そのすべてをオポチュニティーとしてとらえる」

だが、ひとつひとつ考えるとお金のかかる話が多い。

「普通の会社だったら、何千億円かかるという瞬間で、それ、やめておけってなる。ところが、ぼくらはまずそれを経営といっしょだと考える。その企業価値を高めるチャンスを出せないかと、真剣にかつ誰よりも早く考える、そういう財務でね、常に経営と同期をとって考えていく」

後藤にとって大切な笠井の言葉がある。

「結果に耐えうる仕事をしなさい」

普段やっている仕事は結果に耐えうる努力か。仕事はウソをつかないということ。結果なしできれいごとを言うな、という厳しいメッセージでもある。

「だからといって結果がすべてだってことではなくて、結果に耐えうる仕事をしていれば、結果はついてくるということだと思うんです。それを常に自問自答しています。笠井さん、見ていてください、と」

求めている結果に耐えうるだけの努力をしているのかどうか。易(やす)きに流れてないか。

後藤は一橋大学の社会学部に、阿部謹也の授業を受けたくて二浪してまで入学した。阿部は『「世間」とは何か』『ハーメルンの笛吹き男』など数多くの著作で知られ、のちに一橋大学の学長も務めた日本を代表する歴史学者である。

後藤は「落ちこぼれ」と自ら称する。大学時代はジャズの演奏と塾のアルバイトにあけくれ「ほとんど勉強をしなかった」。

将来の進路を決めかねて阿部に問うた。

「どんな仕事をすればいいでしょう?」

阿部は答えた。

「あなたがそれをしなければ、死んでしまうことをやりなさい」

その言葉に大きな衝撃を受けた。以来、後藤は「人と関わる仕事をしようと銀行の営業」に就き、自分なりに懸命に働いた。

「自分がこの仕事をしなければ死んでしまうという仕事に出会えたかどうかは、まだわからないんです。でも、そう思っている人を見つけた」と後藤は言う。

「それが孫さん」

笠井も同じ考えだと後藤に言った。

「あれだけ純粋に仕事に打ち込んで、その思いは大きくて、スピードも凄い。日本はむろん、世界でもあれほどの経営者はいない」

二〇一一年夏、スプリント買収について、笠井と後藤は孫に呼ばれた。

「本気で勝負しようと思うけれど、できるか?」

孫が訊いた。

笠井は自分では答えず、後藤に促した。

後藤は答えた。

「できます」

二〇一四年一〇月、笠井亡き後、福岡ソフトバンクホークスの球団社長（前年一〇月に社長就任）になった後藤は、「ホークスが日本一」になったことを遺影の前で報告した。ヤフオクドームの「笠井の遺影」はいつもの穏やかな微笑だった。

笠井和彦に登用された人物がいる、藤原和彦(現・ソフトバンク取締役専務執行役員兼CFO)だ。藤原は二〇〇一年四月に公募でマツダからソフトバンクに移ってきた。マツダでは経営管理を経験した。異業種の人とともに新しいビジネスを起こして赤字の会社をどう立て直すかに力量を発揮してきた。アメリカ式ビジネスの厳しさを徹底的に身につけた。

USCPA(米国公認会計士)の資格を持ち、TOEICは九〇〇点以上。藤原はファイナンスの領域で「より、大きな舞台でチャレンジしたい」と考えた。四一歳のときだ。

ソフトバンクが世界に展開する関連事業を統括する部署を立ち上げるための人材として採用された。藤原が最初に行なった仕事は、世界中の投資に対する分析を孫に報告することだった。

入社早々、投資先の整理が必要だと孫に説明しなければならなかった。今後の予測を整理してみると、一〇〇〇億円以上もかかるし、大きな損失を被ることになるという結果が出たのだ。

孫が思いを込めて手がけた案件に「やめるべきだ」と提言しなければならない。孫の反応が不安だった。

笠井の助言はこうだった。

「ストレートにいきなさい」

藤原はその言葉に従った。

孫は言った。

「よう損したな」

藤原は驚いた。自分の意志決定を改めるべきだと素直に認めてくれたのだ。普通、自分自身が手がけたもので損したとなると、その損を取り戻そうと、ますます深みにはまってしまう。

だが、孫は過去の失敗に捉われない。常に未来を見る。

その後も、業績を報告するたびに、孫は口癖のように言った。

「おれは会社を運転するドライバーだ。バックミラーに映る景色はわかった、後ろはもういい。フロントガラスに映る景色を見せてくれ」

未来予測では最低でも三つほどシナリオを用意する。当たるとはかぎらない。重要なのは未来を描いてみること。

「外れたときには悔しい。なぜ外れたかを考える」

次は当ててやろうと思う。毎日、何度も繰り返すことで数字への感度が高まる。事業への向き合い方が変わると藤原は言う。

孫は常に五年後はどうなるか、三〇年後はどうなるかを考える。

重要なのは未来。「迷ったときは遠くを見ろ」と孫は言う。

大型買収を検討するときも、過去の実績や現在の企業価値は決め手にはならないのはいうまでもない。

「孫社長は剣道をやっていたので、（一度に複数の相手と行なう）地取り稽古と同じで四方八方が相手なんです。そういう感じで会社のなかでもやっている状態ですから、いいものならもらった、という感じになるんですね。納得いかないと、『なんでや！』と孫さんから本気でやられるんで、そこはそんじょそこらの覚悟じゃできない。だから社長が本気で受け止めると、それは非常に大きな喜びになるし、社員のモチベーションになっている」

笠井は藤原に仕事とは何かを教えた。

藤原は孫に「社長、そうするとこうなりますよ」と報告していたが、笠井はこう言ったのだ。

「藤原君、社長に何か申し上げるときは、傷口に塩を塗るつもりでやりなさい」

痛む上に塩を塗るとは、悪いことの上に、さらに悪いことをあえて起こせということだ。そこまでの覚悟がないといけないという教えだった。

藤原はソフトバンクの新料金プランや「自動車業界では当たり前」の割賦販売のアイ

デアも打ち出した。

日々の数字を見ながら、どこを改善するか。営業の数値、管理部門の数値、ネットワーク投資資金の調達、携帯ビジネス全般の経営課題など。藤原は孫と本気で「勝負」することができる。それはみなが「夢を実現する」という同じ志を共有しているからだ。

藤原は立場上、「コンサバ（保守的）」と呼ばれている。だが、古くからの友人は言う。

「楽天的で、ラテン系の男だ」

猛将の下に弱兵なし。藤原もまた、猛者である。

二〇〇八年九月、リーマンショックが起き、株式市場は大打撃を受けた。ソフトバンクも例外ではなかった。

第2四半期の決算説明会を一二日後に控えていた一〇月二四日、孫は藤原と経理の責任者である君和田和子（現・ソフトバンクグループ常務執行役員）を呼んで言った。

「決算発表を一週間早めようと思うがどうだろう」

一一月五日の予定を一〇月二九日にするという。しかも、残り半期か一年分といった通常の業績予想でなく、二〇一〇年三月期までまとめて発表する。

「前倒しにするぞ」と孫。

「とにかくやれ」と強く言う孫に対し、「いえ、それはできません」と藤原。「できない、じゃない。やるんだ」と孫。

それまで、ソフトバンクは予想利益を公表していなかった。普通は予想利益を公表するところを、ソフトバンクはしていなかったのだ。

公表していた他の会社は、リーマンショックで景気がどん底に落ちるからと、予想利益を発表したあとに取り消すとか、下方修正するとか、予想そのものが出せない状況になっていた。孫は語る。

「われわれは逆で、予想を発表していなかったのを、今年の予想利益だけでなく、来年の利益まで出した」

二年分発表する会社はどこもないだろう。

「信用不安のどん底のところで、発表を早めただけでなく、出していなかった予想を出し、なおかつ二年分も出した」

それだけでなく、孫はフリーキャッシュフローの予想、借入残高の予想まで出した。

「そこでやったので、われわれに対する金融不安が収まった」

株価は決算説明会の前日を底値に、力強く反転してゆく。

ソフトバンクは快進撃に転じた。

かつて後藤は孫の発言に「間違っている」と言ったことがあった。それを聞いた笠井が言った。

「まあまあ、みとれ」

笠井はけっして否定はしない。受け止めて、走らせてみる。ほかの人とは違う。

笠井は「結果に耐えうる仕事をしなさい」と言った。その解釈は年分とともに変わってきた。それはセクショナリズムに陥るなということだといまは後藤は解釈している。

「体操の床演技ではないが、社長に自由にやってもらう。ただし、マットの外に出てはいけないので、そのときははっきりと申し上げる」。いつも柔和な表情の後藤だが、孫に直言できる剛胆な精神を持つ。

二〇二〇年六月二五日、第四〇回定時株主総会で、孫は言った。

「後藤君にはいつもぼくは叱られながら『社長、もうそんなにお金ありません』と言われるが、彼がいなかったらソフトバンクグループは大変苦しんでいたと思う。心から感謝をしている」

二〇二〇年八月の決算発表で、孫が「防御とは、すなわち現金」と発言した。

後藤によれば、「孫は攻めと逃げも速い。日本の経営者は撤退を恥ずかしいと考える」。

後藤はつづける。

「三〇兆円ある資産のなかで、一兆円や二兆円は実験レベル」

つまり、上場株の投資については、ソフトバンクグループの余剰資金の運用とソフトバンクグループの保有資産の多様化を目標としたものだ。今後、ソフトバンクグループが投資会社として大きく成長するために、上場株に投資していく。ただ、これは現時点では実験的にやっている。全体三〇兆円の資産に対して上場株投資（一兆円や二兆円）は実験レベルという意味である。

孫は攻めと逃げも同時に行なう。

笠井亡きあと、いまや後藤は孫の夢を実現させる欠かせない存在である。

福岡ソフトバンクホークス球団社長でもある後藤は言う。

「どうすれば世界一と呼ばれるようになるのか。仕組み作りが必要で、検討を進めているところだ」

二〇二〇年、四年連続日本一の圧倒的な強さの福岡ソフトバンクホークスがメジャーリーグと世界一の決戦をする日は、そう遠い日ではない。

# 38　三〇〇年先の未来

ツイッターが急速な広がりを見せていた。

二〇〇九年一二月二四日に孫が開始すると、たちまちフォロワー数が爆発的に増えた。

社員から、さまざまなビジョンがツイッター経由で寄せられた。

孫がツイッターを「外脳」と言ったことに対しフォロワーから「合脳」でもある、という提案が寄せられた。

二〇一〇年六月二五日、孫は「ソフトバンク新三〇年ビジョン」を発表した。

情報革命で人々を幸せに。

世界のトップ一〇企業になる。

時価総額二〇〇兆円規模。

グループ企業を現在の八〇〇社から五〇〇〇社にする。

三〇〇年成長する企業。


二〇一〇年七月二八日、東京・汐留（当時）のソフトバンク本社二五階。

社員食堂のあるフロアからは、浜離宮恩賜庭園を一望することができる。

この日、ソフトバンク・グループの後継者の発掘・育成を目的とする学校、ソフトバンクアカデミアが開校した。

会場に現れた孫は受講希望者たちの拍手に満面の笑みで応えた。

第一期生は内部生二〇〇人でスタート。翌年四月に二期生として外部から一〇〇人が加わり三〇〇人となった。二〇一〇年度の内部生は半期で下位一〇パーセントを、その後は一年で二〇パーセント入れ替えている。

この日、孫が特別講義に使ったのは『孫の二乗の兵法』だ。

二〇代後半、闘病生活を送っていたとき、中国春秋時代（紀元前七七〇～前四〇三）の武将・孫武が著したとされる兵法書『孫子』に孫がオリジナルの言葉を組み合わせたのが『孫の二乗の兵法』である。二五文字からなる文字盤に表した経営指針を表した。

孫は中長期の戦略を考える際、かならずこの二五文字の要因にマッチしているかどうか自問自答してきた。

各文字は以下の通りだ。

道天地将法（どうてんちしょうほう）〈理念〉

『孫子』の始計篇に出てくる言葉。戦いに勝つための条件。

道　情報革命で人々を幸せに。

天　天の時、タイミング。

地　地の利。インターネットの中心がアメリカからアジアに移りつつある。

将　優れた将を得ること。

法　方法論、システム、ルール作りのこと。

頂情略七闘（ちょうじょうりゃくしちとう）〈ビジョン〉

頂　ビジョン。登る山を決めて、山の上から見た景色をイメージする。

情　情報収集。

略　ビジョンを達成するための戦略。

七　勝率七割で勝負を仕掛ける。

闘　闘って初めて事を成す。

一流攻守群（いちりゅうこうしゅぐん）〈戦略〉

一　圧倒的に一番になること。
流　時代の流れに逆らってはいけない。
攻　攻めること。
守　守ること。
群　同志的結合。

智信仁勇厳（ちしんじんゆうげん）〈将の心得〉
智　知力を持つこと。
信　信義や信用を持つこと。
仁　仁愛を持つ。
勇　勇気を持つ。
厳　厳しさを持つ。

風林火山海（ふうりんかざんかい）〈戦術〉
風　すばやく行動する。
林　静かに実行する。
火　徹底的に実行する。

山　動かないこと。
海　海のようにすべてを飲み込んだ平和な状態になってはじめて戦いは終わる。

アカデミアで育てられるリーダーは三〇〇年成長しつづける組織、中央集権型ではない、ウエブ型の組織を形作っていく。

孫がアカデミア生に強調したのは、

「金も名誉もいらない。ただ人に志を残したい」

フォロワーからの「電波改善」などの要請には「やりましょう」とリツイート。また折しも、NHK大河ドラマで『龍馬伝』が放映され、龍馬ファンの孫は龍馬を話題にツイート。二〇一一年四月にはフォロワー数も一〇〇万人を突破し、日本一になった（二〇二一年二月二〇日現在、二八一万三三七二人のフォロワー数）。

フォロワーのひとりから「ソフトバンクの社員食堂体験」イベントの提案を受けると、それを孫がリツイートした。「青野君、やろう。月曜日までにコメントお願いします」。

青野史寛（ふみひろ）（現・ソフトバンク専務執行役員兼CHRO）の名は全国区になった。

青野が孫とはじめて会ったのは二〇〇四年六月。

当時のソフトバンクは社員数、約一七〇〇人。Ｙａｈｏｏ！ＢＢの事業拡大のため、三〇〇〇人の採用をめざすという一大プロジェクトを進めていた。

青野はリクルート社のコンサルタントとして採用を手伝った。

新卒二〇〇〇人、中途採用一〇〇〇人。だが青野は、半分は一年間でやめてしまうと思った。当時のソフトバンクには大量採用に耐えられるだけの十分な教育体制がなかった。そのことを担当者に伝えた。すると青野は直接、孫と会うことになった。

そのときの孫とのやりとりを、青野は『ＰＲＥＳＩＤＥＮＴ』（二〇一四年八月四日号）で次のように語っている。

スリッパ履きのワイシャツ姿、名刺交換もない。孫はいきなり言った。

「で、なんだっけ？」

青野は孫に大量退職のリスクを伝えたうえで言った。

「新人をフォローアップする仕組みを整えれば、このリスクはリーダーシップを持った人材を作るチャンスに変わります」

孫は「それはいい」と同意して、大型契約を交わした。その最後に孫はこう言った。

「それほどやりたいなら、そっちの側ではなく、こっちの側でやれ」

「やるべきだとは言いましたが、やりたいとは言っていません。移る気はありません」

その後、孫から再度面談の要請を受け、「地球が逆にまわっても、移ることはありませんから、それでもいいなら」と青野は了承した。

開口一番、孫は言った。

「三〇〇年後の世界をどう見ている？」

「いまの世の中、おかしいと思わないか。それを変えていくのは政治家か官僚か。ビジネスという世界から変わる。じゃあ、それができる経営者は誰だ」

孫はたたみかけた。

青野は答える。

「孫さんかもしれません」

孫は力強く答えた。

「そうだ、おれが変えていく」

そして孫は真顔で言った。

「おまえをやっと見つけた。うちにきて、人事をやれ。八〇〇社を預ける。世界を変える、おれの夢に乗れ」

青野は即答した。

「乗ります！」

その間、わずかに三〇分。こうして、青野は初代人事部長、部員は青野ひとり。グループ全体の人事をゼロから作ることになった。

以来、青野には新しいテーマが次々と舞い込む。

「世界で一番大きな構想を持つトップに仕えるのだから仕方がない」

青野は豪快に笑う。この屈託のない笑いに多くの人が惹きつけられる。むろん孫も。

青野の人事採用やリーダーを見極める眼は、長年の体験に裏打ちされている。

ボーダフォンや日本テレコムを買収したとき、青野が最初にやったことは「心技体」の融合である。

「『体』から入るのがポイントです。就業規定、就業時間、休憩時間を合わせる、あるいは働き方、場所、システム融合という物理的な部分。『技』の部分は、お互いのいいところ、スキルなどを奪いあう。次に大事なのはひとつ同じものをめざす『心』。ここまでいけば合併がうまくゆく」

これらに対してピンと来るかどうか。誰に任せれば実現できるか。いっしょに仕事している時間も少ない。よくわからない。それらをリーダーは用意したプレゼンのなかから感じ取って決める。青野は言う。

「あるタスク（仕事）をやるのに対して、やはり、信頼されるというのはものすごく嬉しいことだ。そのことを私は実感として感じてきた」

青野は父を三歳のときに亡くした。「中卒で働くつもりだった」が奨学金とアルバイトで高校まで進学。「三六五日、働いた」。高校卒業時に一冊の本と出会う。三菱商事広報室が著した『時差は金なり――内側から見た総合商社』。「ひとりの人間がこんなことができるんだ。おれもやりたい」と猛勉強。難関の慶應の経済学部に進学する。大学時代にアルバイトをしたのが、リクルートだった。入社後はリクルートの創業者、江副浩正の秘書を務めたこともある。リクルートに入社したのが創業二五年目、ソフトバンクに入社したのも創業二五年目。

「リクルートの一〇年間はそのための練習だったような気がする」

いま、本番。青野の出番は、多い。

二〇一一年三月一一日、東日本大震災が起きた。地震とそれに伴って発生した津波、福島の第一原子力発電所の事故。

東京の本社で会議中、ビルは大きく揺れた。孫はテレビのニュースで「眼の前で津波が押し寄せる状況を見て呆然となった」。

孫は大きな衝撃を受けた。

「自分にできることは何か」

ソフトバンクはさまざまな復興支援を行なった。

孫は三月二二日、福島の避難所を訪れた。

「もう少し電波がつながっていれば、助かったいのちがあったのではないか」

孫は自問して痛感した。通信網の整備は社会的な使命だ。

情報＝ライフライン。

携帯のつながりやすさをさらに推進するだけでなく、孫は大きな決断をした。

「創業以来、自分の本業とまったく関係のないことに手をそめる考えはなかった。本業は情報革命。でも、かたや目の前で嘆き悲しむ人たちが大勢いるなかで、われわれだけが利益を出しつづけていいのか。非常に疑問がわいた」

孫個人として、一〇〇億円の義援金を寄付した。

会社の定款を変更、役員の猛反対を押し切って、SBエナジー社を設立。

「電力はほかの方法でもいくらでも作れるのに、要はお金の問題で、原発に頼らないと安く電力を安定的に供給できない」

この百年くらい人間はエネルギーを求めて戦争をしてきた。次の百年もエネルギーを求めて戦争がないとも限らないほど重要な問題である。

「原子力にも大きな問題がある。すると自然エネルギーを活用する新エネルギーに切り替わっていく」

孫は明解である。

東日本大震災の後、孫はソフトバンクアカデミア生のひとりの男のプレゼンに注目した。

ソフトバンクアカデミアは、ソフトバンク・グループの後継者を育成する目的で、ソフトバンクのグループの内外から受講者を募って開いた学校だ。

三輪茂基(しげき)(現・ソフトバンクグループCEOプロジェクト室長・SBエナジー社長)。当時、三輪は三井物産の社員で、ソフトバンク・グループ外からの受講生であり、アカデミアの一期生だった。

敏腕商社マンとして、グローバルなM&Aを資源ビジネスの世界でやってきた三輪は、エネルギーについて熱く語った。「通じる」英語力にも孫は注目した。なにより、孫は三輪の情熱に心を動かされた。未来を託すことができる。

「おれの近くにいて、いっしょに飛びまわれ」

孫は言った。

「ありがとうございます」

三輪は素直に答えた。

三輪は二〇一一年一〇月三一日に三井物産を退社、翌一一月一日にソフトバンク入社。

三・一一のときは三井物産の大手町の本社で会議中だった。ビルが崩壊する恐怖感を味わった。三輪は言う。

「その体験から人間の有限性を感じた。同時に何を大事にして生きていくべきかをも考えさせられた」

孫は三輪に問うた。

「ロックフェラーの偉大なところは何だ」

「石油です」と三輪。

「違う」と孫。

「ロックフェラーは、石油が出る土地を押さえたからすごいんだ」

孫はゴビ砂漠の一番風力のいい土地を二二万ヘクタール押さえた。東京都と同じ広さ。世界で一番いい風が吹く。

三輪は実際にゴビ砂漠に行って感じた。

「砂漠というより土漠ですね。土があるところもあるし、草木もあるし、砂ばかりという感じではなかった」

孫は一〇〇年、二〇〇年、三〇〇年先を見据えている。

「孫さんは常にいつも仕掛けて、構えを作って待つ。そこに大義があれば人はついてくると考える」

三輪は孫の理念を改めて知った。

二〇一二年の年末、シリコンバレーにいる孫から三輪に三行のメールが届いた。

「天然ガスを使ったクリーンな発電システム。おもしろい。検討しろ」

三輪は直ちに、現地に飛んだ。ＩＴ産業だけでなく、次世代エネルギーの開発もシリコンバレーが担う時代がきていた。

二〇一三年五月に、ブルームエナジージャパン設立。

二四時間三六五日安定して発電ができる。しかもガスを燃やすのではなく電気化学反応による発電だから，クリーンで二酸化炭素の排出も抑えられ、発電効率も高い。

芸術家志望だった三輪は、鋭い感性と旺盛な知識欲と行動力で、孫の命を受け、世界を飛びまわっている。

「孫さんの頭のなかに宇宙がある。異なる種類の配合だと思うんですよ。ありとあらゆるもののカオス（混沌）を入れてコスモス（秩序）を作る。そこにソフトバンクの新しいダイナミズムを生んでゆく。何かのプロダクト（製品）とか何かのフィールドじゃなくて、将来はソフトバンクそのものがシリコンバレーになるってことを意味します」

孫は二〇一三年一月のＮＨＫのインタビューで、「シリコンバレーで新たなビジネスモデルを創造していく」というビジョンを語っている。

「あらゆるものがシリコンバレーを中心に発明され、再定義されている。アメリカを制するというよりは、ほんとうはシリコンバレーを制するイメージ。そのシリコンバレーで最先端のものを作ってまとめ上げて、インテグレーション（統合）していけば、世界の人々がもっとも求める次の時代の製品ができる、サービスができる」

携帯電話事業に取り組んで六年。ある程度の戦い方がわかり、手応えを感じた時点で、孫は早くも「少し心がマンネリ化しはじめていたと自分で反省」していたのだ。

二〇一二年五月二二日、世界一高い六三四メートルの自立式電波塔「東京スカイツリー」（東京・墨田区）が開業した。

その年の一月、孫はヤフーの事業統括本部長だった宮坂学（まなぶ）を孫の執務室に呼んだ。メールでの突然の呼び出しに宮坂は不安感に襲われていた。

「叱られるんだと思って行きますよね、普通。褒められたことないですからね。おまえよくやったなんてことなかった。何かすごく怒られるんだろう」

これまで孫が陣頭指揮をとるＴＶＢａｎｋ（動画コンテンツの調達・企画・開発などを担う事業）の会議で、ヤフーの責任者として孫から厳しい口調で問い詰められた経験がある。

直接、孫と話すのははじめてのことだ。

孫は用件を切り出した。

「おまえがヤフーの社長、やるべきだと思うよ」

孫の言葉に宮坂は驚いた。

これは前年の二〇一一年一〇月二六日に行なわれたソフトバンクアカデミアでのプレゼンが引き金になっている。

この日は選抜された受講生によるプレゼンテーション大会が予定されていた。校長である孫や事務局長を務める青野の前で、新規事業を提案することになっていた。

受講生のひとりが前代未聞の発表を行なった。MOTTAINAIというローマ字と笑顔の黒人女性の顔がスクリーンに映し出された。「モッタイナイ」運動と呼ばれる環境運動で、ノーベル平和賞を受賞したワンガリ・マータイというケニア人女性である。

受講生はこう切り出した。

「いまもっともモッタイナイと思っているのはヤフーの経営体制です」

スマートフォンなどの地殻変動に追いついていない、実にモッタイナイ。

「ヤフーはもっと成長できるはず」と受講生（元ヤフーの社員）は言った。

「ううむ」孫は短く唸った。

ただちに孫は周囲の意見を訊いた。

そして孫は宮坂を呼んだのだ。

「いろいろ周りの話を聞いたら、おまえがいい、というやつが多い、おまえって幸せだよね」

これまで、ヤフーはカリスマ経営者といわれた井上雅博（ヤフー第二代社長。故人）によって、急成長を遂げてきた。だが、このところ、「守りに入っている」という意見が出るようになっていた。

宮坂は孫に答えた。

「まあ自分に務まるかもわからないですし、一晩だけ考えさせてください」

一晩考えても、一週間考えてもたぶん答えは同じだと思いながらも、宮坂は「お時間をください」と孫に言って退席した。

宮坂の腹は決まっていた。珍しく妻にも伝えた。

「会社を元気にすることはできるかもしれない」

宮坂はヤフーの社長ＣＥＯに就任する覚悟を決めた。

月間六百億ページビュー。日本で圧倒的ナンバー・ワンの検索エンジン。一〇〇を超えるサービス。

一九九七年、宮坂は創業二年目のヤフーに入社。社員は五〇名。いまや社員数、六八〇〇人。二〇一二年六月、四四歳でトップの座に就いた。

孫が常に口にする言葉がある。

「社員の才能と情熱を解き放たないといけないよ」

技術の進歩にも非常に楽観的だ。むろん技術には負の面もある。

だが、孫はポジティブな面を見る。負の側面もかならず技術で解決できる。否定するのではなく、常に技術で解決しようというのが、孫の考え方だ。

宮坂は語る。

「技術でかならず解決できるんだ、って強い信念のようなものをとてもぼくは感じます。技術は偉大で、イデオロギーではあまり変わらないと思いますけれど、技術は世の中を変えることがありますから」

二〇一三年から宮城県石巻市で「ツール・ド・東北」というイベントをはじめた。インターネットで参加者を募り、被災地を自転車でまわる。宮坂も参加している。

「現地の様子を自らの眼で見ることができる。自分に何ができるかを考えられる」

山登りやバックカントリースキーなどのアウトドア活動が高校時代からの趣味。いまでも夏と冬には山に登る。

「生まれ育った山口・防府の町にはネクタイをした人を見たことがなかった。ずっと漁師になるのが夢だった」と宮坂は言う。

ヤフーはどんな会社と問われると宮坂はこう答える。

「世の中のさまざまな問題を解決している会社です」

インターネットの力を信じているからだ。

宮坂は、岩手県出身の詩人・童話作家の宮沢賢治について、「孫のような人物ではなかったか」と言う。

最高のインテリ。地質学ができて天文学ができて物理もできて、エスペラント語もできた。チェロも弾いた。一方で文学者としても才能にあふれ、詩も童話も書いた。最高レベルのサイエンスの脳とアートの脳の両方を持つ人物だった。宮坂は言う。

「レオナルド・ダ・ビンチとかね、アートの脳とサイエンスの脳。スティーブ・ジョブズもそうだと思うけれど、両方とも持っている人はいません。孫さんはそういう人だ」

孫はソフトバンクグループの未来像について、こう語っている。

「これから企業価値を継続的に高め、いつの日か世界のトップに立ち、そのポジションを長らく維持したいと考えています。そのために、グループ各社が自律的に意思決定を行ないつつも、共通の理念の下でシナジー（相乗効果）を創出しながら進化・成長をつづけていく群戦略をめざしています。

成功した経営者ほど、ほかの経営者やビジネスモデルを受け入れず、自分の成功モデルを押し付けたがる傾向がありますが、私にはそうしたエゴはありません。アリババ・グループの創業者、馬雲（ユン・マー、愛称ジャック）や宮坂学（ヤフー社長を退任し、現在は東京都副知事）らが新たなヒーローになるのは、大変素晴らしいことです。

私が思い描く群戦略では、彼らのようなヒーローが群を成し、それぞれが異なるビジネスモデルを展開してグループが複合的に繁栄していくのです。各社にソフトバンクブランドを押し付けるつもりはありません。一〇年後には、ほかのどの会社とも似て非なる『ソフトバンク』という特異な存在になっているでしょう」

孫は、三〇〇年先の未来を見据えている。

# 39　金の卵を産むガチョウ

「おれのいるところが本社だ」

孫は世界中を飛びまわり、一か月のうち、半分は海外で陣頭指揮をとる。

二〇〇六年、一・七五兆円でボーダフォン日本法人（現・ソフトバンク）を買収。安い料金制度やｉＰｈｏｎｅの導入によって約六年で契約数をほぼ二倍にした。

二〇一二年、ソフトバンクは米携帯三位のスプリント・ネクステルを約一・六兆円で買収すると発表。両社合計の売上高は二・五兆円、世界第三位の携帯電話会社に躍り出た。

孫は言っている。

「世界と戦う準備がととのった」

「挑戦しないことが大きなリスクだ。今日からステージが変わった」

「ドコモを抜いた」

二〇一三年九月、孫はカンザス州オーヴァーランドパーク、スプリント社にいた。スプリントは創業一〇〇年を超える地元が誇る老舗企業だ。大豆やトウモロコシの畑を切り開いた「キャンパス」と呼ばれる広大な敷地には、レンガ造りの一九の建物が並び、約七五〇〇人が勤務する。

「私たちはひとつだ。ともに三〇〇年、成長していこう」

スプリント本社での孫のスピーチに、幹部社員たちは一斉に立ち上がって拍手を送った。

一〇月中旬には、孫は九月に新設したばかりのソフトバンクのシリコンバレーのオフィスの役員室にいた。

「おまえたちはバカか」

月に一回のスプリントの経営戦略会議。一〇人のスプリントの幹部が顔を揃えた。

孫が鋭く指摘したのは広告費。ソフトバンクの日本のテレビCMは、八年連続で好感度首位を獲得するなど効果は抜群だ。だが、スプリントは何倍もの広告費を使っているのに、「はるかに効率が悪い」と孫は怒りをぶつけた。

一方、孫はアメリカのTV番組に出演、ワシントンでの講演やロビー活動などにも力を入れて、次なるターゲットである米携帯四位のTモバイル買収を実現させようと取り組んできた。

「二強（AT&T、ベライゾン）に対抗できる会社を作れば、アメリカの通信を高速化でき、料金は安くできる」

だが、二〇一四年八月六日、スプリントによるTモバイルUSの買収交渉が「白紙」になった。米現政権が携帯電話の四社体制を存続させる方針を崩していないことから、スプリント、Tモバイルの両者はともに当局の承認獲得は大きな賭けとの見方をとっていたが、スプリントは最終的に規制をめぐる状況から、承認は得られないと判断した。

スプリントは問題が山積だ。四位転落の危機的状況でもある。契約数の減少、つながりにくさなど、ボーダフォン買収時と似た状況だ。ダン・ヘッセCEOを事実上更迭し、二〇一四年八月一一日、孫は新しいCEOにマルセロ・クラウレを就任させた。孫は形容する。

「マルセロは山賊みたいな顔、ストリートファイターだ」

私がマルセロを訪れたのは紅葉の季節だったが、外は冷たい風が吹いていた。執務室のマルセロはシャツ姿で、まさに分刻みで動いていた。マルセロは二メートルを超す大男。私はマルセロの肩ほどしかない。

マルセロはすでに改革に取り掛かっている。毎日、営業やネットワーク部門と会議し、それぞれのミーティングは参加したい人間がその場で聞けるようオープンにした。スプリントは社長室までは四つのドアを通ってこなければならなかった。そのドアをマルセロは取り除いた。

「スプリントを正確に言い表すなら、現在、ゆっくりと死に近づいている会社。二・五パーセントの顧客を毎年失っており、このままゆけば顧客がいなくなってしまう危険すらある。そのためには現状をすべて変える必要がある。お客様との関わり方、商品の売り方、料金の請求方法、改善すべき点が山ほどある。そうしないと生き残れない」

マルセロは一九七〇年一二月九日、グアテマラ生まれ。一〇歳のとき、「母の家の外で衣類を売った」のが最初のビジネスだ。米マサチューセッツ州のベントレー大学在学中に、マイレージを売買する企業を立ち上げた。大学を卒業後、携帯ショップに行ったら、「ショップごと買わないか」と言われて購入。携帯端末の卸売りなどを行なうブライトスターをマイアミに設立し、短期間で大成功させた。

サッカーをこよなく愛するマルセロは、ボリビアのサッカーチーム「ボリバル」のオーナーであり、サッカーのスーパースター、デヴィッド・ベッカムの友人でもある。

一方、孫も中学時代からビジネスの方法を父から学び、大学時代には会社を興した。自らの力で道を切り開いてきた。

「同じＤＮＡを感じた」

孫とマルセロがはじめて会ったのは二〇一二年九月一〇日。

「ああ、マルセロさん」

孫は執務室から、靴も履かずにスリッパのまま出てきた。

「ニコニコしていたが、ハーイとも言わないし、ご家族はどうですか、とも聞かない、ここまでの旅はどうだったかとも聞かなかった。いきなり事業の話になった」

マルセロは、これまでのどのＣＥＯとも異なる孫との初対面を振り返る。そこでマルセロは、ブライトスターでの事業の話をした。

「われわれは『下取りの会社』だ。ＡＴ＆Ｔやベライゾンとの個別取引で下取りしている」

その瞬間、孫の眼がパッと輝き「説明してくれ」と言った。

マルセロはボードに書いて説明した。

「うちと独占契約しようじゃないか、今日！」

マルセロは帰りの飛行機の時間が二時間後に迫っていて、中国に行かなくてはならないと伝える。孫は言った。

「きみの人生で最速となるだろう契約を交わそう、ＡＴ＆Ｔとはどのくらいかかった？」

「たぶん三か月ぐらいではないか」

また、「どのくらい実施まで時間がかかったのか」ともマルセロは孫から訊かれた。下取りは非常に複雑なプロセスだ。店頭での説明や価格設定などもある。「だから実施には九か月はかかる」とマルセロは思った。

孫はｉＰｈｏｎｅ５の発売を間近に控えていた。発売日は二〇一二年九月二一日だったので、それまでにやりたいと孫は言った。実際、このミーティングから数えて一一日しかなかった。それでもできるかと訊かれたので、できるかもしれないとマルセロは答えた。

「じゃあ、今日契約しよう」

マルセロを含めて、その場にいたのは六人。すぐさま孫は弁護士を呼んだ。

その日、日本は月曜日で、アメリカは日曜日。

マルセロはアメリカの顧問弁護士に電話して、こう言った。

「自分よりクレージーな人間と会ったよ」

マイアミは午前三時、東京は午後四時に契約を締結した。

「自分が会社を立ち上げたときもディストリビューション（流通）をやったので、どうやって稼ぐか知っている、だからおまえを信頼している。そして、当社経営メンバーに事業内容について話をしてやってくれ」

孫に促されたマルセロは、メンバーが居並ぶ巨大なウォールーム（作戦室）のような役員会議室に案内された。

「そこで、マサは、これが新商品として開始する下取りだと説明しはじめた。それからこれが最速の契約だとも言った。これからマルセロがこの事業を引っ張っていくから、と。そこで私は下取りとは何かを説明し、メンバーとも握手した」

結局、マルセロは飛行機に乗り遅れた。

その後、ビジネスは順調にいき、過去最大の取引になったが、日本では古物商のライセンスなどでひと騒動あった。

二か月後、孫はマルセロに笑って言った。

「グッドジョブ！」

その再会時に、孫は「アメリカでビッグ・サプライズがある」と言った。「何ですか？」とマルセロは訊いた。

「二〇一二年一二月一二日。一二がくりかえすのでよく覚えている。このジョイントベンチャーをＢｕｙｉｎｇ Ｇｒｏｕｐという社名にしようと言ったら、いやそれだけでは足りない、Ｉｎｎｏｖａｔｉｏｎ（イノベーション＝変革）を入れようということになり、イニシャルを取ってＢＩＧという名になった。これまでのところ、ソフトバンクとスプリントの統合はうまくいっていないが、唯一うまく統合できたのはＢＩＧだと思ている」

う。購買においてもボリュームディスカウント（数量割引）が効いてコスト削減になっている」

「ＢＩＧ立ち上げ前にも、マサからこう言われた。『おまえの仕事のやり方が気に入った。ソフトバンクがブライトスターの事業の大半を買いたい』と。私は、顧客にＡＴ＆Ｔやベライゾンがいるし、何よりも自分が手をかけて育てた子どもみたいなものだから嫌だと伝えた。ところが、フランスに家族とバケーションに行っているさなか、夜中の四時ごろ電話が鳴った。マサからだった」

「マルセロ、おれは決めた、きみの会社ブライトスターの八〇パーセントを買う」

「私は売りたくない」

すると孫は言った。

「買収価格は公正な金額でやりたい、きみが値付けをしろ」

マルセロは言う。

「私はまずＢＩＧのＣＥＯになった。マサはそれから『スプリントとソフトバンクの取締役にもなってほしい』と言ってきた。それにはＯＫと回答した。それからスプリントの取締役になった。しかし、取締役になってからは黙っていられなかった。普通、取締役というのは取締役会議に出て事業の概要を見て、これをこうすべきああすべきと意見を言っておしまい。自分の手でサポートはしない。だが、高コストで運営されているスプリントの状況を見て、非常にフラストレーションがたまった。マサには、スプリントにはコスト構造に大きな問題があると伝えた。これもおかしい、あれもおかしいと私が言っているのを聞いて、マサから、『よしわかった、きみがやって直せ！』と言われた」

Tモバイル買収の噂のころだった。当局の意向で合併が困難だとわかりはじめたとき、スプリントのCEOになれとマルセロは孫から言われたのだ。

マルセロは当初、孫にノーと答えた。

「通信事業のオペレーションはまったくわからないし、カンザスにも行きたくなかった。現状のブライトスターとマサとの関係に満足しているから」

すると孫はマルセロに言った。

「ブライトスターの残り二〇パーセントの株式全部、おれが買う」

それで前回と同じように公正な価格で売買となった。

孫がダン・ヘッセ（当時のスプリントCEO）と話したところ、マルセロがCEOになることについては、スプリントを新しい視点で見られるから「グッドアイデアだ」と答えた、とマルセロに告げた。

「マサがスプリントに関わってからは、彼のルールで動いていた。マサという名前に引っ掛けて、社内ではmassacre（皆殺し）sessionと呼ばれていたらしい。シリコンバレーのオフィスに呼び出され、ばっさばっさと会議で人を斬るからというイメージがついていたという。私はスプリント社員との会議を私にまかせてほしいとマサに了承してもらった」

二〇一四年の八月初め、マルセロはCEOを受諾した。

「マサには、もっと自分よりも最適なキャリアを持った人がいると伝えたが、マサはキャリアの人間はいらない、事業家がほしいと言った。ストリートファイターみたいに戦うやつが」

マルセロは家族とともにカンザスに移った。

マルセロは孫について言う。

「マサの思考スピードは誰よりも速い。誰も見えなかった先を見ていたから、ヤフーにもアリババにも投資した。先を見ることに誰よりも長(た)けている。マサには、誰も持っていない天賦の才がある」

マルセロはスプリントの今後について言及した。

「正直に言って、正確にはわからない。この会社にとっての勝利は正しい道のりへ戻れたときに訪れる」

いまがまさに正念場である。度胸千両。どんな手腕を見せるか。

「スプリントはマルセロで変わっていくと思う」

スティーブン・バイCTO（当時・最高技術責任者）は言う。オーストラリア生まれのスティーブンはずっと技術畑を歩んできた。

日本の通信事情も知りつくしている。

「スプリントは、ソフトバンクモバイルが日本で使用している周波数帯域とほぼ同じ帯域免許を持っているため、ソフトバンクモバイルが日本で培ってきたネットワークのノウハウをスプリントへ注入することができることが強みとなる。また、つながりやすさを向上させるノウハウも導入しており、成果が出ている」

同年一〇月、孫の右腕としてニケシュ・アローラがソフトバンクのバイスチェアマン（副会長）、ソフトバンク・インターネット・アンド・メディアのCEOに就任した。

孫は五年前に会ったときのことを振り返る。

「交渉では相手の才覚や人格がよくわかる。ニケシュは押すべきところ、引くべきところを心得ていて、『相当な人物だ』との印象を強く持った」

電気工学の知識や経済的感覚と戦略に対する洞察力、通信業界に精通する知識、グーグルでの一〇年間の経験がある。

ニケシュは緻密で繊細な性格だが、非常に多くのことを同時に考えて実行できる。このダイナミックな行動思考が孫とシンクロしている。

また、通信インフラからインターネットビジネスに関しての知見は超一流だが、どの社員に対しても同じように接して、こまやかに気配りをする。グーグル時代にも、「ニケシュ・ファン」が多かったのも頷ける。孫は大きな期待を寄せる。

「どれをとっても異色な能力を併せ持つ希有な存在だ」

「ソフトバンクは金の卵を産むガチョウである」

二〇一四年一一月四日の決算説明会で、孫は冒頭、そう述べた。

おおよそ一〇年間で累計三八七七億円を投資して、リターンすなわち投資先企業の価値はこの時点で約三〇倍の一一兆円六六九九億円。ちなみに、ソフトバンク本体の時価総額は二〇一五年一月九日現在で八兆六四九六億円である。

「こんなベンチャーキャピタリストを見たことがありますか」

孫は次の金の卵としてインドネシア最大級の電子商取引サイトのトコペディアなどの名を挙げた。

本来ならば、「ガチョウ・プレミアム」があっていいのではないか。

二〇一五年七月、ソフトバンクをソフトバンクグループに、国内で通信事業を展開するソフトバンクモバイルをソフトバンクに社名変更した。ソフトバンクグループ社長に孫が、ソフトバンク社長に宮内謙が就任した。

# 40　笑顔

「今日はもしかしたら、一〇〇年後、二〇〇年後、三〇〇年後の人々が『この日が歴史的な日だった』というふうに記憶する日になるかもしれません」

孫は静かに語りはじめた。

二〇一四年六月五日、千葉県浦安市。孫はロボット事業へ参入すると発表した。

会場には、孫の家族の姿もあった。

ロボットの名前はＰｅｐｐｅｒ（ペッパー）。

家庭や店舗など一般の利用を想定したパーソナルロボットで、相手の表情や声色から感情を推測する「感情エンジン」を備え、「空気を読み」コミュニケーションできる。

「私は、二五年間この日がくることを夢見てきました」

チェコの国民的作家、カレル・チャペックが戯曲『ロボット（Ｒ・Ｕ・Ｒ・）』で、はじめて「ロボット」という言葉を使ったのが一九二〇年。それから九六年が経った。元来、ロボットには「隷属」の意味がある。

孫は言う。

「いままでロボットは長く語られてきましたけれども、人が『ロボットのような行為をする』と言うとき、それは『その人にハートが少し欠けている』というようなことを現す言葉でした。ロボットがまさに『ロボットだから』と言われるのは、そこに心がない、感情がないということであります。いままでのロボットは確かにそうでした」

だが、人類史上、ロボット史上初、ロボットに感情を与える、心を与えるということに挑戦する日になったと孫は説明するのだ。

ペッパーの高さは約一・二メートル。体重二八キロ。真っ白な人型だ。二足歩行ではなく車輪で滑るように動く。

人とのインタラクション、やり取りをできるだけ効果的に行なうためには、人のかたちをした人型ロボットであることが大事だと孫は考えた。暖かい感情、友好的な感情をお互いに持つために、人型のほうがより効果的に愛情を育める。

クラウド型の人工知能（ＡＩ）で制御。リチウムイオンバッテリーを使い、一二時間以上連続で動くことができる。

孫はペッパーと会話を交わす。

「思いやりが大切ですよね」とペッパー。

「人としてもっとも大切です」と孫。

人の感情を理解し、自らの意志で動く。

二〇一〇年六月一〇日、汐留本社ビル（当時）の二五階で行なわれた「新三〇年ビジョンコンテスト」の決勝戦。

「日本の少子高齢化を解決するのはロボットです」

創業三〇年を迎えるソフトバンクグループが、次の三〇年に何をなすべきか。二万三〇〇〇人余の全グループ社員から募った新事業の提案会。

プレゼンターはグループ企業のリアライズ・モバイル・コミュニケーションズの菅沼美和。その女子社員のプレゼンは、ほかとはまったく異質だった。

「ロボットの企画から仕入れに始まって、プログラムの開発・インストール、レンタルまで。上流から下流まで握る。ソフトバンクの得意とするところでしょ」

「おもしろい。やられたなあー」と孫は思った。

ロボットは孫が長年、考えていたことだ。

彼女の声のトーンが一段と高くなる。

「ロボットは、ボーナスも要求しませんしね、ただで働きますよ」

会場が笑いの渦に包まれた。

これを境に、ロボットプロジェクトが一気に動き出した。

それからわずか一五日後に発表された「新三〇年ビジョン」で、孫は公言した。

「将来、私たちはテレパシー通信会社になっているかもしれない」

このときは、まだ多くの人が半信半疑だった。

翌二〇一一年三月一一日、東日本大震災発生後、孫は自然エネルギーの推進に没頭した。ロボットプロジェクトは忘れられたかのように思えた。

だが、実は孫はロボットの猛勉強をはじめていた。アメリカなどからもロボットの専門家を呼び寄せた。当代一流の人物を集めて、徹底的に研究するのが、孫のやり方だ。

そんななかで、パリに本社を置くアルデバラン・ロボティクス社のブルーノ・メゾニエと会う。ブルーノは語る。

「当初、孫さんはごくわずかな出資を検討していたと思う。だが実際に会ってみると、お互いのビジョンがマッチするだけでなく、個人的にも意気投合した。アポイントは一時間半の予定だったが、結局は八時間もかけて話し合い、その日のうちに投資が決まった。孫さんには明確なビジョンがあり、それを実現できる会社かどうか心配していたようだ。結局、われわれのビジョンや実際に作っているロボットが、孫さんが持っていたビジョンに近かったので、うまくいったのだと思う。実際、ソフトバンクと私たちはビジネス展開の仕方も似ていた」

同社の人型ロボット「NAO（ナオ）」（二〇〇六年に発売）を見て「デザインがいい」と孫は感じていた。

孫のめざすロボットプロジェクトは一向に進展しなかったが、大きく動きはじめる。

「人を楽しませるロボット」

このコンセプトを元に、よしもとクリエイティブ・エージェンシーや、これまで培ってきた人脈などチームの叡智を結集した。

孫はまた、アルデバランのチームとも議論を戦わせた。ブルーノは言う。

「人工知能をクラウドにしたことも非常に重要なコンセプトだ。それでも作動しないときもあるので、組み込み型機能も備えた。孫さんも私もアーティストとビジネスマンの両面を持っている点が共通だ。ヘリコプターのように自由自在な動きができる。発想が豊かだ。アイデアにあふれていてほんとうに素晴らしい。とりわけ、マーケティングのセンスがずば抜けている。孫さんはきっと経済でもノーベル賞を受賞できると思う」

議論が深夜におよぶことも珍しくはなかった。孫は言う。

「（アルデバランとソフトバンクが別々に進めるのではなく）ワンチームで姿かたち、声、機能、二本足として残すべきかなど、すべての議論をして機能を決めてきた。このプロジェクトをはじめる前から、アルデバランはNAO（ナオ）もやっていたし、ノウハウを積み上げていた。ソフトバンクは通信、クラウドという別の専門性を持っている。両方の力が合わさることによって、総合力が発揮できる。(ペッパーという)ワンプロダクトのみ行なうのではなく、ワングループカンパニーとしていっしょにやっていくことを決めた」

こうして二〇一四年六月、新型ロボット、ペッパーが実現した。

「名前についても、みんなで議論し、何百も候補を出した。最初のコードネームは『TARO』だった。なので、ぼくはいまだに太郎と呼ぶ癖がある。小さな男の子を育てるように、心を込めて開発した。しかし、将来的には世界中の人々に提供したい、という思いから、日本的な名前よりは世界の人が呼びやすい、発音しやすい、少し変わった名前ということで、ペッパーになった」

二〇一二年以降、グーグルやアマゾンがロボット開発メーカーを買収し、世界的に競争が激化している。

だが、それらの会社と孫が狙っているロボットとは違う。

「生産性よりは、家庭やお店で人々をもっと楽しませたい、喜ばせたいという点に力点を置いている。そのため感情認識エンジンを積んでいます。グループ会社にもゲーム会社があるわれわれは、エンターテインメントに力を入れているので、その観点から違いがあると思う。感情認識、自律的な感情を持っていることについて、われわれのグループで一〇〇件以上の特許をすでに出願済みです」

人型ロボットを手がける他社は、「人間の動きが真似できる」ことに興味があるように思われる。「二足歩行できる」「階段が上れる」「紙コップが持てる」といったことを重視しているのに対して、孫は最初から「クラウドＡＩ（人工知能）」を活用したコミュニケーションに重点をおいたロボットをめざしている。

「クラウドＡＩ」にこだわる理由は、「情報量が多い＝知性」になるからだ。人の気持ちのブレなどといった情報をクラウド上に集積し、ＡＩで処理するというプラットフォームを最初からめざしてきたという点で、ほかとは大きく異なる。

さらに、ソフトバンクは二〇一三年、新会社アスラテックを設立した。

汎用性の高いロボット制御ソフト「Ｖ－Ｓｉｄｏ　ＯＳ（ブシドー・オーエス）」を世界中のロボット技術者向けに提供する。

その中心となっているのが二九歳の天才技術者、吉崎航（わたる）（アスラテック　チーフロボットクリエイター）である。

吉崎は小学三年生でプログラミングをはじめたロボットエンジニア。中学校の自由研究では「油圧を使えば八メートルのロボット開発が可能」と発表したほど研究にのめり込んだ。ＮＨＫのロボットコンテストの強豪校である徳山高専（山口県）に進学。奈良先端科学技術大学院大学で学び、「Ｖ－Ｓｉｄｏ　ＯＳ」を個人で開発した。二〇年におよぶ技術開発の結晶である。吉崎は言う。

「ロボットはＣＰＵ（中央演算処理装置）やソフトなどを一から全部作らないといけない。駆動性の違いを越えて、汎用的なＯＳを作りたかった」

産業用から、感情認識型、玩具にいたるまで幅広いロボットに搭載できる。

孫は吉崎にこう言った。

「きみは小脳（運動脳）を作ろうとしているんだね。とても賢いアプローチだ。その技術を世界中のロボットに広めてほしい」

「ロボットと人が共存する社会を作りたい。Ｖ－Ｓｉｄｏでは、法制度や社会インフラまでやりたい」と吉崎は考えている。孫の考えも明確だ。

「これからいろんなロボットが出てくるから、あらゆるロボットに対応できる、同じ時代観を持ったＯＳが必要」

パソコンの「ｉｎｔｅｌ ｉｎｓｉｄｅ（インテル・インサイド）」のように、やがてはロボットに「Ｖ－Ｓｉｄｏ ｉｎｓｉｄｅ（ブシドー・インサイド）」と呼ばれることだろう。

二〇一五年六月、ペッパーが日本中の「家庭」にやってきた。

子どもと絵本をいっしょに読み、ともに英会話の勉強をする。帰宅した親に子どもの様子を伝えられる。あるいはパーティの盛り上げ役もできる。

ペットの代わりになることも。

ひとり暮らしの人や高齢者の心を読み取って、ペッパーは良き話し相手にもなることもできる。介護施設では人気者になった。

胸には一〇・一インチのタブレットを装備。

「明日の天気は？」と声をかけると天気予報も表示する。スマートフォンを操作しなくても、ペッパーが知りたい情報を教えてくれる。

ダンスやお笑いなどさまざまなアプリを用意して機能を高めてゆく。

店舗でのペッパーの接客は、人気を集めた。

笑顔でペッパーが注文を取りくる。

「いらっしゃいませ。何になさいますか？」

孫のロボットプロジェクトに伴走してきたソフトバンクロボティクスグループ代表取締役社長兼CEO、冨澤文秀は言う。

「ペッパーは家族の一員なんです。二、三〇年後には、一家に一台いるのがごくあたりまえになっている。生まれた日から、ペッパーとともに暮らしているかもしれません」

人類初のロボットができたと孫は言う。

「人工知能機能はクラウド側にあるので、シナリオベースによらないフリートークも試していただきたい。一〇〇パーセントの会話はできないが、七、八割は会話として成立するのではないか。言葉は認識する。かなり進んでいると思う。そこに感情認識が芽生えはじめている。子どもで言えば一、二歳が『愛』と言われてもわからないが、『嬉しい』、『嫌がる』など少しわかるようになっているのと同様に、ペッパーの感情も最低限のレベルにいきつつある。アプリケーションのところでそれを稼動させている」

近い将来、自由に会話ができるようになり、感情もクラウドでどんどん進化し、認識できるということは、自我を持てるようになるということだ。自我を持てるところから、自律的感情をそれぞれ、ユニークに持たせることができる。幸せな家族で育まれるペッパーはより幸せになるなど、それぞれ個別の性格に育ってゆく。

孫にとって、鉄腕アトムは憧れだった。

「胸を躍らせて家に帰ったら慌ててテレビを点けたことを覚えている」

普通のロボットは鉄人二八号のように涙を流せないし、人の心がわからない。だが、アトムは違う。

「嬉しい、悲しいという感情がわかる。当時は夢物語だと思っていたが、ロボットが、コンピュータが、そういうことを理解できるようになるといいなと漠然とだが、思っていた」

二五年前からCPU、メモリ、容量、通信機能もどんどん進化していくようになり、毎日扱っているPCソフトのはるかに先にある「感情」にいずれは挑戦したいと孫は考えていた。

「人々の感情を数値化することは可能なはずだ。人間が理解できることは、コンピュータにも理解できる。いずれかならずそうなるにちがいない」

孫の夢は現実になろうとしている。

ペッパーの可能性は無限大である。

コミュニケーションに重点をおいている。

クラウドAI技術をベースにしている。

さまざまなセンサーがついている。

誰でもロボアプリを開発できるように、SDK（ソフトウエアを開発するために必要なプログラムや文書などをひとまとめにしたパッケージ）を公開している。

人々がさまざまなスマホアプリを好きなように入手して、活用できるように、ロボアプリも急速に普及するだろう。

これまで、テレビで好きなチャンネルを見ていたように、これからは、ペッパーに、まるでテレビの芸人のように、さまざまな芸をしてもらうことができるようにもなる。

筋肉の延長型ロボットには限界があるが、ペッパーのようなコミュニケーション型ロボットにはほとんど限界がない。

ペッパーには、さまざまなセンサーがついていて、人も認識できるし、人の表情も認識できる。ロボアプリ次第で、「人々を慰める、楽しませる、喜ばせる」ことが、無限にできるはずだ。

ロボアプリのプラットフォームを通して、人類の英知を結集して、人々を幸せにする可能性がある。

二〇二〇年一一月、日本プロ野球の福岡ソフトバンクホークスは、四年連続日本一に輝いた。ホークスの本拠地である福岡ＰａｙＰａｙドームでは、ペッパーも応援した。

オーナーである孫も熱い声援を送った。

「ペッパーの旅は、長くつづく旅でしょう。ペッパーは、ペッパーのキャラクターを持って生まれた。ペッパーのハードは、ペッパー2、3とか、いずれ進化してくると思うし、頭脳の部分も、これからＡＩがどんどん入ってきて、徐々に賢くなってくる。それから、人の感情を理解して、人に寄り添っていくような存在に進化していく。でも、どういう形に進化して、バージョンアップしたとしても、ペッパーとしてのキャラクターは変わらない」

ペッパーはときどき失敗する。

「愛されキャラというキャラクターをペッパーで表現したかった。ロボットっていろいろなモデルとか形があるけれども、キャラクターを持ったロボットってないでしょう」

孫はペッパーを最初に設計するときに、ペッパーのキャラクター設定から入った。

「たとえばホークスの応援も、一所懸命、ペッパーが健気に踊るじゃないですか。許されキャラなんです。ちょっといじられキャラでもある。それは、白戸家もね（ソフトバンクの人気のCM。白い犬が一家の父親という設定）、白戸家というキャラクターを作った。だから、ほかのCMで、キャラクターとして思い浮かぶというのはあまりなかった」

他社がことごとく真似たほどだ。

ロボットはこれまで、世のなかにたくさんのモデルがあったが、ロボットを愛そうという気持ちにはならなかった。それはただプロダクティビティを求めるロボットだからだ。生産性を求めるロボット。工場でただ機械的にネジを巻いていくだけとか、重たいものを運ぶとか、自動車の製造現場で働いているロボットとか。

「ぼくが作りたかったのは、ＡＩというものは、単にコンピューティングの世界、少しでも速く、正確に計算するとか、たくさん覚えるとか、ちょっとでもスムーズに検索するとか、そういうプロダクティビティの世界から、最終的には人の感情と寄り添うところまで進化するはず」

人の心とは何か？　人間の知能のなかで最も複雑で、最も高度なところは人の感情だ。「それを、ぼくはペッパーで表現していきたかった」

ペッパーが人と感情のやりとりをするためには、ペッパー自身にキャラクターがなければならない。人に喩えればどんな性格の、どんな人なのか。孫はその設定から入った。顔、姿形、声に至るまで、デザインのところまで徹底的に入り込んだ。

「ぼく自身がペッパーの生みの親だと自負している。一つひとつのプログラミングだとか、ネジとか、モーターとか、それはそれぞれのエンジニアがそれぞれやればいい。スティーブ（ジョブズ）も、ｉＰｈｏｎｅでも、Ｍａｃでも、一度もプログラミングはしていないです。チップの設計も一度もしていない。だけど、スティーブの作品にはスティーブとしての世界観が隅々にわたるまで入っている。作り上げた人のイメージまで湧くような作品というのは、なかなかない。単に、クロックサイクルがいくつでＣＰＵの処理能力がいくつでメモリの大きさがどれくらいか、そればっかり。そうではなくて、その作品の世界観というものをスティーブは創り出した」

孫の思い入れもそこにある。ペッパーには、キャラクター作り、世界観、将来このように進化していくんだという思いが、いっぱい入っている。

だから、いまの姿のペッパーを見て、歩けないじゃないかとか、知恵が足りないじゃないかという批判は当たらないと孫は言う。

「人類は二〇万年かかって進化してここまできた。ペッパーはわずか五年や一〇年ぐらい。これは足りるの、足りないのという評価をつけるのは、ちょっと早い」

孫には確信がある。

「ＡＩの進化で、ＡＩが物事を認識して、理解する、推論するというところまで、もうできるようになった。クラウドに繋がったペッパーは、当然、それは全部、実現できる。だから、そういう意味でのＡＩの進化とともに、ペッパーの頭脳が徐々に賢くなっていくというのは、それはもう疑問の余地はない。当然、どんどん進化していく。その進化は、ＡＩの進化とともにペッパーが進化していく。クラウドペッパーです」

二〇二〇年、コロナ禍にあってペッパーの露出度も上がっている、東京都の新型コロナウイルス感染症軽症者等受け入れ宿泊療養施設で、入居者の案内を行なっている。

今後について、冨澤文秀は言う。

「ロボットもパソコンに近いストーリーになると思っています。ロボットの時代はかならずやってきます。みんなで盛り上げていけば、世界レベルのムーブメントになると思っています。日本のロボットはすごいぞと、力を見せたいですね」

# 41　ＡＩ革命

「創業以来、もっともエキサイティングな日だ」

二〇一六年七月一八日、スマートフォンや自動車向けのＣＰＵにおける中核技術を持つ半導体設計会社アームを買収することに対して、孫はこう語った。

買収価格は約三兆三千億円。当時のアームの時価総額のおよそ四三パーセント以上にあたる金額だ。孫にとって「半導体の設計」をする会社は、まさに「未来」を見るための鏡なのである。

同年六月二七日、孫はカリフォルニア州にある自宅でディナーを催した。九エーカーはある大邸宅には、その夜、特別なゲストが呼ばれていた。招待されたアームのＣＥＯサイモン・シガースは事情がよく呑み込めていなかった。孫から新しいビジネスの受注を得られるかもしれないという気持ちだった。この日のディナーになぜロン・フィッシャーが同席しているか。サイモンは気づいていなかった。重要な案件には、かならずロンが同席している。

孫はあらゆることを訊いた。孫は未来を語った。まるで少年のように、ときに大声をあげて楽しそうに。

実はサイモンと会うより前に、孫はＩｏＴが今後どうなっていくか考えるなかで、小さなデバイスがつながり合うことによりテクノロジーの利用にまた新しい変化が起きると気づいた。いまは三〇億台程度がモバイルでつながっているが、兆の桁でデバイスがつながり合うことになる。孫はＩｏＴの次のフェーズについて考えるようになっていた。サイモンと会ったときには、孫の頭のなかにはもうイメージがあった。ディナーの席で孫はサイモンにこう言った。

「アームはいまや上場企業だ。ＩｏＴにテクノロジーが移行するなかで、モバイルで成しえたのと同様の成功を収めたかったら、投資が必要だろう。次世代のデバイスを育てる投資が必要だ」

サイモンは同意し、こう答えた。

「問題は、アームが上場企業であることだ。そのため、私たちが行なう投資の種類は非常に限られたものになっている。アームの技術は次世代のデバイスに応用できるので、投資が必要だと株主に言いたいところだが、私がそのためのお金を使ってしまうと、会社の利益が減ってしまい、私にとってやりにくい状況となる」。

その問題はわれわれが解決できると孫は考えていた。

アームは世界中のあらゆる携帯のマイクロプロセッサを掌中に収めているといってもいい企業。それはコネクテッド・デバイスの心臓部ともなるわけだから、大きく展開することが可能だが、アーム単体では無理。しかし、ソフトバンクのエコシステムの一部となればそれが実現できる。

もし、大量のエンドポイントからデータを吸い上げることができれば、そのデータセットを基にして、次はＡＩに変化が起こる。ＡＩのアプリが作れるようになるので、医療や農業などあらゆることがより良いものになっていく。

サイモンとの会食後から数日後、孫はトルコで夏のバケーションをしているアームのスチュワート・チェンバース会長（当時）に電話をした。「すぐに会いたい」とプライベートジェットでチェンバースに会いにいき、「あなたの会社がほしい」と言った。そして一か月も経たないうちに、電撃的に買収を発表する。

この買収にいたるまでには、話をさらに遡る必要がある。孫は打ち明ける。

「サイモンの話に入る前に、そのサイモンの前のＣＥＯだったウォレン・イーストが、二〇〇六年六月、われわれがソフトバンクモバイルをはじめてすぐに（ボーダフォン日本法人買収完了は同年四月）、わが社を訪ねてきたんです。そのときに付き添いで来ていたのがサイモンだった」

そのときに、アームとは何かという話を、一所懸命にサイモンは力説していった。それは、まだ、ｉＰｈｏｎｅにアームが使われる前だ。

「スマホが出る前ですよ。それまで、もちろん一般の携帯電話でも、ほとんどが、もう既にアームだったんだけど、絶対にアームでなきゃいけないというほどまでの存在ではなかった。だけど、ｉＰｈｏｎｅが出て、いわゆるガラケーから、スマホに携帯が生まれ変わるときに、もうアームでなければならないという理由ができた。つまり、コンピューティングの世界、インターネットの世界が、ＰＣがメインの時代から、ｉＰｈｏｎｅができて何が変わったかというと、インターネットがＰＣインターネットからモバイルインターネットに切り替わる入口がｉＰｈｏｎｅだった。そのｉＰｈｏｎｅにアームが使われているということで、その結果、ｉＰｈｏｎｅに対抗するためには、後発のアンドロイドもアームしか選択肢がなくなった。この二つのＯＳ陣営がどちらもアームとなった瞬間に、もうこれで勝負は終わった」

アームはバッテリーパワーをあまり食わない。孫はつづける。

「電気を食ったって別にかまわないわけです、ユーザー的に見れば。でも、携帯、スマホは特に、コンセントに差さないでバッテリーで動くから、電池が一日の途中で切れたら、もう使い物にならないでしょう。だから、電池が保つ、かつパワフルなインターネット検索のコンピューティングの世界が実現できるには、もうアームでなきゃいけないと。

もうその瞬間から、ぼくはアームを買いたくてしようがなかった。だけど、お金がなかった。気持ちはずっとあったけれども、スプリントを買ったから、その瞬間に、もう諦めざるを得なかった。それは、要するに、ソフトバンクがモバイルを日本でやって、モバイルでナンバーワンになるという夢があったわけです。スプリントと米Tモバイル、両方ダブルで買えば、アメリカのナンバーワンになることも夢ではないということで、そっちに行っちゃった。もしスプリントを買っていなければ、アームを買っていました。その時点であれば、はるかに安く買えたはずです」

アームの買収発表からおよそ三か月後の一〇月二〇日、孫はエヌビディアのジェンスン・ファン（創業者／CEO）をカリフォルニアの自宅に招き、ふたりきりで食事をした。

「正直を言うと、アームを買収するか、エヌビディアを買収するか、あるいは業務提携で行くか、ほぼ同じタイミングで考えていたんです。結果的に、アームは買収して、エヌビディアは、実際には数パーセント程度入れましたけどね。どちらにしろ、とにかくこの先のAIの世界を考えると、エヌビディアのGPUとアームのCPUが設計をともにして、システム・オン・チップ（ＳｏＣ）として、ひとつのチップのなかに融合されたような形でＡＩチップとしてバージョンアップしていかなきゃいけない……、それがぼくのイメージだった」

夕方五時ぐらいからおよそ四時間、テラスに置いたテーブルに白いテーブルクロスをかけて、孫とジェンスンはワインを飲みながら語り合った。

カリフォルニアの空は、すっかり暮れていた。

「彼もスティーブ・ジョブズと親しかった。ぼくも親しかった。ふたりで、スティーブ・ジョブズの思い出話をいろいろとしゃべりながら、これからのコンピューティングの未来がどうなるかという話をした。すでにアームを買収していたので、アームとエヌビディアを融合させていくような新しいコンピューティングの世界、ＡＩのコンピューティング・プラットフォームの世界を切り開くんだ、という夢をお互い一所懸命に語り合いました。それが今回の、エヌビディアへのアームの売却へとつながっている」

二〇二〇年九月、ソフトバンクグループは傘下のアームをエヌビディアにおよそ取引価値を最大四〇〇億米ドル（約四・二兆円）と評価した取引で売却することを決定した。

「世の中では、ぼくがコロナでお金が足りなくて、アームを売らざるを得なくて売却したと評価している人が大半だと思いますが、ぼくは記者会見でも『売ったような、買ったような』と言っている」

今回の取引で、ソフトバンクグループは対価として、現金とエヌビディア株を取得。取引完了した際には筆頭株主になるというポジションを得た。

「むしろ、エヌビディアの株はもっと増やしたいぐらいなんですよ。売ったような、買ったようなというのは、そういう意味です。どちらにしろ、この二つの会社がくっつくことによって、もうAIのコンピューティング・プラットフォームが誕生する。そういう出来事だと思うんです。

だから、人からただの投資会社だと言われようと、何と呼ばれようと構わない。ぼくはもう完璧にAIシフトであり、情報革命のなかの第四章であるAI革命に全力投球する」

ソフトバンクグループは二〇二一年二月八日、二〇二一年三月期第3四半期の純利益が前年同期の約六・四倍となる三兆五五一億円だったと発表した。

「事業家として生まれ、自分の会社を起こして、この程度で満足するつもりはない」

過去最高の純利益よりも大切なことがあると孫は説明した。NAV（株主価値）が九か月で一・二兆円増えた。

「NAVを重視し、今後ものばしていく」

さらにアームとエヌビディア（のエコシステム）の融合の価値について孫は改めて説

明した。

「AI時代こそこうあるべきだというチップがアームとエヌビディアの（エコシステム）の融合によってなされる」

融合によって、AIを使った創薬、自動運転、クラウド、ロボットなど、さまざまな人類の課題を解決していくことができる。

AIが力を発揮できるコンピューティングプラットフォームが生まれる。

「人類の将来に大いに貢献できることが一番大切だ」

また、孫は「ソフトバンク・ビジョン・ファンドも収穫期に入った」と強調した。

ソフトバンクグループは製造業だ。金の卵の製造会社。金の卵を産み出す。

二〇二〇年一二月時点で、ソフトバンク・ビジョン・ファンド1が九二社（売却済みの株式を含む）、ソフトバンク・ビジョン・ファンド2が三九社（投資の完了していないパイプラインも含む）、ラテンアメリカ・ファンド（LP出資も含む）が三三社。合計一六四社。

ターボチャージ戦略で金の卵を産み出していく。テンポよく。チャイコフスキーの『くるみ割り人形』の曲にのって、金の卵が次々に産まれる動画は説得力があった。

AI革命に特化することでシナジーが生まれる。

さらに、ビヨンド・キャリアを掲げるソフトバンクともシナジーを得ている。スマホ決済サービスＰａｙＰａｙ（ペイペイ）は、ソフトバンク・ビジョン・ファンドのポートフォリオカンパニーで、インド最大の決済サービス事業者Ｐａｙｔｍ（ペイティーエム）と連携し、同社のテクノロジーを活用して日本におけるスマホ決済を構築し、サービスを拡大している。

孫の思いは一つである。

「ＡＩこそが人類が創造した最大の進化である。ＡＩにすべてを投じる」

# 42　異　能

二〇一六年一二月六日、孫はトランプ米次期大統領と会談を行なった。

同年九月にアームを買収、テクノロジー業界のキーマンとしての孫の名を世界に知らしめることになる。

「ひとりのリーダー、ひとりの天才が人類の未来を劇的に変える」

孫の確たる信念である。

二〇一六年一二月五日、未来を創る若者に自らの才能を開花できる環境を提供するために孫正義育英財団を設立した。

ＡＩが人類の知的活動の大半を置き換えていく未来がくる。

「人類は仕事をする。仕事をするというのは働く。働くって何だ、仕事をするって何だ、考えるって何だと。汗水垂らして働く、それは筋肉を使っている。昔は奴隷のような人たちがピラミッドを作ったり、お城を作ったりしていた。いまはほとんど、トラクターだとか、キャタピラーだとか、クレーンだとか、そういう筋力を使っていたような仕事は、機械がやるようになっている。工場の設備も、機械に頭脳がついていって、筋肉を使うのはメカトロニクスにどんどん置き換わるようになる」

「労働する人たちには、大きく分けるとブルーカラーとホワイトカラーがいた。ブルーカラーは主に筋肉を使い、ホワイトカラーは主に頭を使う。すると今度は、メタルカラーが生まれた。メタルカラーは、筋力と頭脳の大半を融合したようなもの。それがAIロボット」

「AIロボットが、大半のブルーカラーとホワイトカラーがやっていた仕事を肩代わりするようになる。人間より上手にこなしたりする。そのメタルカラーはかならずしも二本足で二本の腕とは限らない。腕が一〇〇本あってもいい。頭にヘリコプターのようなプロペラがついていてもいい。ドラえもんみたいになっちゃうかもしれない」

しかし、メタルカラーがホワイトカラーとブルーカラーの仕事の大半を置き換えていく時代がきたら、人間は働くということをしなくなるのか、しなくてもよくなるのか、虚しくなるのか。

「だから、人間とは何ぞや、働くとは何ぞやという、最後、そこにディベート（議論）

がくると思う。そのとき、最後に、ぼくは、たったひとりの人間が、人類のライフスタイルを変えると思う」

「ビル・ゲイツ、スティーブ・ジョブズ、ジェンスン・ファンにイーロン・マスク。一握りの人間が、人類の未来を変えることを起こす。産業革命のときもそうだった。エジソン、ヘンリー・フォード、ロックフェラーもしかり」

「そういう一握りの人間が革命期に大きな世の中のパラダイムシフトを起こす。AIの未来がきたとき、いまから五〇年後、一〇〇年後に、最後のこの一握りの人類代表としてAIをさらに超えていくような、AIと共存できるような、有益な問題解決をしてくれるような人物が、必ず出てくる。だからぼくは、AIが人類の敵になるとは思っていない」

メタルカラーおよびAIは、人類の良きベストパートナーとして寄り添って進化していく。そのAIをさらに進化させるような人類代表。ほんの一握りのスーパーヒーローが新しい時代を常に切り開いていく。これは、一般的な、平均的な学校教育から生まれるものではない。

これまでも、誰でも平等な教育機会を与える仕組みは世の中にあった。そうではなく、人類を代表するような、最後の一握りのものを作るには、若いときから、とがった、異能の子ども、異能、異彩な能力を持った子どもたちに、最強の教育機会というものを提供する必要がある。

「その刺激を、われわれが作った。もちろん、ここから生まれるとは限らない。ただ、われわれがそういう努力をしていくことによって、なるべく似たようなことをほかの人もやってくれれば、なおベターです。少なくともそういう思いだとか、能力のある子どもに対して、本来、誰でも、いつでも、好きなだけ異能をさらに研ぎ澄ますような教育機会を与えることができれば、少しは貢献、後押しすることになるんじゃないかという思いがある」

国の税金ですべての人々に等しく教育機会を与えていかなければいけないという、公共的なものとは違う。平均的な、税金で賄う公共的なものとは一線を画する。

「だから、ぼくが少しでも貢献する存在意義があるのかなというふうに思った」

孫の強い思いが、孫正義育英財団には込められている。

青野史寛（孫正義育英財団・業務執行理事）は言う。

「孫はまるで、孫を見るようなまなざしを見せる」

孫正義育英財団の趣旨。

「高い志と異能を持つ若手人材に自らの才能を開花できる環境を提供し、人類の未来に貢献することを目的として、ソフトバンクグループ代表孫正義が二〇一六年一二月に設立しました。高い志と異能を持つ若手人材が、新しい価値観や最新のテクノロジーに触れることや仲間と交流することなどにより、自らの可能性をさらに広げ、未来をつくる人材へ成長するための支援を行なっていきます」

財団設立前、青野は源田泰之（ソフトバンク人事本部長、孫正義育英財団事務局長）と話していた。

一〇代で起業したり、ロボット開発の国際大会で入賞したり、天才的な若手人材がいる。

そのことを伝えると、孫はすぐに「会いたい」と言った。

二〇一五年の孫との会食の場に参加したのは七名。ホワイトハッカー（コンピュータやネットワークに関する高度な知識や技術などを善意の目的に生かす）の国際コンテスト入賞者もいる。会場でドローンを飛ばす者もいた。

孫は椅子からころげ落ちるかと心配するほどからだを揺らせて喜んだ。「すごい、すごい」を連発した。声も裏返っている。

個人で、全面的に応援したい。孫は決めた。

「将来、地球、世界を変えていく。ピュアに応援したい」

「彼らのやりたいことをやらせたい」

「人と人を繋ぎ合わせる」

「驚いた」

「みんなの可能性が羨ましい。無限の可能性がある。自分を信じてほしい。人に役立つことをしてほしい」

孫の趣旨に、ノーベル生理学・医学賞を二〇一二年に受賞した山中伸弥・京都大学iPS細胞研究所所長・教授も賛同した。

山中は画一的な日本の教育の在り方に、孫同様の疑問を抱いていた。

「彼らには無限のチャンスがある」と山中が言うと、「それだ！」と孫は答えた。三〇分の面談時間が二時間に及んだ。

二〇一八年、国民栄誉賞受賞の史上最強の棋士、羽生善治（はぶよしはる）九段のAIに対する研究や探究心に孫は驚いた。さらに、日本の大学の最高峰、東京大学の五神真（ごのかみまこと）総長（当時）らが財団の趣旨に賛同した。

また、自らが起業家であり、スタートアップを育てる投資、人材育成を行なうMistletoe（ミスルトウ・現Mistletoe Japan）を創業した孫の実弟・孫泰蔵も賛同し、財団の評議員になった。

二〇二〇年七月一日の時点で、これまでに支援した人材は二一九人で、最年少は九歳、最年長二九歳。

二〇二〇年七月に認定された第四期支援人材には、数学の大会で多数の受賞歴がある小学生や、企業との共同プロジェクトでＡＩツールを開発した経験のある高校生、パーキンソン病の正確かつ安価な早期発見システムを開発した実績を持つ大学生など、さまざまな分野において高い志で取り組む異能を持った若手人材が選ばれた。

主な支援内容は、交流の場の提供と支援金給付である。

交流の場の提供については、東京・渋谷、米国ボストン、パロアルト、英国ロンドンに財団生専用施設Ｉｎｆｉｎｉｔｙを開設し、財団生同士が交流できる場を提供している。また財団生の研究内容を紹介するイベントなども開催している。これまで、財団生同士の共同研究やプロジェクトも誕生した。支援金給付については、進学・留学に限らず、将来経験したいことや今後成し遂げたいことを応援するための支援を一人ひとり検討している。なお、二〇一九年三月～二〇二〇年二月の一年間における個人に対する支援金合計は約五億七五七三万円。

「日本にもアインシュタイン型の若き天才がいる」と山中教授に言わしめる若者が財団にいる。

二〇二〇年一二月二一日、孫正義育英財団の懇親会がオンラインで行なわれた。国内外から約九〇名の財団生、理事、評議員、監事が参加した。

この日、活動報告プレゼンテーションを行なったのは七名で、英語と日本語で行なわれた。どれも独創的で素晴らしいものだった。

「涙、出そうだね。いちばん感動しました」

代表理事の孫はこう言ったあと、プレゼンテーションの感想を述べた。

「一四歳で、がんの細胞を発見する機器の試作機まで作ったのはすごいね、国際的にもそういう場ができてきたのは嬉しい。AIを使った自動運転のドライビングもおもしろい。みなおもしろいテーマばかり。ほかの財団生も刺激になると思うし、今日もみんな参加していると思います。たくさん凄く勉強になる。おたがいに自分と同じ年齢の子どもたち、学生同士が、世界の最先端の研究だとか開発だとか、いい刺激になると思うんだよね」

孫は自らの体験も熱く語り、財団生を激励した。

「優れた最先端の可能性を、もともと異才、異能を持った君たちが、教育の機会を得られるというのは大切なことだと思う。ぼくも一六歳でアメリカに留学して、ものすごく刺激になりました。自分の脳が、自分にとっての非日常に触れて、刺激される。友だちと触れ合い、先生と触れ合い、新しい環境や新しい研究テーマが自分の目の前に現れるだけで、脳がしびれるという活性化があらわれてくる。脳がしびれるというのが脳にとって最大の快感であり、脳が喜ぶことこそが最大の成長であって、脳が興奮する、それが喜びになる。しかもそれが多くの人々の役に立つとかということであれば、もっといい。可能なかぎり支援をしたい。皆さんは人類の宝。その代表だと思います。まだ、われわれが見つけきれていない若い諸君もいると思いますけれども、どんどんわれわれの活動を広げていきたいと思います。ぜひ、継続してがんばってください」

二〇二〇年七月、ソフトバンクアカデミアは一〇周年を迎えた。

こちらは、ソフトバンク・グループの後継者発掘・育成のための機関である。一〇年間で総勢約六七〇名が参戦した。

「もともとの思いは、ぼくの後継者を見つけ、育てるという思いで始めたんです。そのメンバーの中から後継者が選ばれるのかどうかはまったくわからないけれども、少なくとも、そういう思いで刺激し合うということは、大事な努力だと思うんです」

努力をしつづけるということは大事だ。

「とにかく人々の役に立ってもらいたい。そのためには自分たちが経済力をもたないと」と孫は言った。

「新しいことをやるには軍資金がいる」

「交わることで成長する」

幕末の時代も教師陣を世界中から呼んできて、教えを乞うた。

「物を作らなきゃという思い込みが大企業にある」

「より良い社会をめざす」

常に歴史から学べと孫は教えた。

ソフトバンクアカデミア一〇周年記念として、孫は漫画『キングダム』の作者・原泰久と対談した。中国統一という物語に挑戦する壮大なドラマを描いた傑作だ。「戦国時代も現代のビジネスもビジョンと戦略が重要」と孫は言う。

プログラムのひとつである、アカデミア生がプレゼンテーションで競い合い、勝ち抜いたメンバーが校長の孫に挑むプレゼンテーションプログラム「アカデミア本選」が行なわれた。

アカデミア生の相互採点ののち、本選に残ったものが、孫の前でプレゼンテーションをする。

孫から鋭い質問が飛ぶ。

ソフトバンク・グループの経営課題を題材としたテーマに基づく、「プレゼンテーションプログラム」や、経営をシミュレーションする「マネージメントゲーム」。「特別講義」として孫の経営学の講義のほかに、著名なゲストとの対談など一〇年間で多種多様なプログラムを開催してきた。孫はこれを「知の総合格闘技」と呼ぶ。

　アカデミアは起業家だけでなく、孫の思想を受け継いだ多くの人材を輩出してきた。

　伊藤羊一は大企業に在籍中、孫にプレゼンしつづけ、国内CEOコースで年間一位の成績を収めた。ヤフーに転職後、『1分で話せ』『0秒で動け』など新しい啓蒙書を次々に著した。スタートアップ育成プログラムでメンター、アドバイザーを務める。伊藤はコメントを寄せた。

「ソフトバンクアカデミアは、私が『志に生きる人生』を始めるきっかけとなった。四〇歳を超え孫正義さんに出会った。孫さんや仲間たちの熱に触れ刺激され、自分の志に基づき、踏み出した。それ以降、全ては志を鍛える旅だった。そして二〇二一年四月、武蔵野大学で日本初となるアントレプレナーシップ学部を立ち上げ、学部長に就任した。社会をともに生きるみなが、笑顔で幸せに生きる世界にするために、私は教育で貢献していく」

　前田鎌利はソフトバンクアカデミア第一期生に選考され、事業プレゼンで第一位を獲得。孫に直接プレゼンし、数多くの事業提案も承認された。『プレゼン資料のデザイン図鑑』『ミニマム・プレゼンテーション』などを著し、多くの企業でプレゼン研修、コンサルティングを行なう。継未（つぐみ）代表理事で書家でもある前田はコメントを寄せた。

「アカデミアは、私の人生を導いてくれた場です。孫さんの念（おも）いに触れ、その大きさと深さに圧倒されながらも、自分自身が何のために、どういった事を成すべきかという自己の念いと向き合う日々をアカデミアで過ごしました。それがあって独立起業するわけですが、アカデミアでの学びを実践し、いつの日か恩返しをしたいと思っています。たくさんの同志という財産をいただけた孫さんに、改めて心の底から感謝いたします」

二〇二〇年一一月、コロナ禍の下、Ｚｏｏｍと対面のハイブリッドでソフトバンクアカデミア第一一期プレゼンテーションの本選が行なわれた。孫はアカデミア生に言った。

「ＡＩはあらゆる分野を改革し、産業を再定義します。実に血沸き肉躍る面白い世界、このような世界では、従来とは全く異なるヒーローが生まれます。みなさん、次の時代を牽引する覚悟はありますか？」

決意を問う孫の眼差しは熱かった。

# 43　ビジョン・ファンド

　ソフトバンクグループは二〇一七年五月一〇日、二〇一七年三月期の決算を発表した。営業利益が前期比一二・九パーセント増の一兆二六〇億円と、二〇一三年度以来の一兆円超えを達成した。孫の言葉は人々を驚かせた。

「今回は実力で一兆円を突破した。継続して一兆円を突破する自信が出てきた」

「一兆円を達成しても、感動のようなものは不思議と湧いてこない。一兆、二兆は通過点なのだと改めて思った」

　同年五月、ソフトバンク・ビジョン・ファンドは初回クロージングを完了した。

「『孫正義は何を発明したか。たったひとつ挙げるなら、三〇〇年成長しつづける組織構造を発明した』（後世の人に）そう言われるようになりたい」

「情報革命は三〇〇年つづく。その情報産業の中核企業でありつづけるためには、『群戦略』を取らなくてはならない。自分だけでやるのではなくて、群でやる。かならずしも、買収した会社の（株式の）五一パーセントを取りにいかなくても、二〇～三〇パーセントでいい。筆頭株主か、それに近い存在でいればいい」

「ソフトバンク・ビジョン・ファンドは、もう願いはただひとつです。

そもそも、ソフトバンクはPC革命の入口で創業したわけです。創業したけど、まだ何者にもなり得ていなかった。次は、インターネット革命の入口で、気がついてはいたけれど、いくらか投資はしたけれど、まだ何者にもなり得ていない。次にモバイルインターネットが来たけれど、これも誰よりも早く気づいて、誰よりも早くスティーブ・ジョブズに、iPhoneを発表する前に会いにいった。アジアや中国だって、誰よりも早くジャック・マーを見つけて、というふうにやったけど、全部、ぼくに言わせれば、中途半端な成功しかしきれていない。そこにぼくの忸怩たる思いがある。

三回とも、それぞれのチャプターの入口で、ぼくは気づいてはいた。だから行動を起こした、誰よりも早くね。その革命の入口にいた参加者であったのは間違いない。だけど、まだ何も成し得ていない。

坂本龍馬も、事を成さなければならないと言っている。

命を張って、リスクをとって、事を成すということが、どれほど我慢しなきゃいけなくて、どれほど妥協しなきゃいけなくて、どれほど生き延びなきゃいけなくて、どれほどリスクをとらなきゃいけなくて。それではじめて、ストリートファイトで掴みとって、成していく」

大好きな龍馬がそうだ。信長も、秦の始皇帝嬴政（えいせい、始皇帝の本名。漫画『キングダム』にも登場する）も、チンギス・ハーンも。ナポレオンもしかり。だから、孫は尊敬している。リスクをとって事を成しにいった人物を限りなく孫は尊敬する。孫は語気を強める。

「言うだけの評論家みたいな人は、これは簡単ですよ、言うだけなら。それで、偉そうに上から目線でね、人を批判したりする。もう、たいがいにせえと言いたい」

気づいてはいて、やろうとして、そこの入口に参加はしているが、まだ自分が何も成し得ていないということに、孫は自らの人生、人間として、事業家として、まだ満たされてはいないのだと言う。

「言い訳抜きでやる。これまでも気づいてはいたけど、金がなかった。ちと足りなかった。いつも、ちと足りないと（笑）。常に借金があった。アマゾンだって、上場する前にジェフ・ベゾスとふたりきりで会って、『出資させろ』って、これも四時間ぐらいやりとりした。でも、ちと金が足りなかった」

孫は本音を打ち明ける。今度こそ、「金がちと足りなかったから」という言い訳をしたくない。

「そうすると、じゃあ、どれぐらい金があったら足りるんだと。絶対、自分に言い訳がないと言えるか。そうしたら、一〇兆円ぐらい要るだろう。そこで、一〇兆円ファンドになった」

つまり、情報革命の第四章であるＡＩ革命の入口で一〇兆円ファンドを作って、絶対に言い訳をせずに、ユニコーンを見つけて、徹底的に資本を入れにいく。ユニコーンとして、それぞれのセグメントがあるはずだ。ＡＩを使った医療、トランスポーテーション、フィンテック。いろいろなカテゴリがある。

それぞれのカテゴリキラーのナンバーワンになるような、ニューヒーローを見つけにいかなければならない。ファンドマネージャーをずらっと雇って、それを見つけにいくという仕組みと、見つけたらそこに資本を入れるという軍資金と、これが必要だった。

事業会社のソフトバンクとしては、顧客獲得とか、経費のマネージとか、社員のマネージとか、これは日常のオペレーションですから、ぼくが社長として、それはそれで死ぬ思いをして一所懸命、毎日、朝から晩まで意思決定しなきゃいけない。この、深くミクロにどんどん掘り下げてしなきゃいけないという役割と、ＡＩ革命の入口で、起業家を見つけて、これを育てて、資本を入れてという役割と、両方を追いかけるには身がもたない、時間もない。

そんなわけで、最後の選択として、事業のオペレーションのほうは、宮内（謙）とその部下たちに任せて、ぼくはAI革命の入口の仕事に専念しなきゃいけないということで、ソフトバンク・ビジョン・ファンドを立ち上げた」

孫はさらにつづけ、はじめて本音を吐露する。

シリコンバレーを含めて、世界中には五〇〇〇社ぐらいベンチャー・キャピタルがある。ベンチャー・キャピタルのファンドのサイズというのは、だいたい大きいところで五〇〇億円、数百億円前半ぐらいが平均だと言われる。

「おおよそ、ファンドの投資期間というのは七年間なんですよ。たとえば、七年かけて三〇〇億円投資する。そうすると、おのずと一案件あたりの投資というのは、おおよそ五億円とか一〇億円です。そうすると、シリーズAとか、シリーズB、つまりスタートして間もないところしか入れられない。それはそれで必要な役割です。生まれてすぐのところを支援する。

言ってみれば、幼稚園のようなところの教育は、尊いか、尊くないかといえば、幼稚園教育も、小学校教育も、中学校教育も、高校も、大学も、みんなそれぞれ尊いんです。尊いけれど、その大学に相当するところ、高校の後半から大学に相当するような、つまり社会に出る直前までの最後の部分に特化したようなファンド、これはなかったんですよ。どうしても、シリーズDとかシリーズEぐらいのレベルでの投資だから、資金も大きな額になるんです。ひとつの案件の額がでかい」

小さいところばっかりやっていたら、もう間に合わないと孫は判断した。

「AI革命のユニコーンとして、評価金額の規模が一〇〇〇億円を超えている、一〇〇〇億、二〇〇〇億、五〇〇〇億円という規模のところに、われわれが一〇〇〇億円単位で資金を突っ込むということになると、そういうファンドは世の中になかった。その単位で勝負しようと思ったら、やっぱり一〇兆円ぐらい要るでしょう。そちらから逆算したんですね。いくら金があるかということではなくて」

今度こそは、AI革命を担うような、代表格になるような、そういうところを見つけて、そこにばーん、ばーんと支援していきたい。そのぐらいないとだめだと孫は決断した。

「ソフトバンク・ビジョン・ファンド1で約一〇〇社。そうすると、平均一〇〇〇億円です。そもそも、投資金額が平均で三〇〇億円しかないところに、一チケットで一〇〇〇億円なんていうのは、それはなかったわけだから、従来のシリコンバレーのキャピタリストの人たちから見れば、何かわけのわからないものに思われるかもしれない。異種が突然来たということなんだけど、別に、彼らを乱すためにスタートしたんじゃなくて、AI革命をするためです」

孫のビジョン・ファンドの「夢を共有する」中心人物が、ラジーブ・ミスラ（ソフトバンクグループ副社長執行役員）である。孫のラジーブ評を聞こう。

「ラジーブは非常に頭が良くて、数字がわかって、柔軟でね。でも、人柄が良いんですよ。結構、優しい。もちろん、銀行家というのはお金を貸すという立場ですから、物事を悲観的に見なきゃいけない、現実的な目で見なきゃいけないという部分も必要です。普通、銀行家はそっちのほうが強いわけで、リスクのほうばっかり見る人が中心なんです。彼はその部分も長けてはいるんだけど、最後にはポジティブサイドも見る、夢追い人のひとりだ」

二〇〇三年、ラジーブはドイツ銀行勤務時代に孫とはじめて会った。

ラジーブの担当は債券とレンディングで、日本テレコムの固定回線ビジネス、Ｙａｈｏｏ！ＢＢなどのプロジェクトのファイナンスにかかわったラジーブは、「当時、ソフトバンクの東京オフィスに行くことを楽しみにしていた。おいしい食事など、いい時代だった」と当時を振り返る。

孫は、次の一〇年についてプレゼンをした。ラジーブにとって懐疑的な部分もあったが、お金を貸した。もちろんドイツ銀行側でリスクヘッジもした上で。

翌二〇〇四年、孫とラジーブは再会した。孫はラジーブに自分をインドに連れて行くよう促した。

二〇〇五年、ふたりで四日間、インドを訪問した。デリー二日、ムンバイ二日。

孫はそのときブロードバンドでストリーミングできる映像コンテンツを買いたいと考えていた。現在のネットフリックスがやっていることを見越してのことだ。そこで、インドの関係者に紹介した。インド滞在中に、孫には特別な何かがあると思うようになった。まだスマホが影も形もない時代に、孫はコンテンツを買って、自宅や個人の手元に送りたいと考えていたからだ。コンピューティングが家庭や、個人の手元にやってくる時代が、孫には見えていた。そして孫は、ラジーブによれば「将来を見通すことができるビジョナリーであり、大胆なリスクテーカー」である。

二〇〇六年一月の第一週、孫からラジーブに電話があった。ボーダフォン日本法人買収のための資金調達だ。

そのとき、ラジーブの妻は第三子を妊娠しており、出産が迫っていた。予定日は一月二〇日周辺だった。

「もし出産のタイミングで出張していたら、妻が出産するときにその場にいなければ、良いことではないし、決して忘れられないことになる。だから東京に行けないとマサに伝えた」

東京行きをラジーブが断ると、孫がロンドンのラジーブを訪れた。

キャッシュで二〇〇億ドル必要だった。そのうち自己資金は二〇億ドルしかない。二〇〇六年一月四日の時価総額（マーケットバリュー）は、約五・一兆円。

孫は残り一八〇億ドルの融資を頼みにきた。

「考えてみるけれど、私は銀行ではなくあくまで従業員なので、一八〇億ドルもの金額なら上層部の承認が必要です」とラジーブは答えた。

会合前後の孫とラジーブとのやりとりを、ラジーブの証言をもとに再現する。

孫「明日、ボーダフォンと会合がある。出席者はボーダフォンCEOのアルン・サリンとCFO、ボーダフォン日本法人のCEOそしてあなたと私」

ラジーブ「私にどうしろと」

孫「あなたが資金を用意すると言ってください。そうすれば、ボーダフォン側は了承してくれる」

ラジーブ「マサ、私にそんな権限はない」

孫「ただ来てくれればいいから」

そして会合当日の控室。すでにボーダフォンの数名が到着していた。

孫「会合で、融資する予定だと言ってください」

ラジーブ「(銀行の)承認を受けていない」

孫「いいからいいから、とにかくそう言ってください」

会合にて。

孫「ドイツ銀行が一八〇億ドル提供し、こちらで二〇億ドル用意する」

ボーダフォン「(ラジーブに)本当ですか?」

ラジーブ「条件付きで」

会合の二日後。

ドイツ銀行CEOジョセフ・アッカーマンからラジーブに電話があった。ドイツテレコムを所有するマンネスマン社の取締役でもある人物だ。

アッカーマン「ボーダフォンから電話があったのだが、クレージーな日本人といっしょにやって来たインド人が、買収資金一八〇億ドルを調達すると言っているが、本当か? ラジーブ、きみがそう言ったのか?」

ラジーブ「そういうわけではないのですが、検討します、と言いました」

ラジーブはこの案件のために事業証券化を業界ではじめて導入し、資金調達を成功させた。ソフトバンクグループの自己資金二〇億ドルによる投資は、八〇〇億ドルもの累計回収額となった。

その後、孫とは二〇〇七年に一度会ったきりでしばらく交流は途絶えた。

二〇一四年六月、ニケシュ・アローラの結婚式でふたりは再会した。

孫は翌朝八時から今後のソフトバンクグループの計画をプレゼンした。

結婚式での再会ののち、孫はラジーブを改めて東京に呼び、再び話し合った。

孫はソフトバンクグループを国際的な企業にしたいと考えていた。アリババはＩＰＯを申請していた。ソフトバンクグループを国際的な企業にするために、ラジーブのように国際金融や投資のことをよくわかっている人にともに働いてほしいと要請した。

ドイツ銀行でも、ソフトバンク・ビジョン・ファンドにしても、立ち上げるのが好きなラジーブは思った。

「これは自分にとっての新たな章だな」

資金調達や税に関することなどにおいて役立ち、付加価値をつけることができる。そして金融の経験と引き換えに、孫から世界のテクノロジーについて学ぶことができると思った。

「何事も適正な場所がある。運命を信じる」とラジーブは考える。

二〇一六年八月、夏季休暇。家族とギリシャに旅行したラジーブは一、二週間の旅行中に孫に向けた二〇ページのプレゼン資料を用意した。

まず自分でサウジアラビア、カタール、アブダビにいるドイツ銀行時代のかつての部下にコンタクトを取り、興味があるか調査した。

二〇一六年九月、東京でラジーブは孫とこんな会話を交わした。

「アブダビやサウジなどの政府系ファンドからの資金提供を得られるかもしれない。一

○○億ドルから三○○億ドル規模になる」

セコイア、ベンチマークなど、ベンチャー・キャピタルは規模が大きいといわれているものでも一○億ドル程度。ソフトバンクグループによる五○億ドルから一○○億ドル出資に加えて、一○○～二○○億ドル資金調達ができればかなりの規模となる。

当時ソフトバンクグループで投資に関わっていたのは、ごくわずかな人数だった。

一○○○億ドル（一○兆円）に数字が変わったときの逸話をラジーブは打ち明けた。

中東での会合を手配し、孫は東京から、ラジーブはロンドンから現地に飛んだ。飛行機のなかで、孫がラジーブのプレゼン資料を書き換えた。会合がはじまり、ラジーブは、孫が三○○億ドルから一○○○億ドルに増額していたことに驚いた。

ソフトバンク・ビジョン・ファンドの事務所をアブダビ、香港、ロンドン、ムンバイ、リヤド、上海、シリコンバレー、シンガポールに開設した。ソフトバンク・ビジョン・ファンドにはいま四○○人以上の従業員が働いている。

ビジョン・ファンドの規模についてもラジーブは明快に答えた。

「ベンチャー・キャピタルは初期のステージで投資を行ない、その後ビジョン・ファンドが入り中期ステージで投資を行なう。経済面だけでなく、さまざまな面で助けている。銀行からの資金調達や、人材の採用、またビジネスが国際的に発展するよう支援も行なう。オートメーション・エニウェアやペイティーエムの日本での展開などがそうだ。それが初期投資を行なった投資家たちを助けることにつながっている。

そうだとしても、ビジョン・ファンドはとにかく規模が大きく、かつ成長のスピードが速かった。あっと言う間に従業員が〇人から四〇〇人以上になり、〇から一〇〇〇億ドル規模になったので、彼らにとっては急だったのだろう。彼らは一〇〇〇万ドル、二〇〇〇万ドル、五〇〇〇万ドルの投資を行なっていたし、投資先企業が『一億ドルほしい』と言えば、私たちは『二億ドルどうぞ、そして成長してください』と言う。そうすると、既存の投資家の持分が希釈化され出資比率は下がることになる。しかし最終的には、私たちが彼らを助けているということにしていることに気づくのだ。投資した会社を成長させているのだから」

また、ラジーブたちが受けるもうひとつの批判は、競合関係にある企業のどちらにも投資することがある点だ。たとえばドアダッシュとウーバー・イーツなど。ラジーブは理性的である。

「とにかく、四〇年ほどクローズド・ドア（密室・非公開）でやってきた業界なので、開業して三年の私たちは彼らから尊敬を勝ち取らなくてはいけないし、謙虚であらねばならない。彼らはプロフェッショナルとして優秀だからだ。私たちとしては、彼らのパートナーとしてやっていくことを目標としている」

サウジアラビアのＰＩＦとアブダビのムバダラ開発公社は、合計六〇〇億ドルをビジョン・ファンド1にコミットしている。彼らなくしてこれほど大規模なファンドにはなれなかった。

彼らが投資した理由。

1、収益を得るため。

2、戦略的な理由。投資先企業のビジネスをサウジアラビアやアブダビに誘致するため。すでにオヨ、ファーストクライ、レンズカート、ＯＳＩソフトなど多くの投資先企業が現地でビジネスを展開し、雇用を創出している。

ビジョン・ファンド2はソフトバンクグループから一〇〇億ドルをコミットし、二〇二〇年一二月時点で、四三億ドルを投資し、公正価値が九三億ドルになった。投資は長期的プロセスだ。投資先企業のいくつかには、成長や株式公開には四〜五年を要するものもある。

ドアダッシュは二〇二〇年一二月に上場した。二〇二一年二月五日時点で、この投資リターン（実現価値と未実現価値の合計を投資総額で除したもの）は、一六・八倍となっている。二〇一七年五月に開始したので現在はまだ三・五歳だ。

コロナのために世界はデジタル化がさらに進んだ。以前はＺｏｏｍ（ズーム）を知らなかった人が、いまはＺｏｏｍを使っている。フードデリバリーを利用したことのなかった人も、利用するようになった。ネットフリックスを利用していなかった人も、いまやスマホで映画を観ている。多くの業界でデジタル化が加速した。ｅコマースは成長し、中国やヨーロッパでは車もオンラインで購入されている。保険もそうだ。個人の最大資産である家の売買すらオンラインで行なわれている。二大アメリカンドリームは家と車。それがオンラインで買われるようになった。

このようにデジタル化は劇的に加速した。オンラインの普及率は急上昇しており、そのスピードはつづく。なぜなら、オンラインでの売買は多くの中間業者が入らないため、不要なコストが減る。ＡＩによるデジタル革命で、これまで不都合だったことが解消されている。車を売るときのことを例として考えると、これまでは同じ車でも小さな都市では安い値が付けられ、大都市では高い値が付けられるという現象があったが、オンラインではどこにいようと同じ値段だ。小さな都市では手に入らなかった高級化粧品も、いまではオンラインで購入可能。このように、デジタル化によって世界が小さくなっている。

教育業界も、もうひとつの好例だろう。学校や大学は、既存のやり方の変更を余儀なくされた。オンライン教育は一大産業だが、大変な伸びを示している。中国のオンライン教育サービスZuoyebang（作業帮）は、一億三〇〇〇万人の生徒を抱えるが、ＡＩが生徒のニーズに合わせてテストや宿題をカスタマイズする。

　金融業も大きな業界だ。小さな信用金庫でもメガバンクでも、現在はオンラインで多くの手続きが完了する。アメリカで外国人留学生が口座を開くためにはたくさんの時間を要したが、いまは当日に開ける。

　さまざまな業界でディストラプション（破壊・革命）が起こってきたが、次はライフサイエンス（生命科学）とヘルスケア業界で革命が起こっている。アメリカのＧＤＰにおいてはヘルスケアが占める割合がもっとも高い。イギリスの最大雇用主はＮＨＳ（イギリスの国営医療サービス事業）で、一〇〇万人が働いている。長寿化が進むと、高齢者医療費が増える。診断や遠隔医療、新薬開発など医療サービスのすべての面においてディスラプションが起こる。アルト・ファーマシーのような処方薬配達なども生まれた。アルツハイマーやがんなどの治療薬開発においても、ＡＩによってかつてと比べて格段に安く行なえるようになった。

　また、自律走行車もそうだ。これは今後五年くらいで現実となる話。ニューロがそうだ。アメリカの一部の都市では実際に走行しており、食料品や処方薬配達に使用されている。これまで配達において最大のコストは運転手だった。

孫は失敗を恐れない、お金を失うことも。

一九八一年から四〇年ほどの経験があれば、第六感も技能となる。経験のある医師は、手術のたびに医学書を参照するようなことはない。組織に触れれば、どうなっているのかわかる。

「投資の対象がテクノロジーであっても、インターネットであっても、AIでも、その背景には哲学がある。カジノや不動産を買わないのは、AIやテクノロジーと関係がないからだ。マサは、ただ儲けるために投資をしているのではなく、哲学に基づいて投資を行なっている。そのため対象がテクノロジーやソーラーエネルギーなのだ。マサには確固たる哲学がある」

重要なのは、マサには五年先、一〇年先がどのような世界かを見通すことができるということだ、とラジーブは言う。

孫がこれまで投資してきた実績を振り返ってみると、たとえば二〇〇六年当時ボーダフォン日本法人を誰も買いたいと思っていなかった。

しかし、スマートフォンが存在する以前に、孫にはスマートフォンのインパクトが見えていた。モバイルが人間の社会に与える影響も見抜いているのだ。

孫は自らを革命投資家と称する。ラジーブは言う。

「未来を見通すことができ、また人々が価値を見出していないものに価値を見出す投資家のことだ」

ラジーブもまた夢追い人であり、革命投資家である。

# 44 「備えよ、闘う前に」

二〇一八年五月一八日、将棋の藤井聡太六段が史上最年少の一五歳九か月での七段昇段を決めた。一〇月には歴代最年少一六歳二か月で新人王戦優勝を果たした。二〇一六年に史上最年少（一四歳二か月）で四段昇段（プロ入り）し、無敗で公式戦最多連勝記録（二九連勝）を樹立した。その後、二〇二〇年に最年少、一七歳一一か月で初タイトル棋聖を獲得。同年王位を獲得して、藤井は最年少二冠、最年少八段に昇段した。

二〇一八年一一月五日、ソフトバンクグループは二〇一九年三月期第2四半期の営業利益が前年同期比六二パーセント増で、過去最高益を更新したことを発表した。二〇一九年三月期から「戦略的投資持株会社」に転換。孫は満面の笑みを浮かべて壇上に立っていた。

二〇一八年四月、米スプリントと米Tモバイルが合併取引に合意。

二〇一八年一二月、事業会社のソフトバンクは東京証券取引所市場第一部に上場した。一人の人生は多くの人々の人生と関わっている。

宮内謙（前ソフトバンク社長、二〇一五年四月〜二一年三月在任。二一年四月より代表取締役会長）は、間違いなく孫の人生と大きく関わっている。孫は言う。

「もう四〇年近く、ぼくにずっとついてきて支えてくれた女房役」

事業家孫正義の最強の伴走者だ。

「非常にバランス感覚がすぐれていて、非常にロイヤリティがあって、ソフトバンクを愛していて、何よりもソフトバンクの成功、しかも長い成功を心から願っている」

孫は宮内の話になると表情が明るくなり、嬉しそうに語る。

「明るくて、多くの部下がみんな『宮内さんに言われれば仕方ない』と納得できるような、非常にフェアで、自分の欲得は常に二番というか、全然ない。彼は年俸の条件交渉的なことは一度も口したことがない。一回も。ぼくが『もうちょっともらったら』と言うと『いや、そこまで要らない』と言うタイプですからね」

宮内は常にソフトバンクの成功を願ってきた。孫の声のトーンがさらに上がる。

「ぼくはどうしてもビジョンを追いかけて、常に次の一〇年のために九九パーセント、身も心も突っ込みたいわけです。インターネットが始まったときもそうだった。まだインターネットが売上げの一パーセントもない、でも、ぼくは身も心も九九パーセント、そっちに突っ込む。実際の売上げも、利益も、社員の九九パーセントは既存のソフトバンクのソフトの流通、出版、展示会など。それはもう宮内に全部任せて、ぼくは明日の世界に行く。それは宮内がいたからできた」

通信のソフトバンクができてはじめて宮内社長が誕生したのではなくて、事実上、三〇年間ずっと宮内が現場のオペレーションをやってきた。

「そういう役割分担があって、三〇年間ずっとそうだった。だから、ソフトバンクのIPO（株式上場）とそれの社長を任すというのは、非常に自然な流れ。宮内以外には考えられなかった。みんな納得して、一切波風は立たなかった」

ニケシュ・アローラが孫の後継者だと言われたことがあった。

いま、孫は率直に言う。

「ニケシュは非常に有能だし、業界もわかっている、だから、彼は今後の人生でもいつも大きな成功をすると思います。彼はできるだけ早く自分がソフトバンクグループのCEOになりたかったわけです。でも、ぼくの志からすると、まだ引退するには十分楽しんでないというところがあった。あと、彼は、過去のしがらみとか、思い入れというのがないから、そういう意味では、非常にドライにいろいろなものを考えがち、でも、われわれには経験というベースがあって、そこに人もお金も物も心も、全部そこのベースがあるから、ぼくが自由に飛び跳ねられる。新しい部分においても、多くの人の心を一つにしていかなければいけないという部分で、少なくともぼくはもうしばらくアクティブにCEOをつづけたいと思ったということです」

いつかは後継者に渡していかなきゃいけない。ニケシュのどこが足りないとか、ということではない。

「そういうことよりは、まだぼくが遊び足りない、もうちょっとエンジョイしたい。少なくともソフトバンクグループのほうは完全に投資会社に役割が変わった。ぼくは単純な投資会社とは思っていませんが。投資の世界ではかならずしも若くなくてもいい」

（六〇代の経営者が）他にも成功している事例は、投資の世界にもいっぱいある。頭と精神さえ健康で若く保っていられれば、もう少しやれるかなと孫は思った。

また、宮内の言葉を借りれば、「孫さんの会社だから孫さんのやりたいようにやっていい。おやじは家出をしちゃったから、こちらの会社は守ります」ということになる。

「そういうことですね。フーテンの寅さんみたいに、鞄一つ持って、すぐまた次のロマンを求めて行っちゃう。ときどき帰ってきては、またお騒がせするんだけど、でも、そういうものですね」と孫は笑う。

孫はフェアな男だから、のちに袂を分かつことになる大森康彦が連れてきた人間だということと関係なしに、宮内を中枢に迎え入れた。

孫と宮内の初対面のときについて、孫は言う。

「ぼくは彼に、『あんた、最初から偉そうだったよね』と何回も言ってます（笑）。自分のマーケティングの説を明確に持っていて、一所懸命、何か滔々と語ったし、対等に言い返してました。でも、常に適切に分析した」

孫は笑みを浮かべてつづける。

「ぼくはやや過激なんですよ、その中心よりもちょっと尖った側に、先行している。それって外れるリスクもある」

まだＰＣ事業が中心のときに、「次はインターネットだ、次はモバイルだ、次はＡＩだ」と孫は常に先を行くから、どうしてもリスクが伴う。

「宮内は、それは非常にわかると、完全に同意してくれる。でも、今日の飯も食っていかなきゃいけないから、日々の利益も経費のマネジメントも大切だし、お客さんも大事にしなきゃいけない、社員も大事にしなきゃいけない。宮内も本当は結構先進的なんです。先進的だけど、ぼくよりも半歩だけ、ちょっと下がって現実を踏まえなきゃ、というところです」

だから、多くの社員は、すごく心が落ち着く。宮内も最初からそういう役割分担、それがお互いに与えられた役割だと思っている。社員の報酬を決めるのも、普通の社長はみんなそれをやっている。しかし、孫はそういったことに興味はほとんどない。宮内に「頼むわ」と任す。あるいは銀行とのやりとりは、後藤（芳光）に任す。孫は任すときには完全に任す。

その代わり、孫は最終責任を負う。

「将来のところに大きく踏み込んで、リスクを取りにいくというのは、ときどき、誰が止めても聞かなかったりする。それはもう、会社がひっくり返るかもしれない。ある意味、博打を張っていく。今回のウィーワークの投資の失敗でも、私の責任ですと、ほかの誰でもない、自分の責任だと言えるわけです。それを人のせいにしていたら、前に進まない」

宮内はソフトバンクの社長に就任して、生き生きと任を果たしている。立派にその能力を果たせるだけの才覚がある。人柄もいい。リーダーシップもある。孫は会長、宮内が社長になって、その瞬間から孫は取締役会以外には一切出ていない。

「それをやらないと、いくらタイトルを『社長』としても、部下（スタッフ）は見ているわけですよね。結局、ぼくの決裁がないと事が進まないとか。院政を敷くと組織は、いつまでたっても社長は尊敬されない」

同志的結合は、血の結合だとか、欲得の結合よりも、志をともにしている結合が一番強い。同志のために、幕末でも命をかけて明治維新をやっていった。それは血族だとか欲得をはるかに超えていた。

「ロイヤリティと情熱と、わが業界に対する技術的な理解だとか、非常にすぐれた能力があります」

志のバトンはしっかりと受け継がれる準備ができている。

宮内謙は一九四九年一一月一日、愛媛県で生まれた。父・重邦は近衛兵で、その後、事業を立ちあげた。

「同じ道を歩まない」反面教師で、宮内は事業はやらないと決めた。

学業優秀な宮内は大阪府立四条畷高校に進んだ。進学校で知られる。陽明学者の安岡正篤などを輩出した名門で、当時も理系の秀才が多くいた。

大学ではドイツ文学を愛する文学青年だったが、「いろいろあって就職」することになった。

新聞広告を見て長崎屋に就職後、富山に配属。販売などやっていた。この時期に外部の論文の懸賞などを投稿し、三〇万円といった賞金を手にしたこともしばしばあった。社内でも論文の募集「これからの店舗はどうあるべきか」があり、現在のコンビニのようなアイデアを応募したらそれが表彰され、本社未来開発商品本部に異動となったが一年弱で辞めてしまった。この時期にビジネスに興味を持ち、日本能率協会に移った。

当時、日本警備保障（現・セコム）副社長の大森康彦に宮内はインタビューした。その後、日本ソフトバンクの社長になった大森に誘われて、宮内はソフトバンクに入社した。ふたり乗りのタンデム自転車になぞらえて、孫会長、大森社長の体制をとっていた時代である。

一九八四年夏、宮内は孫と会った。

「色白で、若い青年、弱々しそうだった。坊ちゃんのようで、大丈夫か」

と宮内は最初に思ったが、すぐに夢を語る孫に共感した。そのパワーに動かされた。「大きなことを言う人だなあ」とも思ったが、「パソコン」、「進化する」、「革命を起こす」と語る、これらすべての言葉が心地良く感じられた。

同年一〇月に日本ソフトバンクに入社。情報革命を追いつづける孫の右腕となる。二〇〇六年四月に、孫が勝負をかけた移動通信事業（ボーダフォン日本法人）の成長に尽力した。

二〇一五年四月、ソフトバンクの社長に就任すると、スマートフォンの契約数を伸ばして通信事業の基盤を固め、二〇一八年の東証一部上場時には「ビヨンドキャリア」成長戦略を打ち出し、通信事業以外の新領域分野への事業拡大を積極的に推し進めてきた。キャッシュレス決済のＰａｙＰａｙは二〇一八年一〇月五日にサービス開始、二〇二一年一月四日現在、登録者数三五〇〇万人を突破した。

宮内によれば、孫は「総合的なテクノロジーの投資会社になっていきたい」という思いが強くあった。

宮内は孫の先を読む力を信じている。

「非常に頭のいい人で、冷静に判断できる人なんです」

二〇一三年、スプリントを買収したあたりからその思いは本格化した。先を見通すなかでファンド事業にいきたいと孫は思った。

その当時、ソフトバンクグループの主要な国内の通信会社は四つになっていた。ソフトバンクBB、ソフトバンクモバイル、ソフトバンクテレコム、ウィルコム（のちにイー・アクセスと統合後ワイモバイルに）。

実質は、宮内がCOO（最高執行責任者）としてやっていたその四つを合体させて、「ソフトバンク株式会社」にしようということになった。

孫は「グループの重要なポジションだけれども、おまえがCEOをやれよ」と言った。

「ぼくも年も年だし、普通に孫さんが社長でCEOでいいんじゃないか」と宮内は言った。宮内は「ぼくがCOOでやってきたのは非公開の会社で、ある意味、孫さんの会社みたいなものだし、孫さんはまだ若いんだからCEOをやったら、と」。しかし孫から宮内に「やるからにはあなたがCEOをやるべきだ」ということで、宮内が社長になった。

守りから大きくしていく人と、一からやるタイプがあるのを宮内は明確に感じている。

孫はいったん話をはじめると、滔々と将来のビジョンと志を語る。そのあたりは一貫して変わらない。

宮内は言う。

「孫さんは強烈なパワーを持っているから、ぼくがときに和らげ、そういう意味でパートナーというか女房役。年齢は、まったく関係ないですね」

孫は全責任をとり、すべての決定を下す。宮内も同じ考えだ。

二〇二〇年八月四日の決算説明会で、宮内は、新型コロナウイルスの感染拡大で当初はソフトバンクの事業環境も厳しくなるとみていたが、テレワーク需要などデジタル産業にとってはプラスになることを「体で感じた」と発言した。

ソフトバンク、二〇二二年度の営業利益一兆円を目指す。「コミットになる」と宮内は述べた。

「おもしろいからやっている、見える化、スピード、あきらめない」

「簡単だ！　簡単だ！　簡単だ！」

今井康之（ソフトバンク代表取締役副社長執行役員兼ＣＯＯ）は言う。今井が孫から伝授された言葉だ。

孫によれば、何かに行き詰ったとき「簡単だ！」と三回唱えれば、何か解決策が浮かぶ。「この言葉で何度も勇気づけられた」と今井は言う。

今井康之は一九五八年八月一五日、愛知県生まれ。「(地域の名産の)八丁味噌で育った」と笑う。やがて茅ヶ崎に移った。湘南ボーイである。高校時代は勉学だけでなく、テニスに明け暮れた。

教師志望だった。国文学者、民俗学者、随筆家としても著名な池田彌三郎教授の授業を受けるために、慶應義塾大学に入学した。

就職活動では二〇数社を受けて、鹿島建設に合格。一九年間在籍した。地方勤務で多くのことを学んだ。

一九八六年に東京へ戻ってきたが、先輩の仕事を引き継いで担当したので、自分としてはもっと新しい業界や業種を担当したいという希望を持っていた。そんなときに目についたのがパソコンのソフトウエア業界だ。

調べると日本パソコンソフトウエア協会(現・社団法人コンピュータソフトウエア協会)という業界団体があったので、畑違いの建設会社だったが、すぐに入会した。一太郎やLOTUS1-2-3などが日の出の勢いだった。

一九九二年、今井が入会したときに、孫がこの協会の会長を次の人に引き継ぐという趣旨のパーティが開催された。ここで孫と名刺を交換した。それまで今井は孫の名前すら知らなかった。孫とはじめて会った印象は、「穏やかで、丁寧で腰の低い人だ」。

この協会に加盟している企業からは結構仕事を得た。ちょうどそのころ、栃木県高根沢町にＩＴ工業団地を作りたいという案件が持ち上がった。それで孫に「いっしょに仕事ができないか」と直談判に行った。ところが、孫からは「栃木に作るということ自体、私は賛成できない」と一蹴された。

その後、本社ビルの建設を提案したこともあったが、これも「ソフトバンクはこれからもっと大きくなる。本社ビルは会社の枠を作ることになるから、テナント以外に絶対に入らない」と断られた。今日考えればその通りだが、ゼネコンの担当者としては面白くない。

次に持ち上がったのは、第二東京タワー建設の話。

ある日、孫から「第二東京タワーを建てたいので相談にのってほしい」という連絡を受けた。孫の構想では高い鉄塔を作って、そこからＡＤＳＬの電波を発信したいということだった。この話は今井も大いに乗り気で、建設に向けてさまざまなところと交渉した。東京タワー運営会社の日本電波塔株式会社にも行った。東京スカイツリーを建設中だった東武鉄道とも交渉した。この過程で孫から「そろそろソフトバンクにきて仕事をしないか」と誘われ、今井も腹を括った。

二〇〇〇年四月にソフトバンクに入社。

しかし、ＩＴバブルが弾けた。人生の大決断をしてソフトバンクに入社した今井だったが、入社したときにはタワーの話はすっかりなくなっていた。

「孫さんらしいといえば孫さんらしい」と今井は笑う。

そこで何か新しい事業をしなければと思い、ウエブでビルの建設業者を調達・発注するというポータルサイトを考案した。孫は「それはおもしろい」と言い、話はとんとん拍子に進んだ。大手不動産会社とジョイントベンチャーを立ち上げ、今井は入社からわずか数か月でその会社に出向となった。

一年ほど経ったある日、突然孫から連絡が来た。本社に向かった。会議室に行くと、その場で「建設本部長」になることを言い渡された。

ソフトバンクでは二〇〇一年からＡＤＳＬのＹａｈｏｏ！ＢＢのサービスを開始し、当時話題を独占していた。あっという間に一〇〇万人のお客からの申し込みがあった。その裏で、設備は三万人分程度しかなかった。そこで、急遽設備の補強が必要になり、ゼネコン出身の今井に白羽の矢が立った。ところが、いくらゼネコンといっても、営業一筋で来た今井には技術的なことは無理だと孫に言った。孫は言った。

「ほかのやつよりかはましだ」

二〇〇一年七月にＡＤＳＬ部隊へ加わった今井は、会議室に泊まり込んでくれと言われ、毎日、夜中の二時頃まで仕事をした。

新しい事をやりたいという思いは孫と共通している。このとき、孫は今井を伴って総務省に乗り込んだ。顧客の申し込みが殺到しているのに、NTTが一切協力せずに妨害してきた。

「NTTは、もうウソばかり言う。ダークファイバーもあるのにないと言う」と孫は抗議した。

ダークファイバーで何局かを結んでネットワークをリング（環）にする。だが、どこかが欠けているとリングにならない。総務省に電話をした。抗議をしても、何のアクションも起こさない。

いつまでたっても回線が開通しないことに、孫はついに我慢の限界に達した。

総務省には、打合せの順番を待つ人たちが三〇〇人くらいずらっと並んでいる。

「孫さん、慌てないでください」と担当課長は平静を装うように言った。

孫は机を叩きまくって一時間ほど抗議した。

今井は総毛立った。仕事とはこういうふうにやるのだ。最高の迫力だ。命をかけて闘っている男の姿を見た気がした。今井は言う。

「いま振り返ると、よく乗り越えられたと思うが、ほんとうに苦労の連続だった」

孫の物事の考え方は、ゼネコン時代に会ったときも現在も、まったくぶれていない。

「やっているスケールは大きくなっているが、『次の時代に何をやるか』という孫さんの先見性は、いまも昔も変わらず圧倒的です」

に本社を移転した。

二〇二一年一月一日、ソフトバンクグループ、ソフトバンクは東京ポートシティ竹芝に本社を移転した。

「これも一つの拠点になってくる。そこで新しいワークスタイルも実現できるし、そこに、これからわれわれの同志が、世界中のファミリーカンパニーが、ファミリーカンパニーの同志がしょっちゅう集う、そういう場になるといいなと思います」と孫は言う。

いかにスマートシティとして進化させていくか。今井の闘いの時きたれり。

二〇二一年四月、ソフトバンクの代表取締役社長執行役員兼ＣＥＯに就任した宮川潤一について、孫は言う。

「非常にバランス感覚があって、技術に対する先見性だとか、パッション、情熱がある。しかも、税理士の資格も持っているんですね。数字もちゃんとわかっているし、ファイナンスのロジックも基本わかっている。うちの会社のなかで、営業部門の仕事は、責任者はやったことはないんだけど、でも、ＭＯＮＥＴ（モネ。ソフトバンクとトヨタ自動車などによる共同出資会社）なんかも見てきて、いろいろな会社と話をするときも、やっぱり説得力がありますからね」

孫は宮川を高く評価する。

「私を一回り小型にしたような人物だ。ぼくに最も似ている。技術に詳しいし、営業をさせても天下一品。交渉力もすばらしいことがリーダーには必要だ」

孫をして何がそう言わしめたのか。宮川は通信インフラを一から整備してきた技術畑のトップだが、事業家マインドもある。

一九六五年一二月一日、宮川は愛知県犬山市に生まれた。生家は臨済宗の清水寺（せいすいじ）、京都の清水寺（きよみずでら）の流れを汲む開山一二〇〇年以上前からの由緒正しき寺の長男として生まれた。

だが、宮川は「山寺の跡継ぎとして一生終わりたくない」と考えた。父に説得されて京都にある花園大学文学部仏教学科に入ったが、「一〇年は自由にさせてほしい」と懇願した。

宮川はまずビジネスのことをやるには知識が必要だと、会計事務所に入って経理の勉強をした。

「柳のように生きる」の信条を持ち、風に吹かれて生きると決めた。風に乗る。

最初は犬山で焼却炉の会社をはじめたが、ときは一九九五年、インターネットの時代に突入していた。そこで、インターネット接続プロバイダの事業を手掛ける「ももたろうインターネット」を創設。同社は東京めたりっく通信と共同出資で名古屋めたりっく通信（のちにソフトバンクＢＢが吸収合併）を立ち上げるなど、日本におけるＡＤＳＬの草分けとして事業は軌道に乗っていた。

宮川は、ADSLの技術はOJT、独学で学んだ。父はモノ作りが好きで、寺には父の手作りのものがいっぱいあった。子どものころから、そんな父を見て育った。ちなみに宮川自身の僧籍は四〇年以上になる。

二〇〇一年八月、大阪から新幹線に乗っていた孫から電話があった。

「これから名古屋駅に来て、新幹線に乗ってくれ」

宮川は入場券で孫の待つ列車に飛び乗り、差し向かいの席に座った。一時間半、孫は東京駅に着くまで宮川を質問攻めにし、メモを取りつづけた。

名古屋の会社に宮川が戻ると、すぐに孫から電話がかかってきた。

「明日、東京で飯を食えないか」

「自分の作った会社は一〇〇年ぐらい残したい。通信にこだわりたい」と宮川は言った。

「おれと似ている。おれは三〇〇年だけどな。いっしょにやらないか。おまえ、名古屋でいいのか？　打倒NTT。日本テレコム買収など、なんでもありだ。構造的に変えたいんだ」

孫は真顔で言った。

宮川は孫に返答した。「二週間、時間をほしい」。

「とことん信用するから」孫は言う。

「明日から東京に来てくれ」

宮川は、新しい風に乗った。

当時のソフトバンクの本社に近い箱崎のビジネスホテルで、孫と激論を闘わせた。宮川はＹａｈｏｏ！ＢＢの欠陥をまくしたてた。孫は反論した。

「おまえを見損なった。できない言い訳を聞きたいわけじゃない。どうやったら、できるかを聞きたい」

宮川の負けん気に火が付いた。

「一週間だけ時間をください。気に入らなかったら、クビにしてください」

宮川はＢＢテクノロジーの社長室長からはじめ、運用やコールセンター業務を新設するたびに五つほど本部長も兼務した。

名古屋から、一〇〇人すぐ来てくれと呼び寄せた。

Ｙａｈｏｏ！ＢＢは軌道に乗りはじめた。

二〇一四年八月、宮川は孫に呼ばれた。

「真ん中に座れ。おまえの送別会だ。明日からスプリントに行ってくれ」

孫は笑みを浮かべて、

「明後日で勘弁したるわ。ほんとうはおれが行ったほうがいいかもしれん。だが、行けるタマはおまえしかおらん」

技術がわかる人材は宮川しかいない。マルセロも宮川がアメリカに来ることを望んでいる。宮川は尋ねた。

「片道切符ですか？」

スプリントを立て直すまでは、日本に帰ることはできないと宮川は覚悟した。

スプリントの社員たちは、宮川の提案に「イエス」と言った。しかし、三か月経っても何も改善されていなかった。問い質すと、会話のあとに「Make sense?（理解のうえ、同意するか？）」という言葉がなかったため、それに対する「イエス」ではなかったという。そのため何も進展していなかった。

現地カンザスの一部の人々には、日本は敗戦国という差別的な意識が残っていた。

そこで、彼ら自身と同じ立場に立たないと人は動かないと痛感した宮川は孫に協力をあおぎ、幹部を総入れ替えした。

人事だけでなく、「ネット改造計画」を宮川は推し進めた。

スプリントの買収価格は日本円で約二兆円。だが、七ドル台だった株価が二ドル台まで落ちた。

二〇一六年九月、スプリントはようやく好転の兆しを見せた。

「株価が戻ったから、日本に戻ってもいいですか？」と宮川は孫に訊いた。「戻してやる」と孫。

スプリントでの二年半を振り返って、人の心を掴むことを改めて学んだ。

親友の訃報を受けたときも日本には戻れなかった。Tシャツを着て店頭にも立った。

宮川は「現場を見てほしい」というマルセロの言葉にも耳を傾けた。

どんなことをしてもネットワークを作り上げるという、宮川の強い思いは達成した。

宮川は闘い抜いた。

日本に帰国した二〇一七年六月二七日の社員大会で、宮川はソフトバンクの社内改革を発表した。

約一万四〇〇〇人が携わる技術部門の業務の半分を二年間で自動化し、頭を使う企画をみんなでやろう。

IoTの時代、尊敬されるオペレーターになれと発破をかけた。そして明るく、仕事を楽しみたい。これはカンザスで感じたことだった。これから陣頭指揮をとるソフトバンクで積極的に取り入れたいと言う。

二〇一七年四月。宮川はHAPSモバイル（成層圏の通信プラットフォーム）をやると決めた。

そのときも孫から宮川は質問攻めにあった。どんな周波数を使うのか。ほんとうにできるのか。周囲の反応は鈍かったが、孫は関心を示した。

「おれは反対していない。おもしろい、やってみろ」

どんなことにも挑戦するが、ソフトバンクはメーカーになる気はない。スピードが重要。人間を豊かにするものがソフトバンクの役割だと宮川は任じている。

二〇一九年からは、モネ・テクノロジーズの社長を務めている。

二〇二〇年八月六日。東京大学とソフトバンク・グループによる「Ｂｅｙｏｎｄ ＡＩ研究推進機構」の本格始動も、宮川は先頭に立って進めた。ＡＩ時代を見据えて闘う孫を見てきたからだ。

「集中したときの孫さんは宇宙人だ」孫の凄さを宮川は言う。

「孫さんは一番でないと嫌なので、どこかで一番にしてあげたい」

そのためには入念な準備も欠かせない。

次の絵を宮川は描いている。

宮川が中心となって推し進めているソフトバンク子会社のＨＡＰＳモバイルは、上空二〇キロメートルの成層圏に次世代通信ネットワークを構築する。そのための無人航空機の基本試験を完了。「空飛ぶ基地局」が実用化に向けて現実味を帯びている。

孫の言葉は、俳人・松尾芭蕉の悟った境地「高く心を悟りて俗に帰るべし」だと宮川は言う。深く考えてやさしく語る。常に本質を突いている。

『孫の二乗の兵法』によれば、「闘って初めて事を成す」。

二〇二一年三月には子会社でヤフーを運営するZホールディングスとLINEが経営統合された。

宮川は孫の言葉を実践する。

「備えよ、闘う前に」

高速、大容量規格の5GやAIを巡る競争はさらに激化する。5Gは通信とプラットフォーマーの役割がある。宮川は「総合デジタルプラットフォーマー」として挑戦しつづけると言う。

常にベンチャー企業であれ。宮川はソフトバンクのDNAを引き継いでゆく。

# 45 ストリートファイター

「ミッション完了」とマルセロ・クラウレ（ソフトバンクグループ副社長執行役員）は言った。マルセロが二〇一四年八月、スプリントCEOに就任したその日に孫と設定したゴールは、スプリントを「勝つ会社」へと変え、TモバイルUS（以下、TMUS）との合併ができるようにすることだった。

マルセロがCEOに選ばれた理由は、その当時、TMUSの買収・合併ができなかった経緯があったから。どう建て直すか。

孫はマルセロについて、こう語る。

「マルセロは、ストリートファイターです。頭脳付きストリートファイターです。とにかく、結果を出す。一番むずかしい戦場に放り込まれることを望み、嬉々として、生き生きとして、体に五、六発、矢が刺さりながら、それでやりがい、生きがいを感じて、戦場に走って飛んでいくというタイプです。普通はね、とくに負け戦のようなところに自分を突っ込んでくれというのはいないんですよ。みんなよく逃げるんです。私は行きたくないと。そんな貧乏クジ、戦場の、しかも負け戦のところに行かせてくれっていうやつは、なかなかいない」

マルセロは戦場に喜んで突入していって、七転八倒、もがき苦しみながら、朝から晩まで、土日も関係なしに、混乱した戦場に喜んで入っていくというタイプだ。

「やらざるを得ない」と言いながら、それを生きがいに感じて、問題事があると、「誰がやるんだ」とか聞きながら、「おれでしょ」っていう顔をする。「こんなむずかしい問題をやれるのは、おれしかいないんじゃない？」。孫の言葉は的を射ている。

スプリントは何百万件もの契約数を失っていた企業から、何百万件もの契約数を得る企業へと変貌した。最悪のブランドから、素晴らしいブランドへとブランドチェンジも図った。そして過去一〇年において最大の営業利益を記録し、フリーキャッシュフローも創出した。そしてTMUSとの合併が実現した。誰もが不可能だと考えていたことを成し遂げた。

株価がわずか二ドル台だった二〇一六年から、大きく改善した。

二〇一四年当時、ソフトバンクグループの未来は、スプリントの建て直しにかかっていたので、マルセロは成功のために大いに貢献した。

マルセロはスプリントの企業文化を大きく変えた。

それまでは、スプリントのCEOに会いに行くためには、いくつものドアを通っていかなければならなかった。入口から各階の警備、アシスタントふたりを越えてやっとCEO本人にたどりつく。CEOが社会から隔てられていたことを象徴していた。マルセロはそれを取り払い、オープンスペースにした。各自の個室は廃止した。誰でもCEOのキュービクル（パーテーションで仕切られた執務スペース）にきて、意見を伝えられるようにした。

社員から直接意見を聞いたことや、ショップやコールセンターで顧客の話を直接聞いたことから多くの学びがあり、建て直しの際にとても役に立った。

CEOの話をもらったとき、ほかに適任者がいると思い、マルセロは「マサ、あなたはクレージーだ」と孫に言った。

自分はビジネス側の人間で技術者ではない、ネットワークについては何も知らないとも伝えた。

孫は「マルセロは売ることをしてくれればよい。自分がネットワークの方をカバーする」と答えた。しかしチーフ・ネットワーク・オフィサーであるはずの孫は忙しすぎた。そこでテクニカル・チーフ・オペレーティング・オフィサーとして任命されたのが宮川潤一（二〇二一年四月一日より、ソフトバンク代表取締役社長執行役員兼CEO）だった。

宮川は一週間後、通訳を連れてカンザスにやってきた。

宮川は、現地のネットワークチームに向け、スモールセル、2・5GHz、5Gについて熱く語った。二〇一四年当時は、誰もがクレージーだと思っていた。誰も理解できなかったからだ。

しかし二〇二〇年の現在では、2・5GHz、スモールセルや5Gが新TMUSの成功に生かされている。

当時、孫や宮川が言っていたことのすべてが新TMUSの基盤となっている。間違いなく、世界でもっとも重要な通信会社となるだろう、とマルセロは確信している。

孫の強みは「未来を見通す力が誰よりも優れていることだ」とマルセロは言う。

二〇一四年、孫にはテレコミュニケーションの未来がはっきりと見えていた。

二〇二〇年、そのとおりのことが起きている。

スプリントを立て直したマルセロが、次に孫から送り込まれた負け戦の戦場は、ウィーワークだった。二〇一〇年にアダム・ニューマンが創業したコワーキングスペースの事業に、ソフトバンクは二〇一七年から投資を開始していた。二〇一九年の年初には二〇億ドルを追加投資して、上場も予定していたが、経営者のアダム・ニューマンが大きなトラブルを起こし、会社は一気に危機に陥った。

アダム・ニューマンの件が起きたとき、マルセロが孫から任されたことは何だったか。

「新ウィーワークには、適切な資本構造、適切な株主、適切なマネージメントを確保すること」

アダム・ニューマンはウィーワークについて正しいビジョンを持っていたが、実現に関しては深刻な課題を抱えていた。

勝てるビジネスモデルである。業界も良い。有効市場は三兆ドルとされ、市場規模は巨大だ。

不動産市場は革新がもたらされるべき状況にあり、二〇年契約の慣習は世の中の変化のスピードにそぐわなくなっている。そのため、より柔軟な形でのオフィス用スペースへの需要はこのコロナ禍にあっても莫大であり、ニーズはさらに高まる可能性を秘めている。

前経営者のニューマンがトラブルを起こした二〇一九年、孫たちは選択肢を検討した。撤退するか、とことんやるか。

そしてトップを変えることにした。孫は常に起業家を応援する人だから、孫にとってはつらい決断だったに違いない。結局それで、アダムは職を辞した。

そこから、二〇一四年と同じことが起きた。

孫はマルセロに、「考えがある。きみがウィーワークのCEOになれ」と言ってきた。マルセロは最初、「マサ、それはクレージーだ」と答えた。不動産について何も知らないのだから。だが、孫は心配するなと言った。

そのとき、誰もがウィーワークは死んだと思っていた。

だが、会長に就いたマルセロは「来年（二〇二一年）には赤字を解消し、再来年（二〇二二年）には黒字化の見込み」と力強く言う。

ウィーワークの建て直しは、レピュテーション（評判）という点で非常に重要だ。投資会社の業界において「ウィーワーク以前・以後」のような言葉もできてしまったくらいなので、建て直す決意を固めている。もちろん投資家へのリターンも大事だ。しかしそれ以上に、ウィーワークが悪い会社だと思い込んでいる人々に、それは間違いだと証明したい。スプリントのときと同じだ。

キー・プラットフォームとしてのウィーワークについての考え方はどうか。

ネットワークにはデジタルとフィジカルの二通りあるが、ウィーワークはフィジカル・プラットフォームだ。仕事という重要なことを果たすために集まってくる場所だ。スモールビジネスのための、高品質で使い勝手もアクセスも良いオフィスがこれまでなかったので、ウィーワークが提供する。ネット経由で簡単に手配できる。これがウィーワーク。

ウィーワークの改善の第一歩は、経費を下げることだった。

一万六〇〇〇人の従業員を半年で五〇〇〇人に削減した。

経費六四億ドルを半年で四〇億ドルに。そうすることで、稼働率が六五パーセントでも収支が合う。

パンデミック前は八五パーセントから九〇パーセントあったので、今後、経費は低く抑えたまま稼働率が戻れば一五億ドルの利益が出ることになる。

ウィーワーク1・5は「アクセス」と呼ばれるフェーズ。オンデマンド、一時間から柔軟な条件で施設を予約できる。オールアクセスというメンバーシップ制度により世界中の拠点を使用可能だ。

ウィーワーク2・0は、企業のソリューションプロバイダーになるフェーズ。マーケティングや経理、保険など会社に必要な機能を提供し、会員がコアビジネスだけに集中できる環境を提供する。これからもウィーワークは進化をつづける。

ウィーワークでの新しい顧客についてはどうか。大手企業も会員になっている。バイトダンスなどのほか、グーグル、フェイスブック、ゴールドマン・サックスなど、世界の大企業の七〇パーセントがウィーワークを使っている。

どのビジネスにおいても、成功には偶然の巡り合わせも大切な要素だ。

パンデミックにより、企業は職場の人口密度を下げなくてはいけなくなった。収容しきれない従業員のためにウィーワークと契約することになった。また、新たな傾向として、職住近在志向が高まっている。フェイスブックなどは、どこのウィーワークでも使ってよいということになっている。

そして、多くの企業でハブアンドスポークモデルが採用されるようになった。本社のほかにたくさんのサテライトオフィスが必要となるが、ウィーワークをサテライトオフィスとして使ってもらっている。

スプリントのとき、孫はテクノロジーのことを何も知らないマルセロに大きく賭けた。そのためテクノロジーを理解するのに三年かかってしまった。

「人間、歳を取れば賢くなります」とマルセロは言う。

ウィーワークでは時間を無駄にしないように、不動産業界のことをよく知る人間をCEOとして雇い、自分は会長として指揮を執りたいたいと孫に言った。サンディープ・マサラニは不動産についてわかっており、マルセロは消費者と事業をわかっているので、コンビネーションでうまくやっていけると思った。マルセロは言う。

「ラテンアメリカでの投資事業などほかの担当案件との兼ね合いで、自分がウィーワークに使える時間は全体の三分の一。いっぽうサンディープは一〇〇パーセントの時間を使える。事業の建て直しを任されるなかで、私も進化を遂げた」

ウィーワークの二〇二〇年現在のデータは、三八か国・一五〇都市にビル八五〇棟。アマゾンなど大企業の顧客向け、スモール〜ミディアムビジネス向けのオフィスなど、地域や都市ごとの顧客の需要に合わせたオフィスを展開している。

では、なぜ人々はウィーワークを好むのか？

スモールビジネスのオーナーがマンハッタンにオフィスを構えたいと思っても、質の良い、美しい建物の数は限られている。たいていは大企業かウィーワークが押さえている。ウィーワークを使用すれば、よい住所のオフィスを手に入れることができる。新規ビジネスにとって住所は重要だ。

それに、ニューヨークでオフィスを借りようと思ったら、最低でも一〇年の契約をしなくてはならない。借りることができたとしても、建築家やデザイナーや弁護士を雇い、建築会社に内装を発注し、さらに管理人や受付を雇うなど、実際にオフィスが使えるようになるまで一年はかかるだろう。ウィーワークに行けばその日からはじめることができる。

さらにスペースのレンタルは一時間からなど、柔軟性に富む。一〇年借りたければそれも可能。いかようにも使える。ビジネスの拡大・縮小に合った好みのスペースがある。不動産関連のことには悩まず、ビジネスにフォーカスすることができる。

つまり柔軟性という観点から、ウィーワークのバリュー・プロポジションは大変強力で、そのため人々はウィーワークを歓迎するのだ。

さらにウィーワークにはコミュニティがあり、ネットワーキングができる。顧客の獲得も可能。ウィーワークコミュニティの人々と話し合うこともできるし、メンターとの出会いもある。わざわざコーヒーを買いにいく必要もない。コミュニティの力、ネットワーキングの力は非常に大きい。

ウィーワークでは現在、三タイプのサービスを提供している。「オンデマンド」は一時間から借りることが可能。ウーバーに似ている。「オールアクセス（またはメンバーシップ、パスポート）」は、世界中どこにある施設でも使用できるブラックカードのようなもの。世界中三八か国のどこにいても現地のウィーワークを使用可能だ。「専用スペース」は従来の不動産賃貸に近いが、より柔軟な形でオフィスとして貸し出している。

コロナのため、世界は変わり、テレワークが急速に広がった。自宅から働きたい、自宅近くで働きたい、電車に乗りたくないなど、人々の希望も変わった。とくに東京は通勤電車の混雑がひどい。そのため企業では、ハブアンドスポークモデルという新しいモデルを作り出した。小さなサイズの本社と、たくさんのサテライトオフィスからなるオフィスの形。

多数の調査を行ない、「職場に戻りたいか？」という問いに対する答えは、一〇パーセントが「従来の働き方に戻りたい」、二〇パーセントが「完全在宅を希望」、七〇パーセントが「ハイブリッドモデル＝出社と在宅勤務の混合を希望」している。また、四五パーセントの人が「以前より生産性が低い」と感じ、三六パーセントの人が「キャリアについて前向きになれない」と感じている。つまり、イノベーションの減少、コラボレーション機会の減少、カンパニーカルチャーの不在、キャリアの発展が困難といったデメリットを感じているのだ。

孫がマルセロを語りだすと止まらない。それは孫の企業論でもある。

「ぼくは、会社にはハンティングをする人とクッキングをする人、両方が必要だと思っている。ただ、料理、つまりどんなにすぐれたクッキング能力があっても、先にハンティングしてこないと、獲物を捕ってこないと料理のしようがないわけです。ハンティングしないと、キッチンは常に暇を持て余すわけです。もちろんクッキングしないと食べられない。両方大切なんだけど、どれか一つだけ取れということになると、ハンティングしないとね。

ハンティングは常にリスクを伴うわけです。山に獲物を獲りに行って、一年捕れないときだってあるわけ。ライフルと三日分の食い物ぐらい持って出るわけでしょう。三日以内に獲物が見つからないと、もう食べられない。そういう状況の中で、谷底まで獲物を追いかけていかなきゃいけない。これは勇気が要るし、その場その場の瞬間的な判断が要るし、リスクを伴うし、総合格闘技です。

ストリートファイターってどういうことかというと、リングの上のボクサーじゃないんです。同じ格闘家でも、リングの上のボクサー、柔道とか、ボクシングとか、オリンピックに出るようなきれいな格闘家は、それはそれですばらしい選手がいるんだけど、町のなかのファイトとなると、四角いリングって決まってないわけです。飛び道具でも何でも来るわけですよ。反則技の武器なんか、平気で敵から飛んでくる。こっちが反則して構わないということじゃないんだけど、常に奇想天外の、予想さえしないような、敵とか、武器とか、事件が起きるわけですよ。その予想外の事件とか、そういうものがやってきたとき、瞬時にその場で判断して、反射神経的に動かなきゃいけないわけです。これは、コンセンサスを上手に取る人とか、そういう人じゃ無理です。

だから、管理畑の人が社長をやると、大体、伸びなくなるのはそこですよね。管理畑イコール料理をする人なんです。やっぱり会社というのは攻めていかないと、日本の（経団連銘柄のような）大企業がもう成長力をなくしてきているのは、企画室長とか、管理畑の人とか、そういう人たちがどんどん偉くなっていくからでしょう。社内調整ばかり上手な人、失敗しない人が生き残っていって、いつの間にか社長になっていくみたいな、そういう会社はもうだめな場合が多いですよね。その代だけは上手な利益の更新ができるんだけど、次の世代の成長への投資がぴたっと止まっちゃうでしょう。その人の代が最後の灯になっちゃうわけ。それで、おれの代はよかったとか、またあとで自慢したりする、もうどうしようもないですよね」

孫はなぜウィーワークのアダム・ニューマンを見誤ったのか。孫はいま、率直に打ち明ける。

「たまにはリンゴを食べるんですよ、アダムのリンゴを（笑）。アダムのコンセプトもいいし、起業家としての情熱とか、何かを取りにいくという、まさにそういうセンスとか感覚は非常によかった。ただ、彼はトータルの部分でのバランスを崩しちゃった。アドレナリンが非常にすぐれていないと、ハンティングはできない。セロトニンがないと、バランスを保てない。その両方がないといけないんですけど、世の中、理性の部分ばかり強い人が多いなかで、アドレナリン・イコール、欲得の部分みたいなところ。その部分は非常に強いんだけれども、どこかで理性の部分は最後、持っていないと、バランスを崩して倒れちゃいます。そういう部分で、不運なことが幾つか重なったということだと思いますけどね。

結局、最後はみんなが納得するバランスというのはある。世の中の多くの人が納得するバランス、落としどころ。やっぱり生き延びなきゃいけない、ハンティングに行くということは。吹雪だと思ったら、山を下りる勇気も必要だ。でも、いまでもぼくはアダムの素晴らしい部分はまだ評価していますから、これを彼がいい経験だとして、もう一度立ち直って、次のチャンスをつかむ可能性は充分ある。いい勉強、試練になったんじゃないかなと思います」

二〇代の孫を知るロン・フィシャーが説明する。

「マサは起業家を信じている。九五パーセントはそれでうまくいき、残り五パーセントはうまくいかないことがある。ウィーワークはその五パーセントにあたるケースのひとつだが、ウィーワークのビジネスモデルは正しいということが証明されると思う。とくにコロナ禍で働き方が変わり、企業も、毎日全員がオフィスで働かなくてよいという考え方になった。柔軟な働き方がビジネスライフの一部となり、ウィーワークはそのような企業のニーズを満たす。長期的には、マサが正しいということが証明されるだろう」

孫は自信を持っている。

アメリカが、将来的にテクノロジー業界を主導できるかどうかは、TMUSとスプリントの合併にかかっていた。新TMUSは5Gのワールドリーダーになる。スプリントを建て直して設立した新会社は、アメリカの誇りとなる。それほど大きな話なのだとマルセロは考えた。

合併手続きの最中、アメリカ政府による合併認可が難しいのではという人もいた。政府が使ったどの計量経済学モデルも、合併に許可を出すべきではないという結果を出していた。競争や料金などについて問題があると考えられたからだ。

認可を得るため政府に伝えたのは、この合併が、グローバルな5G戦争を勝ち抜く唯一の道だ、ということだ。5Gは、今後のテクノロジーすべてに必要な基盤だから。モデルのような過去の事例をベースにしたものではなく、未来を見てほしいと伝えた。

孫の思い切った行動により、テクノロジーは国の未来を変えている。

世界は将来、孫のテクノロジーへの素晴らしい貢献の数々に気づくだろう。ビジョン・ファンドを通して行なわれた企業への投資は、われわれの暮らし方を変えた。

孫の貢献は、将来、広く知られることになるだろう。いまはそれを高く評価し、理解できる人は多くはないかもしれないが。

リーダーとしての孫をマルセロはどう見ているのだろうか。

リーダーは船長。企業として私たちがどこに向かうのか理解していなければならない。船に船長はひとり。船長がはっきり行くべき進路を指示しないといけない。船に乗っているメンバーが船長を信じていなければ、間違った方向に進んでしまう。

「船長にも、一〇〇マイル見通す人もいれば、一〇〇〇マイルも見通せる人もいる。非常に遠くまで見通せる船長はとても少ないが、それがマサ。自分は短期に特化した船長だ。私はどこの会社でも五か年計画を作るのだが、マサは三〇年計画を作る」

五年後に、船がよい場所にいるようにすることがマルセロにとっての成功。孫は三〇年先を見ている。船長の話で言えば、

「自分は五〇〇キロ先が見える。マサは五〇〇〇キロ。だから私たちはうまくやっている。彼は戦略を立てる人で、私はオペレーター」

孫はボスか、父か、兄か、友人かと問われれば、すべてがあてはまるとマルセロは言う。

「マサは言う。私たちは生涯にわたるパートナーだ」

このような言葉をかけてくれるマサは、とても優しいと思う。マサはマルセロのボスなのだ。船で言えばメインキャプテン、船長だ。

船長が寝ているあいだは、指示の下に実施する人間がこの船にはふたりいて、それがラジーブと私。マサがボス、船長で方角を決める。私たちは正しい方角に進むように実行する役割。

孫の言葉で自分が好きなものは、TMUSとの合併最終交渉前夜に言われたこと。最終交渉では、数十億ドル規模の差が出るような大きな話をすることになっていたので、マサに「その時間に電話をして起こしますか」と聞いた。

答えはノーで、「きみを信用している。きみは最善のことをしてくれることがわかっているから」というものだった。「きみが最善をつくすということを知っている」とい

うのが、マルセロが一番好きな彼の言葉だ。

二〇二〇年六月、マルセロはオポチュニティー・グロース・ファンドを立ちあげた。「ブラック・ライヴズ・マター（BLM）」（黒人の命は重要だ）でアメリカ全土が揺れたとき、孫に電話をしてマルセロはこう伝えた。

「マサ、私たちには、ここで何かやる義務がある。ブラックやラティーノの起業家たちが資金へアクセスできるよう支援しなくてはいけない」

「人種差別は悲しい事。黒人やラテン系起業家の成功を妨げる不公平な世の中を打開すべくSBグループは一億ドル（一〇〇億円）のファンド（オポチュニティー・グロース・ファンド）を立ち上げます。」（二〇二〇年六月三日付、孫のツイート）

アメリカという国は、孫やマルセロたちにとてもよくしてくれた。だからこうした危機的状況にあっては、フォロー（後追い）するのではなく、先導する立場で何かしなくてはいけない。手本を示す形でリードしなくてはいけない。

このときCNNを見ていたら、主導的立場にある人たちはこんなことを言っていた。「アフリカ系を支持する」。しかしマルセロはこう思った。「支持する」ってどういうことだ。「支持」という言葉は安っぽいと感じた。それで孫に「マサ、いまこそ私たちがリーダーにならなければ。いま『支持』などする必要ない。リードするべきだ」と言った。

夜八時にオポチュニティー・グロース・ファンドのことを孫に話した。「アフリカ系・ラテン系支援に特化した一億ドルのオポチュニティー・グロース・ファンドを設立するべき」と話した。すると孫は即座に「オーケー、いいことだ」と答えた。

マルセロはこう伝えた。

「マサ、あなたは韓国系で、日本で大変な思いをした。私はラティーノで、アメリカに来た当初はやはり大変だった。私のもうひとりのパートナーのシュウ・ニャッタはアフリカ系で、彼もまた大変な思いをしてきた。だから私たちは、このファンドを始めなくてはいけない」

孫は「素晴らしいアイディアだ」と答えた。

マルセロはこうつづけた。「このファンドは、人々にただで『あげる』ためのものではない。アフリカ系・ラテン系の人々はとても優秀だと思っている。自分たちは、アフリカ系・ラテン系のよいビジネスが資金を利用できるようにさえすればよい」と。

孫がOKしたので、マルセロは一晩中働いて、翌朝八時に、アフリカ系・ラテン系向けの史上最大級のファンドであるオポチュニティー・グロース・ファンドを発表した。

これまで七〇〇社のビジネスに目を通したが、とても楽しかった。そして二〇社に投資を行なった。この経験は、一九九七年にマルセロがブライトスターをはじめたときのことを思い出させてくれた。彼がラテン系だったために資金を得るのが大変だったので、当時このファンドがあったならどんなによかっただろうと思った。

二〇一九年三月に始動したラテンアメリカ・ファンドについて、マルセロはこう考える。

「ラテンアメリカのＧＤＰは中国の二分の一であり、インドや東南アジアの二倍だ。しかし、それに比べるとラテンアメリカにおけるベンチャーキャピタルからの資金調達額は見劣りする。中国では一〇〇〇億ドルにのぼるベンチャーキャピタルからの資金調達が行なわれていたが、東南アジアとインドではそれぞれ一〇〇億ドルに届く程度であり、ラテンアメリカでは一〇億ドルにとどまる。それはおかしいと思った。そこで私は『マサ、ラテンアメリカで投資を行なわなくてはいけない』と言った。だがマサの頭のなかではラテンアメリカはとても遠い場所だ。かつての自分にとって、日本がとても遠い場所であったのと同じように。私は、ラテンアメリカは世界のＧＤＰの七パーセントを占めているとマサに伝えた。そして、五〇億ドルではじめるのはどうかとも言った。マサは『筋は通っている』と答えた。これまでの二年で二〇億ドルを投資した。三〇社以上の素晴らしい企業に対し投資を行なった」

メキシコ初のユニコーン、カバック。ＡＩやロボティクスを使用したオンライン中古車販売プラットフォーム。

コロンビア最大のユニコーン、ラッピ（宅配アプリ。スペイン語でFast速い、の意）。中国ビジネスと似ている。カバックはGuazi（瓜子）と似ており、ラッピはスーパーアプリSとしてアリババと似ている。

ブラジルのユニコーン二社。ラテンアメリカへの投資の機運が高まった。勝者は起業家。

ファンドの投資により、ラテンアメリカの起業家を取り巻くエコシステムを変えた。

「マサはラテンアメリカで有名人だ。雑誌の表紙を飾っている」

頭脳付きストリートファイター、マルセロの闘いはつづく。

# 46　常に道はある

「久しぶりのツイートです。新型コロナウイルスの状況を心配しています」（二〇二〇年三月一〇日）

二〇一七年以来、孫は約三年ぶりにツイッターへの投稿を再開した。翌日からも孫は、PCR検査に関する一連のツイートをした。

新型コロナウイルス感染症（COVID－19）拡大に関して、孫は「（感染の有無を調べる）簡易PCR検査の機会を無償で提供したい。まずは一〇〇万人分」「申し込み方法等、これから準備」とツイートしたが、ソフトバンクグループ広報室は「あくまで個人的な活動」としていた。三年ぶりの孫のツイートの反響は大きかった。そして、「医療機関の混乱を招く」といった否定的な意見もあったため、孫は二時間後には、「評判悪いからやめようかな」と取り下げた。

のちに、孫の判断が間違っていなかったことが実証されるのだが、この時点では彼の真意が理解できた人は多くはなかった。

「こういう国難のときこそ、人とコミュニケーションを図って、ぼくらも提案していきたいと思ったから、ツイッターをはじめた」と孫は言う。「ぼくはPCR（検査）をできるだけ早くできるだけ多くの人にやって、早いうちに、コロナが市中に蔓延してしまう前に、少しでも熱があるとか、その家族とか、そういうのに触れ合ったような人たちが、いろいろな手続とかをしなくても、（すぐに対策できるようにしたかった。）四日間以上、三七・五度って誰が決めたんですか？　とんでもないルールだと思うんですけれども」。それが孫の心の底からの思いであり、多くの人々の怒りの代弁でもあった。

「ぼくの知り合いだって、四日間、体温が三八度、三九度あっても、結局、ああだこうだ言って治療が受けられなくて、救急車で運ばれたときにはもうすでに重症だった。その直前まで『どうしても我慢できなくなったら救急車を呼んでください』と言われて、家で我慢していたら、結局、即入院、即重症。あのとき、たらいまわしにされたんです。やっとたどりついた病院では、即重症ですよ。素直に言うことを聞いた人が、国民の勘違いとか言われて、そんなバカな話があるかということですよね」

二〇二〇年、新型コロナウイルスの感染拡大による株式市況の悪化などにより、ソフトバンク・ビジョン・ファンド投資先の公正価値も下がった。

その結果、ソフトバンクグループが二〇二〇年五月一八日に発表した二〇二〇年三月期の営業損益は、一五年ぶりの赤字となり、その損失額は一兆円を超えた。孫はオンライン会見の場で、自己株式取得と負債削減のために実施する、最大四兆五〇〇〇億円の保有資産の資金化について説明した。

そんななか、ネット上では孫に「ありがとう」の声が噴出した。

理由のひとつは、マスクの無利益の提供を宣言したことだ。孫はツイッターで「出来ました」（二〇二〇年四月一一日）。ソフトバンクグループとして「世界最大マスクメーカーBYDと提携し、SB用製造ライン設立」と公表した。

孫の有言実行ぶりに誰もが驚いた。五月には防護服（一〇〇万着）、フェイスシールド（八〇万個）、ゴーグル（一三万個）の調達も完了。これらをソフトバンクグループは無利益で提供することになった。

もうひとつは、一兆円を超す営業損失を堂々と発表したことだ。

緊急事態宣言の発令による一方的な休業要請に、飲食店をはじめとした経営者は苦しんでいる。それでも「一兆円の赤字に比べたらまだマシ」「なんか勇気づけられた」「大赤字でもマスクを提供するのだからすごい。自分の悩みがバカみたいに思えてきた」などと孫の言葉に励まされた人の声が続出したのだ。

「嵐の前では臆病だと笑われるくらい守りに徹した方がいい。それが本当の勇気だと思う」（二〇二〇年四月一五日）

「あきらめてはならない。常に道はある」（二〇二〇年四月三〇日）

「静かに美しくやるか大きく成すか。偽善者呼ばわりされる事くらい覚悟せず、事は成せない」（二〇二〇年五月一二日）

二〇二〇年五月一八日、決算説明会での孫の表情はいつもの覇気がない。こんな孫の表情を見たのは私ははじめてだった。実はこのとき、孫は（自社の業績よりも）コロナ危機を誰よりも憂えていたのだ。

「ソフトバンク・ビジョン・ファンド1の投資先八八社（二〇二〇年三月末時点）のなかで一五社ぐらいは倒産するんじゃないか。また一五社ぐらいは翔んでいって大きく成功すると見ている。残りはまあまあの状況になるのではないか。翔んでいった一五社が五年後、一〇年後にわれわれの投資価値の九〇パーセントくらいになるのではないか」

「今回は余裕で崖の下を覗いている」。一本で支えていると言い放ったのだ。

「ネットバブルが崩壊したときも、アリババ、ヤフーなどほんの一部の会社が九〇パーセントを生み出した。残りは倒産したり、生きていてもまあまあという状態。同じことが今回も起きるだろう」。孫は今回の大赤字について、ほとんど気にする様子を見せず、

「コロナショックは新しい時代のパラダイムシフトを加速する」と前を向いていた。

二〇二〇年三月期第2四半期の決算説明会では、「ウィーワークについて反省している」と二〇回近く言った。

「失敗の原因は外部ではなく全て己れにある。それを認めなければ前進はない」（二〇二〇年五月一九日）

二〇二〇年三月期の損失額が、ソフトバンクグループ史上最大規模になったことについて、「大したことはないです。誤解しないでほしいのは、常に言っていることですが、われわれは投資会社であるということです。投資先の評価損益に左右される連結会計の結果は、会社の評価として何の役にも立ちません」。

後藤芳光（ソフトバンクグループ取締役専務執行役員ＣＦＯ兼ＣＩＳＯ兼ＣＳｕｓＯ）は、いつもの物静かな口調でつづける。

「たとえば、二〇二〇年三月期は営業赤字が一・三兆円ということで非常に悪いのですが、一年前の決算では営業利益が二・三兆円で非常に良かったんですよ。トヨタ自動車に次いで二位だなんて言われてね。でも当時からわれわれは『営業利益が良いのは事実かもしれないが、われわれの実態とは何の関係もない』ということは言っていました」

二〇〇一年のＩＴバブル崩壊、二〇〇八年のリーマンショックと二度の危機の経験から、いまのコロナショックを切り抜けるにあたって教訓はあるか。

「過去のショックと比べると、われわれのバランスシートは比較にならないほど強い。前は、アリババは上場していなかったし、通信会社のソフトバンクも上場していなかった。だからもう当時とは全然違いますね。財務を守る立場からすると、今回の出来事は財務的なリスクを意識するイベントでは全くありません」

投資会社としてもっとも重要な指標は、純利益ではなく株主価値(NAV:Net Asset Value。保有株式価値から純負債をマイナスしたもの)。株主価値が二〇二〇年三月末の二一・七兆円から二〇二〇年九月末には二七・三兆円に増えている。

六月九日夜、ソフトバンクグループが提供した新型コロナ抗体検査による検査結果を発表した。孫や医療関係者らが出席して、YouTubeでライブ配信された。抗体検査は、過去の感染歴を調べるもの。ソフトバンクグループの調査では、医療関係者およびソフトバンクグループ社内や関連する企業の従業員が対象。たとえば医療関係者のなかでも、受付・事務、医師、看護師といった形で属性を分けたデータが用意され、歯科医のデータも明らかにされた。また、ソフトバンクなどの店頭スタッフの感染者については、「ぼくはもっと(陽性率が)高いと心配していた。事前にPCR検査で陽性と判明していたのが六名。もっとたくさんいるのでは、と思っていたが、抗体検査の結果、二人増えただけで、良い意味で驚いた」

二〇二〇年六月二五日、第四〇回定時株主総会、孫の表情は明るかった。

「正直申し上げて、結構自信がある。少し自信過剰でよくおまえは『孫のくせに不遜』だとお叱りをいただくのですが、正直を申し上げると、結構自信がある。自信がありすぎて、ワンマンだとよく言われるが、自信は大事だと思う」

株主を前に、孫は率直に語った。

「しかし、これだけ多くの投資を行ない、多くのグループを率いるということになると、私個人の能力が限界になってはいけないと思っている。だから、多くの社員、そして幹部の諸君には最大限の力を発揮してもらい、力を結集することによってわれわれの力はより大きく。発揮できると心から信じている。それらの能力を備えた社員、幹部がどんどん最近増えてきている、また守備範囲も世界に広がっている」

そして公の場で孫は名前を挙げてこう述べたのだ。

「今回のTモバイル、スプリントの件は、マルセロ（クラウレ）が大いに頑張ってくれた。何かと批判をいただくラジーブ（ミスラ）がいなかったらソフトバンク・ビジョン・ファンドはできていないと思う。大変に活躍している」

現在、ヴィア・バイオテクノロジー（米バイオテクノロジー会社）、クーパン（韓国eコマース企業）、グラブ（シンガポールに拠点を置く配車アプリ等運営企業）、ウーバー（米の自動車配車アプリ等運営企業）など、このようなファミリーカンパニーがどんどん伸びている。これはみなビジョン・ファンドをはじめたからこそ増えた、ファミリーカンパニーだ。

「これもラジーブが頑張ってくれているから、ビジョン・ファンドが大いに伸びると思っているところである。ほかにも資金調達やその他のいろんな面で多くの社員、幹部が頑張っている」

一人ひとり挙げると二〇時間ぐらい必要になるので事例はそのくらいにするが、ほんとうに多くの社員、幹部が活躍をして総力戦で伸ばしていると孫は言った。

二〇二〇年八月一一日、二〇二一年三月期第1四半期の決算説明会で、孫は戦国最強の騎馬軍団に鉄砲隊が圧勝した史実を喩えに語りはじめた。

「新型コロナウイルスと日々戦っている状況下、われわれ事業家もさまざまな問題と戦っています。歴史を振り返ると、戦に欠かせない大変重要なものに『防御』があります。投資をメインとするソフトバンクグループにとっての防御は『現金』。二〇二〇年三月末に、この先一年で四兆五〇〇〇億円の資金化を行う、と発表しましたが、今日現在、四兆三〇〇〇億円を資金化することができました。目標値に対する進捗は九五パーセントになります。『防御』は順調に固めています」

八月に進捗九五パーセントだった四・五兆円プログラムが九月には五・六兆円調達して完了した。とりわけ負債をかかえているソフトバンクグループにとって、防御というのは『現金』だと孫は言う。現金を手元に置くことで、守りを固められる。

連結決算は、純利益が前年同期比一一・九パーセント増の一兆二五五七億円となった。

この日、八月一一日は孫の六三歳の誕生日でもあった。

「年齢は男のなかの熱いものを消す」という言葉があるが、この言葉は孫には当たらない。年を経るごとにより熱くなっていくようにさえ思える。


「前進、一度しかない人生でそれ以外の選択肢に意味は無い。時に回り道をしても前進」(二〇二〇年九月一日)

二〇二〇年七月、ソフトバンクグループは一〇〇パーセント子会社、「新型コロナウイルス検査センター」(現・SB新型コロナウイルス検査センター)を設立。登録衛生検査所として認可された、新型コロナウイルスの唾液PCR検査を行なう専用施設である「東京PCR検査センター」(千葉県市川市)と「北海道PCR検査センター」(札幌市北区)を拠点に、一回あたり二〇〇〇円(税抜き、配送・梱包費などを除く)の実費負担だけで唾液PCR検査を提供している。両検査施設を合わせて一日に約一万八千件の検査が可能で、二〇二一年二月までに約四二万六千件の検査を行なってきた。これまで、東京都が公募した「福祉施設における検査の実施に係る協力事業者」に選定されているほか、二〇二一年四月に新設した「福岡PCR検査センター」(福岡県早良区)とあわせて、福岡県北九州市、福岡市、千葉県松戸市、市川市、北海道札幌市、石狩市、北見市などの自治体に唾液PCR検査を提供している。

また、法人の検査提供先には、福岡ソフトバンクホークスやBリーグ、Vリーグ、ソフトバンクのグループ企業や、株式会社ホテルオークラ札幌などがある。二〇二一年二月には、個人向け唾液PCR検査サービス「HELPO PCR検査パッケージ」の提供を、ヘルスケアテクノロジーズ株式会社と共同で開始した。

ソフトバンクグループの株価は、二〇二〇年夏頃から二〇年ぶりの高値更新がつづいた。二〇二〇年三月一〇日の年初来安値（二六一〇円）から、二〇二一年二月二二日には四倍の年初来高値（一〇六三〇円）を付けた。ソフトバンクグループの保有する株式価値が再び評価されている。

一一月四日、JCI世界会議横浜大会で、孫は若き経営者を前に、コロナ下ではあったが、唾液PCR検査と万全なコロナ対策を行なって直接、彼らに語りかけた。

「登る山を決める事」、これで人生の半分が決まる。

「めざす山を決めずして歩くことは彷徨に等しい」

いったん決めたら、言い訳せずに、やり抜く。

「最後までとことん、燃え尽きたい」

若者には無限の未来がある。

「熱狂せよ、己の夢に」

悔いのない人生を送りたい。人生とは生きることなり。孫の語る言葉に青年たちは眼を輝かせていた。

二〇二〇年一一月九日、二〇二一年三月期第2四半期決算説明会で、孫はソフトバンクグループが「情報革命への投資会社である」と強調した。

孫は改めて投資会社の最大重要指標は株主価値（NAV）であると述べた。

「AIを制するものが未来を制する」

すなわち進化に対する投資である。

「人類の未来はAIにあり」

孫はこうも言った。

「守りと攻めと同時にやる」

二〇二〇年一一月一七日、ニューヨークタイムズ紙主催のディールブック・オンラインサミットで、孫はアンドリュー・ロス・ソーキン（ディールブック編集者で、金融系ケーブル局CNBCの司会者）の質問に答えた。

自らのビットコイン投資の失敗さえも。「人に勧められてやったが、もうやらない」。

ソフトバンク・ビジョン・ファンド1はバイトダンス（ＴｉｋＴｏｋ（ティックトック）の親会社）の大口投資家であり、楽観的な見方をもっていると述べた。

また、大規模な資金化を行なったことで、ソフトバンクグループは「手持ちキャッシュが八〇〇億ドル（約八兆三二〇〇億円。二〇二二年三月頃完了予定のアーム売却取引分なども含めた金額）ある。投資会社なので、今後はアームのような大型買収の可能性は低い」と語った。そして、孫は「楽観的だが短期的には悲観的事態も」予測している。

日本のコロナ感染拡大防止に積極的に取り組んできた。

「自発的にマスクを着用しています。みんなマスクの重要性を強く意識している」

しかしワクチンの大量生産と接種が実現するまでには時間がかかる。予断を許さない事態がいつ起きても不思議ではない。

「この二、三か月であらゆる災害が発生し得る」、「大手企業が突然破綻してドミノ現象を引き起こす」、「リーマンショックのような危機によって世界市場が暴落する可能性もある」。どんな可能性もあると孫は警告した。

「現在のような状況ではどんなことが起きるかわからない。ワクチン開発が進んでいるというのは良いニュースだが、まだ最悪のシナリオに備える必要がある」

「この種の危機では万一の場合に備えたキャッシュの用意が非常に重要になると思う」

「幸運の後には必ず不運が来る。大切な事は、その時にめげず、諦めず、耐えて、闘い抜くこと事だ」（二〇二〇年一一月二八日）

「熱き思いと冷静な判断。そのバランスが革新と生存を成す」（二〇二〇年一二月二七日）

「上手くいかない時は、もう一度やればいい。ただそれだけの事だ。言い訳はいらない」（二〇二一年一月二五日）

「進化しない者は既に退化している。何故なら周りが全て進化しているから」（二〇二一年二月六日）

「春は必ずやって来る」（二〇二一年二月一二日）

「奮い立て。怖れは肝が据わらない時に生じる」（二〇二〇年二月一三日）

「偶然の勝利は勝利ではない。単なる偶然である。勝てる仕組みを創らねばならない」（二〇二一年二月二七日）

「十六で志立て単身渡米。今の正直な心境を一句認めてみました。

飛び跳ねて　田で鳴くカエル　空遠し」（二〇二一年二月二八日）

「先は読めない。それでも思い描き毎日微修正し先手を打ち続けばならない」（二〇二一年三月一四日）

いかなる事が起きようとも、常に道はある。

# 47 同志的結合

「同志的結合というのは、血の結合だとか、欲得の結合よりも、志をともにしている結合が一番強いですよね。同志のために、幕末でも命をかけて明治維新をやっていったわけでしょう。それは血族だとか欲得をはるかに超えていました」

孫は言う。

「この世で最も重要なのは、小手先のことよりも志の共有である」

一九八一年、たったひとりではじめた会社が、翌八二年には社員三〇人、二〇億円の売り上げ。八三年には社員一二五人，売り上げ四五億円。八四年は社員一九〇人、売り上げが七五億円。八五年、社員二一〇人、売り上げ一一七億円と急成長した。

創業時、孫はアルバイトを前にミカンの木箱の上で、「売り上げを五年で一〇〇億円、三〇年後に一兆円にする。豆腐屋が豆腐を一丁、二丁と数えるように、売り上げを一兆、二兆と数えられる企業にする」と熱弁をふるった。

二〇〇六年三月期には、それは現実となった。

日本ソフトバンクの創業は一九八一年、翌年の秋、会社説明会が行なわれた。土橋（つちはし）康成はじっと聞き入っていた。そのときに社長の孫が語ったのは、アメリカで猛烈に勉強したことなどだった。

「こんなに情熱がある人がいるかと思った。テンションが高くて、すごくやる気がある」

土橋よりわずか二歳上なのに、孫はエネルギーの塊のように思えた。

「これからはソフトの時代」「ＩＢＭを超える」「めちゃくちゃ伸びる」

孫は高校を一年で中退して、アメリカに留学、猛烈に勉強して、飛び級をした。

土橋は慶應義塾大学の経済学部を卒業している。勉強したつもりだが、自分とは桁が違うと思った。何かに取り組む姿勢がまるで違うのだ。

「こんな人がいるのか」と土橋は大きな衝撃を受けた。

土橋康成（現・ＳＢクリエイティブ社長）は一九五九年八月一三日生まれ、一九八三年四月に新卒第一期生として日本ソフトバンクに入社した。入社して以来、孫のもとで管理、人事、総務畑を歩んだ。

社員番号七一番の土橋に、「一生やる仕事を探せ」と孫はよく口にした。

孫は一九八三年から三年間、入退院を繰り返して、虎の門病院の熊田医師の画期的な療法で完治、一九八六年に社長に完全復帰した。

入院中に、部下二〇人が離反、パソコンソフト販売の競合会社を設立した。仲間の裏切りにあった。

土橋は言う。「そんなときも孫さんはいつもフェアだった」。

孫の悔しさを土橋はいつも目の当たりにしてきた。

社長室長時代は孫を近くで見てきた。病床にいる孫に業務報告をしたことも度々だった。

「社会の構造を変えたいという孫さんの思いは不変です。社会のインフラに貢献したいという考えは一貫している」と土橋は言う。

日本国籍を取得したときの孫の笑顔が、土橋は忘れられないという。

土橋も橋本五郎も、宮内謙も、みな猛烈に働いた。孫が先頭に立って働く姿を見せてきたから自然に従った。楽しかった。

土橋は二〇年間ソフトバンクに在籍して、出版の流れを汲むメディア事業の子会社の社長となった。いま、土橋が経営者になって思うことは何か。

孫は「常人」ではない規格外の人だ。「クリエイター」、「本質を見抜く力がすごい」。

徹底して何事もやる。とても自分には同じことはできない。だが、志は同じだ。

孫と自分は同志であり、「世の中を動かしている」という思いはいまも変わらない。

孫のやってきたことはこれからも残る。社会の仕組みを変えてきたからだ。

土橋は孫に出会えたことを幸せに思う。

大槻利樹は、日本ソフトバンクに新卒第二期生として一九八四年入社。一九九九年までソフトバンクグループに在籍した。その後、ソフトバンク・ジーディーネット（現・アイティメディア）を設立、二〇一九年一二月、アイティメディアは二〇周年を迎えた。それに先立つ同年三月にマザーズから東証一部に株式上場した。

アイティメディアを設立したのは、孫のビジョンを実現するためでもあった。むろん大槻が出した事業計画でもあるが、テクノロジーによって社会が変わることを伝える使命を帯びている。

情報は社会の基盤だと大槻は言う。

「（ソフトバンクグループへの）愛情とエネルギー。ちょっとは誇れる」

アイティメディアは出版の未来形だという自負がある。

孫は感情的に何かをするということがない。「だからこそ、敬愛と尊敬は変わらない」。

一九八九年から五年半の間、大槻は社長室長を務めた。

「今日から、YESが七割、NOが三割の割合で対応してほしい」と孫から言われた。だが、実際は「イエスとはい、しかなかった」と大槻は振り返る。

諸事の相談相手、重要顧客や役員以下への伝達係、かばん持ち、整理整頓、議事録係、スケジュール管理、外出時や出張時のガードマン。そのうえ、予算や管理会計（日次決算）までやった。大槻は「孫の歴代ベスト・セクレタリー」ではないかと自負する。

そんな一九九〇年ころのある朝、社長室の孫から声がかかった。大槻の席は社長室のドアから一番近いところにあり、呼ばれると三秒で社長室に入れるようになっていた。

「明日の朝までに、社長室の壁一面に、ライバルたちの写真を飾ってくれ」

大槻は孫に命じられた。世界のテクノロジー分野の起業家たち、ビル・ゲイツ、スコット・マクネリー、スティーブ・ジョブズ、ラリー・エリソン、フィリップ・カーンなどITの巨人たち一〇人の顔写真を社長室の壁に貼った。

「なぜ社長室に彼らの写真を貼るのですか？」大槻の問いに、孫は答えた。

「ビルやスコット、ラリーやジョブズ、彼らの顔を毎朝見て、ああ海の向こうでみんな頑張っておる。絶対負けないぞと自分を励まし、鼓舞するためだ」

大槻は孫の言った言葉を忘れない。

新規事業の開発に意欲旺盛な孫は、ヘッドハンティングでMBA出身者のリーダーとそのメンバー三名をリクルートし、チームで雇い入れ事業企画室を設立した。彼らの仕事は、孫の夢やビジョンを事業の企画や計画に落とし込む、まさに参謀集団であり、新卒入社でたたき上げの大槻とは、待遇も報酬も大きく違っていた。

孫が、このチームに指示して開発した新規事業に「CD－ROMプロジェクト」というプロジェクトがあった。日本ソフトバンクの創業事業は、パソコンソフトの流通事業であり、ソフトメーカーが開発・制作したパッケージを販売店に流通する仕事だ。このしくみをCD－ROMというデバイスを使ってデジタル化しようという取り組みだ。当時、インターネットはまだ普及していない。CD－ROMに何百本ものソフトのプログラムに暗号をかけて収録し、雑誌や店頭などで広く流通する。購入者は、買いたいタイトルの暗号解除キーを受け取り、CD－ROMからダウンロードするという、ソフト流通革命だ。この事業の最大のパートナーとして白羽の矢を立てたのが、マイクロソフトのCEOビル・ゲイツだった。

孫は大槻に言った。「来週、ビル・ゲイツのアポが取れた。渡米するから、来週のスケジュールをすべてキャンセルしてくれ」。出発前になって、孫の顔色が冴えない。「提案内容が固まりませんか？」と尋ねると。「いや、すべて万端だ。ストーリーも切り返しもすべてシミュレーションできた。ゲイツはウエルカムと言うだろう。だけど……、マサ、きみの提案はすばらしい。だが、ぼくはきみのことが嫌いだから、いっしょにはできない。ゲイツにそう言われたらどうしよう」と悩んでいたのだった。

　また、当時から孫が考えていたことは、自分が会社を去った後も、会社が自ずから成長をめざし、利潤の再生産が自動的に行なわれる、そのような経営システムを作りたい、ということだった。そのためには、幹部に社長や株主と近い視点をもたせること。すなわち自分の部門の利益や純資産が拡大すればするほど、経済価値が還元される仕組みだ。この目的のために準備することは、大まかに三つあった。

　一つは、会社を概ね一〇人程度のチームに分け、すべてのチームの経営状況すなわち損益計算書とバランスシートを明らかにするシステム。二つ目は、そのチームリーダー（社長）に株式報酬を付与すること。三つ目は、それを白日のもとにさらけ出して、競争を意識させること。

「そんなことをしたら、会社がギスギスします」と大槻は珍しくノーと言った。しかし、結果として孫の目論見は功を奏した。社員のモチベーションは大いに上がったのだ。

　当時は、ストックオプションの制度がなかったため、孫社長自らの株式を譲渡して行なう擬似ストックオプションだった。孫は日次決算の仕組みを「計器飛行」といわれる経営の羅針盤として使っただけでなく、幹部が自ずから成長を牽引する強力な「モチベーション革命」のツールとして生かそうとした。孫は常に先を見通していたのである。

　大槻は、孫や宮内たち同志とともに働けたことを誇りに思う。

榛葉淳（ソフトバンク代表取締役副社長執行役員兼ＣＯＯ）は、創業五年目の日本ソフトバンクに入社した唯一のプロパーの役員だ（二〇二一年現在）。新卒第三期生として、一九八五年に日本ソフトバンクに入社。以来、一貫して営業畑を歩んできた。主に家電量販店営業やＹａｈｏｏ！ＢＢの事業全般を担当してきた。今日も家電量販店のトップとの信頼は揺るがない。

携帯電話事業への参入では、榛葉はソフトバンクグループに大きな貢献をした。

家電量販店に太いパイプを持ち、二〇一七年四月に専務取締役からに副社長に昇格した。

入社して、榛葉は孫から、会社を「豆腐のように利益を一丁（兆）二丁（兆）と数えられる会社にしたい」という熱い想いを本気で受けとめた。

「かならずそうなると、合点がいった」

孫は本気でそう思っている。榛葉も同感だ。胸が熱くなった。

二〇一四年三月期、実際に一兆円（ソフトバンクグループ連結営業利益）を突破した。

「営業利益一兆円突破にトヨタは六五年かかったが、われわれは三三年とはるかに短い期間で達成できた」と孫は誇らしげに述べた。

入社した一九八五年は、社員二一〇人程度。活気があった。

当時のソフトバンクは家族みたい。今日ではできないが、夜中まで仕事をしてダンボールを敷いて会社の床に寝たこともある。みな若く、学生時代の延長のような感じで楽しくもあった。よく働いた。

ＰＣ全盛期。榛葉は主任になった。東芝のラップトップを担当した。

孫、宮内、榛葉と営業に行った。ふたりからは実地で多くを学んだ。

孫には相手にノーと言わせない迫力がある。「榛葉よ、ＷＨＹ　ＮＯＴ？（なぜできないのか）」。

「突き詰めて一発で決めよ。乗らざるを得ないように、もっていくのだ」

それにコミットしなければならない。

「言い訳はするな」

榛葉は多くを孫から教えられた。

あるプロジェクトで榛葉は大きな損失を出した。

「申し訳ない」という気持ちでいっぱいだった。叱責も覚悟した。

しかし、孫から戻ってきた言葉は違った。

「これはおれの責任だ。（おまえは）よくやってくれた」

榛葉は胸が熱くなった。

榛葉と同期で、流通事業のエースとして活躍した山上冬日古（やまかみふゆひこ）が、四二歳の若さで急逝した。

孫はすべてのスケジュールをキャンセルした。

孫は号泣しながら、みんなと棺を担いだ。

山上が亡くなったあと、榛葉は山上の遺した椅子を使いつづけてきた。

二〇二一年、ソフトバンク新社屋。東京・竹芝でも榛葉は同志・山上とともにいる。


孫は榛葉に対して、仕事では容赦しない。厳しい。

「ありとあらゆることをしろ」

「全部が全部、成功するわけではない」

「一回、成功することを見つけてくればいい」

「できないのではなくて。やれることを見つけてやる」

榛葉は言う。

「仕事だけではない。人間孫正義が好きだ。人を巻き込んで、ともに歩んでいく姿が」

榛葉は静岡の掛川西高校の野球部で活躍した。二番セカンド、野球では捕手とともに試合の流れを見渡せる、最も重要なポジションだ。

榛葉は野球で鍛えた強靭な精神と肉体で全体を俯瞰し、相手の心を掴む。ビジネスにもこの感覚は生かされている。

榛葉の強さは、孫譲りとも言える闘争心とチャレンジ精神だ。

「孫さんは私にとって、父親（おやじ）のような存在」

棒葉がこの三〇年間で一番印象に残っているのは、ＡＤＳＬのＹａｈｏｏ！ＢＢの立ち上げだと言う。

「入社したころの主力事業はパッケージソフトの流通でした。直接やり取りするのは量販店で、ＢｏＢｔｏＣのビジネスだ。取扱品目が変わったことや、出版事業に乗り出してはいたが、Ｙａｈｏｏ！ＢＢがはじめての、ダイレクトなエンドユーザーへのビジネス。まったく何もない、ゼロからのスタートだった」

その難局を乗り越えたことが、営業一筋に生きてきた榛葉に大きな自信をもたらした。結果、ソフトバンク躍進の大きな礎を築いた。

「ソフトバンクには、最先端テクノロジー、最先端ビジネスモデルをどこよりも早く取り入れて、お客様に提供することも求められていると思う」と榛葉は言う。その投資先のいくつかと、合弁会社設立や提携することで、日本に新しいテクノロジーを提供している。実際に現在、ソフトバンク・ビジョン・ファンドを通じて、最先端に取り組む仲間も世界中にどんどん増えている。先進性や挑戦することと、安心できることは相反すると思えるが、榛葉は言う。

「むしろ、その両方を実現することにこだわって、これからも前進をつづけていく」

ある日、私は榛葉が本社ビル（当時）で、高層フロアから一階フロアに降りて顧客を笑顔で見送っている場面に遭遇した。その姿はかつての孫の姿と重なった。子は親の後ろ姿を見て育つという。榛葉がおやじと仰ぐ孫は言う。

「私にとって成功とは、金銭的報酬や専門家からの称賛だけを意味しない。自分を誇りに思えるような研究ができているだろうか？　人生の選択を誤らず、心から得意なことを仕事にしたと言い切れるだろうか？　という問いにイエスと答えられること、それが私の考える成功だ」

おやじの教えを心に強く刻んで、榛葉は真の成功に向けて邁進する。

## 48　更に高く

ターニングポイントとなる出来事が、いくつもあった。

孫とともに三〇年近くビジネスを率いてきたロン・フィッシャーには、ステージごとにさまざまな思い出がある。

一九九五年、上場前の米ヤフーに出資したときには、ソフトバンク（現・ソフトバンクグループ）のすべてが突然変わった。

二〇〇〇年、中国のＧＤＰ（国民総生産）はまだ約一兆ドルで、日本の四分の一ほどだった。孫は、アリババを立ち上げたばかりのジャック・マーと面談した。そのしばらくのち、孫はディナーの席でロンに告げた。

「今後五年から七年の間に、中国経済はものすごいスピードで成長し、日本を超える。投資をしなくてはいけない」

そして、当初ＢｔｏＢのみを展開していたアリババにＢｔｏＣとＣｔｏＣも開始するようアドバイスした。アリババは初期にビジネスモデルを多角化させたのである。アリババの時価総額は二〇二一年二月一九日時点で七一三〇億ドルに上っている。

孫には現在の状況を見極め、新たな潮流にテクノロジーを活用していくかを見抜く素晴らしい洞察力がある。だからこそ期待を大きく超える結果を手にすることができた。

ロンは孫と「引退」について話し合ったことがあるという。だが、と、ロンは笑みを浮かべて語る。

「マサがどこかに行ってしまうことは当分ない」

ニケシュ・アローラが孫の後継者候補に挙げられたのは、二〇一五年のことだ。

「ニケシュがやってきたとき、マサは五八歳だった」

孫より一〇歳年長のロンは、孫に向かって言った。

「五〇代のときには、六〇代は年寄りに見えるだろう。私は七〇代を目前にしてわかる。あなたが、退任なんてするわけがない」

現在も、孫はビジネスのスピードを落とすどころか、ロンがこれまで見たなかでも最高にクレージーなペースで突き進んでいる。ほとんど毎日、夜中を過ぎても、会議の電話をかけてくる。

むろん進退は、孫自身が長期を見据えて決定する事柄だ。現在、さまざまな形態を経て、会社は戦略的投資持株会社になった。いまは、次の層にさまざまな経験させて育成する段階だ。熟練した新世代が世界中で育つのは、二〇年先の可能性もある。

孫が、改めて情報革命について語った。

情報革命は、いくつかのチャプター（章）にわけられる。

その第一がＰＣ革命、第二がインターネット革命、第三がモバイルインターネット革命、そして第四がＡＩ革命。その全部まとめて情報革命だ。

「インテルはハードのＣＰＵを作りましたが、ビル・ゲイツが世に生み出したのはソフトです。このＷｉｎｄｏｗｓというＯＳがなければ、ＰＣが広まることはなかった。情報革命の第一章は、完璧に彼が作り出したものです。一番のスーパースターだと思います」

第二章はインターネット革命。

「ジェリー・ヤンたちが米ヤフーを作り、それからアマゾン、グーグル、フェイスブックが出てきた。群雄割拠して、それぞれがインターネットの持ち場で大きな役割を果たしているところです」

第三章はモバイルインターネット。

「スティーブ・ジョブズがすごいのは、ＡｐｐｌｅⅡを開発して、ビル・ゲイツと並び立ってＰＣ革命を切り開いたけれども、途中で会社から追い出されて、さんざんな目に遭った。だけど、やはりほんとうに実力があるから、そこからもう一度這い上って、人類の未来を再定義した」

ジョブズも天才中の天才だ。ジョブズが作ったプラットフォーム上で、モバイルインターネットの各サービス会社がさらに加速し、拡大していった。

第四章が、いままさにはじまったばかりのＡＩだ。

「このＡＩの世界で、ハードウェア面のカギを握るのが、エヌビディアのジェンスン・ファンだと思います」と孫は語る。

一方でジェンスンは、ソフトバンク・ワールドでの孫との対談動画のなかで次のように述べた。

「アームはほんとうに世界でもっとも希少で価値のある至宝のひとつですから、人類の宝です。そんなアームを私に託してくださったことに感謝します。エヌビディアは世界一普及したＣＰＵと世界的なＡＩコンピューティング会社を融合させた企業となっていくでしょう。エヌビディアはＡＩ時代に適応した企業へと進化していきます。アーム買収はそのためのエキサイティングなきっかけです」

ＡＩのサービスカンパニーは、プラットフォーム上でサービスを作り上げていく。ＡＩはさらに幅広く利用され、カテゴリごとにカテゴリキラーが生まれていくはずだ。より広大な世界が、目の前に出現しようとしている。

「ぼくが非常にラッキーだったのは、それぞれのキーマンとほんとうに親しく、友人関係を作らせてもらったこと。多くの刺激を受けたし、学びもあった。ぼくは、ぼくなりの違う角度から自分の思いを遂げていきたい」

各チャプターのキーマンたちは、発明家の立場でテクノロジーを切り開き、世界展開してきた。しかし、残念なことに日本のマーケットは小さい。発明家として成功しようとしても、自分で作り上げた製品またはサービスを、国内のマーケットで相当大きなスケールまで育て上げてからでないと、世界に展開するのはむずかしい。その点、キーマンたちが誕生したアメリカには圧倒的に大きな市場がある。また、中国の市場も巨大だ。

「最近ではアリババとテンセントが、中国でのインターネット革命のトップランナーとして大きく成功している。これについては、ジャックと早い段階で同盟関係を結べたことが、ぼくには非常にラッキーだった。自分が物を作っていないから、誰とでもパートナーになりうるわけです」

彼らは自分で物を作り、サービスを作っている。そうなると、自分の世界を拡大していこうとするとき、物を作る者同士であれば、協力関係を結ぶのは簡単ではない。

「こちらは物を作っていないから、その分だけ相手もあまり警戒せずに同盟関係を結べます。弱みが強みになるわけです。情報革命では発明者としてリスクを負うものと、資本を提供するものがいる。この両輪があってこそ、はじめて革命が成り立つと思う」

ときに応じて、もっとも必要とされる新しいテクノロジーの発明家たちと、自在に連携を結ぶのがソフトバンク流だ。

「とくに、われわれがソフトバンク・ビジョン・ファンドを作り、新しいユニコーンたち、ルーキーたちと、こうした関係を結ぶことで、大きなチャンスが続々と生まれていくと思います」

今日、米中対立のなかで、政治が経済活動に介入してくるリスクが増している。アメリカや中国とどう付き合うべきか。また、インドや南米など興隆する地域をどう見るか。

孫の視点は、現在の国際情勢を超えたところにある。

「いろいろな国の政府が、自国の権益を守るために一所懸命やっています。でも、一〇〇年、二〇〇年、五〇〇年という長い単位で世界を見たらどうだろう。自国だけの小さな利益を守るため、小さな正義で、短い未来だけを見て行動することが、ほんとうに人類の大義になるのだろうかと思います」

かつて日本は多くの藩に分かれていた。利益を守るために藩と藩が争うこともあった。一五〇年前までの国益とは、自藩の小さな利益を意味していた。しかし、明治時代になって交通機関が発達し、コミュニケーション手段が発達すると、人々の行動範囲は藩をはるかに越えた。

一八七一年の廃藩置県から一五〇年たったが、むしろこれからの一〇〇年の変化のほうが大きいはずだ。交通手段はさらに発達する。ワンクリックで一瞬にして世界中にアクセスできるようになる。国家、宗教、民族などを越え、大きな人間の集団としての利益を考えるようになる。それが世界平和につながると孫は考える。

「だから、自国のちっぽけな利益のために戦争を起こしたり、人が殺し合ったりするのはまったく無益なことだと思うんです。本来、政治家というのは、刃を交わすことがなくてすむよう、最後の話し合いと調整をするためにいるわけです。それぞれの国のリーダーたちも、大きな義のため、世界の平和と人々に幸せを提供するためにつくしてくれるものと信じています。過渡的な時期には、一時的にいろいろな小さな利害の駆け引きとか、綱の引き合いがあるかもしれない。でも、最後には平和でより素晴らしい社会になる。ぼくは性善説で、楽観的に考えています」

「孫さんは真のリーダーです。先を見通す目がある。オーナーとして、やれるところまでやってほしい」と宮内謙は言う。

孫の強さは三層構造にある、とロンは許する。

「まずビジョンがあり、次にコミットする勇気を持ち、そして成功に導くためのあくなき追求を行なう。絶え間ない実行力がある」

孫が何かにフォーカス（集中）するとき、その一点にすべてのエネルギーを捧げ、一番をめざして突き進む。

無番地から這い上がった男の信念は揺るがない。

情報革命で人々を幸せに。

「ＡＩ革命は、はじまったばかり」

更に高く。

# あとがき

二〇〇四年に『志高く　孫正義正伝』を刊行して以来、二〇〇七年、二〇一〇年、二〇一五年、二〇二一年『志高く　孫正義正伝　決定版』と増補改訂を重ねてきた。本書は『決定版』を文庫化したものである（なお、文庫化にあたって、紙数の関係で一部を割愛したことをお断りする）

「ヤーイ、朝鮮！」

同じ幼稚園に通う年長の子が石をぶつけてきた。石は正義の頭に命中し、鮮血が飛び散った。

（なぜだ）

正義は大粒の涙を流した。この不条理な差別がどうしても理解できなかった。

祖父母が韓国からやってきたということは聞かされていた。

それがどうしていけないことなのか。

祖父母は日本という異郷で、生きるために懸命に働いている。立派なことではないのか。どうして恥じなければならないのか。祖父母はいつも笑顔を絶やさず、やさしくしてくれた。

「正義、私たちは働いて人に感謝しんといけんよ。人様のおかげじゃけん」

本書では佐賀県鳥栖市五軒道路無番地で生まれ、マイナスからの出発となる少年時代に始まり、アメリカでの青春期、ソフトバンクの創業、インターネットや携帯電話事業への進出、アリババの上場、ロボット事業、ビジョン・ファンドそしてＡＩ革命に懸ける孫正義の熱い思いを描いた。

二〇二三年六月二一日、ソフトバンクグループの第四三回定時株主総会で、孫は冒頭こう述べた。「いよいよ、ＡＩ革命が本格的に爆発的に大きくなるという予感をひしひしと感じている。私も、めちゃくちゃ忙しく、そのための準備を着々と進めている」

そして孫の言葉に出席者は驚かされた。「事業家としての人生、この程度で終わっていいのかと思って、何日間か大泣きした。涙が止まらなくなりました」

義務感に捉われた経営者ではなく、自分がなりたかったのは人類の未来をデザインするアーキテクトである。それが一番やりたかったことだと気づかされたのだ。

「八か月ぐらいで六三〇件の発明をした。この勢いでいくと、一年間で一〇〇〇件弱の発明ができる」。社長室は二四時間三シフト制、土日、夜中も稼働している。「午前三時か、四時、五時に起き、その場で発明ノートに綴って、社長室に送信、五分以内に返事がきて、すぐに特許申請の手続きに入る体制だ」。孫も周りも多忙を極めている。

一九歳のときと同じように孫は右脳をフル活動させクリエイティビティ（創造性）に全集中しているのである。「いよいよ反転攻勢の時期が近づいている」と孫は明言した。

同年一二月六日、孫正義育英財団の年末懇親会が四年ぶりに臨場で開催され、海外を含めて約九〇名の異能や高い志を持った財団生が一堂に会した。

財団代表理事の孫は英語で語り始めた。

シンギュラリティ（技術的特異点）すなわち人工知能（ＡＩ）が人間の知能を超える転換点、超知性の時代。ＡＩが人類の未来を変える時代がすぐそこにきている。

「私はＣｈａｔＧＰＴ（ＯｐｅｎＡＩ社が公開した大規模言語モデルの一種で、自然な文章を生成する人工知能）を毎日使っています。私はＧＰＴ４のヘビーユーザーです。サム・アルトマンやグレッグ（・ブロックマン）と友人でもあり、彼らを尊敬している。ＡＩ開発企業のディープマインド（現・社名はグーグル・ディープマインド）を創業したデミス（・ハサビス）とも良い友人です」

ＡＧＩ（Artificial General Intelligence　人工汎用知能の略。人間のような汎用的な

知能を持つ人工知能を指す）の世界は間違いなくやってくる。ＡＧＩは人類の知能の総和を超える。そうなれば、ＡＧＩは人類よりも指数関数的に進化する。

それでは人間の脳の知性とは何か。それには二つある。孫は明快に述べる。

「ひとつは知識、もうひとつは知恵。私たち人間は日々学んできた。しかし、その主なテーマは何だったのか。学校では、いまだに知識、学習が重視されている。それが主なテーゼであり、教育の重点だった」

ＧＰＴの後、ディープマインドのＧｅｍｉｎｉ（グーグルの最大・高性能のＡＩモデル）の後、メタのＬｌａｍａ（大規模言語モデル）もオープンソースだ。テキストや口頭で質問するだけで、暗記することなくすぐに返ってくる。誰でもアクセスできる。だから知識の重要性はずっとずっと低くなり、知恵の重要性の方がはるかに大きくなる。

「私たちはみな、考えつづけ、創造しつづけ、より多くの知性を持ちつづけなければなりませんが、私はみなさんに、特にこの知性に関して、人類の最先端を代表する人になってほしいのです。新しいアイデア、新しいフロンティアを生み出してください」

そう語ったあと、孫はつづけた。

「すべての生産活動はＡＧＩと結びついたインテリジェント・ロボットによって行なわれる。そのため、汗をかくコストはほとんどかからなくなり、組み立てのコストも物流のコストもほとんどかからなくなる」

超知性やスマートロボティクスなどに取って代わられる。

では、私たち人類に必要なものとは何か。

「他者に奉仕し、人類に貢献するために、常に保ちつづけなくてはならないのは正しい心、正しいビジョンそして正しい努力です。みなさんには最先端の知性の偉大なる規範、偉大なるフロントランナーとして、人類の代表となっていただきたいと思います」

人類と超知性。

いま私たち人類は新しい時代をどう生きればいいのか、一人ひとりに問いかけられている。そのことに気づくことであなたは変わることができる。

一瞬も無駄にすることはできない。一回きりの人生を生き抜く。

大死一番。死ぬ覚悟で何かをしてみる。一度死んだつもりになって奮起する。

あなたには「登る山」がある。

志高く。

二〇二四年二月

井上篤夫

# 【解説】松尾豊、孫正義を語る

松尾豊（東京大学大学院工学系研究科教授）

私は、東京大学で人工知能（AI）を研究している研究者であり、二〇一九年からソフトバンクグループ株式会社の社外取締役を務めている。今回、文庫本が出版されるにあたり、解説を書いて欲しいという依頼をいただき、僭越ながら書かせていただくことになった。

まず、本書は、その孫正義氏の生い立ちから事業の立ち上げ、拡大、そして今にいたるまで、長年の取材に基づいて、また多くの方からの話をもとに、できる限り正確に記述されている。誇張しすぎることもなく、また、話を作ることもなく、正確に書かれた本であり、まさに「正伝」というのにふさわしい内容であると思う。井上篤夫氏の長年の取材と執筆の努力に心からの敬意を評したい。

私が孫正義氏と直接話をさせていただくようになったのは、社外取締役を務める数年前からのことだ。私は、一九九〇年代後半から一貫して人工知能の研究をしており、また当時は新しかったインターネットを研究の題材として扱っていたこともあって、孫氏のことはもちろんよく知ってはいた。ただ、記事や映像を通して見るだけで、遠くにいる人であった。二〇〇〇年代前半、私が博士課程のころだったが、Ｙａｈｏｏ！ＢＢのモデムを渋谷で配っていたのは、鮮明に覚えている。本書にも「天下布武」として描かれていたくだりであるが、ブロードバンド事業で大勝負をしていたのは鮮烈に記憶として残っており、豪胆ですごい人だ、という印象があった。

それが、数年前から近くで話をさせていただくようになってから、いろいろと印象が変わった。孫正義氏に対しても、印象が変わった。ソフトバンク[1]ほど、中の実像と、外からの見え方が離れている企業もあまりないのではないかと思うようになった。本当に良い会社なのだが、外からはその何割かしか見えていない。以下ではそれを述べながら、本書の解説としていきたい。

---

1　なお、私が言及できるのは正確にはソフトバンクグループ株式会社であって、必ずしもソフトバンク株式会社のことではないことをご理解いただきたい。ただ、両社に共通する部分も多いと思うので、以下では単に「ソフトバンク」と表記する。

◇

まず、孫正義氏（以下では敬愛をこめて孫さんと呼ばせていただく）。私から見ると、孫さんは、「すべての数値が上限に達している人」である。五点満点ならすべての項目で五点満点、レーダーチャートでいえばほぼ円形だ。人間の能力にはいろいろあるが、論理的な思考や数的能力、言語能力、行動力、リーダーシップ、共感性、どの基準で見ても、最大値に張り付いている。それがゆえに、何がすごいのかかえって分かりにくい。どこかひとつの能力だけ飛び抜けている人は分かりやすい。あの人はリーダーシップがすごいとか、技術の理解がすごいとか、未来を見る目がすごいとか言うのは簡単である。ところが、孫さんはすべての能力が優れているので、あまり特徴がない（ように見える）。

本書でも、孫正義氏の能力にまつわるさまざまなエピソードが紹介されている。しかし、読者の方には、どこか芝居じみているように感じられるかもしれない。本当かな？と思うところがあるかもしれない。しかし、これは私から見ると、一部の能力の高さを無理やり示そうとして、すべての能力が高いために、何やら違和感が出てしまうゆえであると思う。本書では、無茶なエピソードとして、幼少期や若い時期のものが多い。例えば、大学入試のくだり。試験時間を延ばしてくれ、辞書を持ち込ませてくれと交渉したところである。（ただ、これも今の時代からすると、留学生に対する合理的な配慮を要求していて、決して無理筋でないのがすごいところだ）あるいは特許の話。特許のタイプを分類し、システマティックに発明を行うところなど、非常に孫さんらしい。

若い頃は、リソースが少なく、突破するには無茶をする必要がある。しかし、リソースがそろってくると、当然、リスクに備え、準備をし、勝てるように資源を集中するため、あまり無茶と見えなくなる。少なくとも一般的に分かりやすいエピソードではなくなる。Ｙａｈｏｏ！ＢＢのモデムを配ったのは確かに豪胆かもしれないが、それはそのときにそう見えただけで、孫さんの能力を「豪胆」と言うのはかなり一面的で無理がある。

私が孫さんを近くで見て驚くのは、本当に社員のどんな人にも丁寧に接していることである。人によっては、はげまし、勇気づけ、ときには荒々しく一緒に戦っている。共感性がめちゃくちゃ高い。かと思うと、ＡＩの最先端の技術を真っ先に理解し、重要なプロジェクトを自ら指揮する。また、事業の細かい数字を非常によく覚えていて、随所に適切なツッコミをする。数字にめちゃくちゃ強い。海外から帰ったかと思うと、またすぐに旅立つ。行動力が並外れている。人間性、リーダーシップ、技術力、事業計画、行動力、すべて優れている。

また、自分に対しての約束をきちんと守る。本書には、三〇代で軍資金を貯める、四〇代で勝負に出る、五〇代で大事業を成功させる、六〇代でバトンタッチするという宣言が紹介されている。こうした自分との約束を本当にきちんと守る。だからこそ、自分のことを自分が誰よりも信頼している。未来の自分を信頼できるからこそ、自信をもって未来への計画ができる。そして、行動が完璧にオーガナイズされている。よく孫さんに会いたいとか話をしたいという人がいるのだが、孫さんは、気分で会うような人ではない。すべての行動に理由があり、自分の行動の一手一手が、まさに将棋を指すように、未来に向けての緻密に計算された一手であり、無駄な動きがない。

そして、ソフトバンクにいる人は、みんな多かれ少なかれ孫さんのことが好きである。本書の第三部で描かれているように、孫さんの近くにいる人、中心を固めている人は、孫さんの熱烈なファンであり、孫さんとともに戦えることが喜びである。孫さんのビジョンをみんなで実現しようという想いが大きな塊になっている。

次に、ソフトバンクという会社。この会社は、人の能力を最大限使っている。それぞ

れの人の能力を最大限発揮させている。日本の大企業のなかには、優秀な人をたくさん採用して、大した仕事をさせず、変化のない業務をやらせ続け、結局、能力を殺してしまうようなところ（失礼）もたくさんある。しかし、ソフトバンクはそうした企業と対極に位置する。誰もがぎりぎりまで頑張っている。楽しんで成長している。

そして、ソフトバンク（特に私の関与するソフトバンクグループ株式会社）は、どこまでもスタートアップらしく、垢抜けないところがある。信じられないことだが、これほどの大きな企業なのに、未だにスタートアップっぽいのである。例えば、取締役会を例にすると、取締役会で「本当に」議論をする。「本当に」議論をするという意味は、これだけ大きな会社になると、普通、取締役会にあがってくるまでに相当な程度、調整、根回しがされている。だから、内容に深く踏み込んだ議論はされないし、予定調和を崩して案件が否決されることもないのが普通だろう。ところが、重要な案件に関して、取締役会で本当に議論が起こり、場合によっては、孫さんの意見が否決されることもある。また、細かいことで言うと、取締役会の書類が遅い。直前まで差し替えられる。もっと早く出してくださいといって、分かりましたとなるのだが、また直前に差し替えられる。なぜかというと、直前まで交渉しているからである。本当にすごいスピードでものごとが進み、良い意味でバタバタしている。新しいことが次々とスタートするし、問題も次々と起こる。それをまた次々と解決し前に進んでいく。こんな会社は私は見たことないし、こんなに大きな会社になっても、全く成長意欲が衰えず、次の段階に向けての取り組みをずっと続けている。すごい会社である。

本書では、孫さんがいかに昔から情報革命を志してきたか、未来を見据えてきたかがよく描かれている。その通りであると思う。孫さんがいかに未来を捉えているか、それに関する印象的なエピソードをひとつ紹介しよう。

確か二〇二〇年の三月か四月ごろだったと思う。COVID‐19が猛威をふるい始めた、まさにその始まりのころだ。取締役会で、COVID‐19がどうなるかについて聞かれて、孫さんが答えた内容が大変印象に残っている。要約すると、以下のようなことを話された。

「これは大変なことになる。何回も波が来る。ただ、おそらくワクチンが半年くらいでできる。夏ごろまでにはできているはずだ。どういったところが作れるかも調べてある。ただし、ワクチンができても、製造が間に合わない。一年かかる。したがって、収まるのに二年かかる。こういう時期には現金が必要である」

この予想の精度に驚かないだろうか。今だからこそ分かるが、ほとんどのことをぴたりと当てている。まだまだ、COVID－19がどういうものかもしれず、その見通しをだれも持っていなかったころである。当時、いろいろな専門家がそれぞれの予想を述べていたが、これほどまでに的確な見通しができていた人を私は知らない。どうやって調べたのか、どうやってこの結論にたどり着いたのか分からないが、事業上の意思決定に大きな影響を与える事象に対して、ありとあらゆる情報源を使って徹底的に調べたのだろう。

ソフトバンクという会社は、外から見ると危なそうに見えるのかもしれないが、中にいると全く違う。常に、構えができている。不測の事態にも、あっという間に、ここからこう立て直す、そしてこのように成功する、という道筋がきれいにできている。それが、妄想や願望ではなく、きちんとした戦況の分析に基づいて、合理的に、冷徹に、蓋然性高く組み立てられている。外にはあまり伝わっていないのだが（株主総会等ではちゃんと伝えているのだが、どうもあまり伝わっていないように感じる）、中で見ていると、非常に安心感・安定感がある。

では、こんないい会社なのに、なぜあまり理解されていないのか。孫さんはこんなに素晴らしい人なのに、なぜあまり理解されていないのか。その理由は、興味がないからだ。

自分や自分の会社が必要以上に有名になること、ちやほやされることに何の興味もない。これだけ成功して日本社会に貢献していれば、少し望めば、いくらでもてはやされることができる。わずか一代で、NTTなどの国を起源とする通信企業と肩を並べるまでになり、また、ビジョン・ファンドやアームなど、世界を驚かせるような事業を展開している会社だ。冷静に考えて、めちゃくちゃすごくないだろうか。これを多少なりとも自慢すれば、メディアに出るのも簡単だし、本を書いて称賛されるのも簡単だ。だが、それに何の意味があるのか。時代を超えて、未来を創り、大きな仕事をしないといけないときに、人から褒めてもらって何になるのか。それに時間を使う意味があるのか。

さらに言うと、いまの日本社会では、尊敬し崇め奉られるような存在になると、かえってやりにくくなる。新しいことがやりにくくなるし、失敗しにくくなる。なので、あまり知られてなくてもいいし、称賛もされてなくて良い。(もちろん社員や顧客が必要とする程度の知名度はあったほうが良い)それより、多少怪しい、大したことないと思われているくらいがちょうどいい。そう思っているのではないかと思う。そして、それは、事業に対して、未来や社会に対して、とことんまで真摯であるからこそのスタンスだと思う。孫さんの目には、過去にはビル・ゲイツやスティーブ・ジョブズ、そして、今ではGAFAM等のビッグテックや世界的なスタートアップが映っていて、そして、その先に、もっと大きな情報革命、AI革命が見えている。それ以外のこと、ましてや自分を宣伝することなどには全く興味がない孫さんだからこそ、孫さんの過去、現在、そして未来、そしてそのときどきの想いを正しく伝える本書「正伝」は大変貴重なのだと思う。

◇

私の役目があるとすれば、本書の内容に多少なりとも補足をし、この会社のこと、孫さんのことを、もっと多くの人に知ってもらうということである。あまり自慢したくないだろうし、必要以上に有名になりたくもないだろうが、やはりこれだけ素晴らしい人、会社なのだから、ファンが増えて欲しい。ただ、そのことよりも、本書を通じて、孫さんのように、真摯に未来を変えるべく取り組む人が日本中に増えて欲しい。

これからも孫正義物語はまだまだ続く。孫さんの計画には六〇代でバトンタッチするとある。だが、これを決めた昔と今では、時代は変わっている。人生一〇〇年時代だ。もっと長く率いてもらいたいと個人的には思っている。そして、ソフトバンクの未来が、日本の、世界の未来が、そしてＡＩと社会が、これからどうなっていくか、大変楽しみである。ぜひ本書をお読みの皆さんも、志高く、自分の物語を紡いでいって欲しい。私も、志高く、いきたい。

取材協力者（順不同、敬称略）

孫正義　橋本五郎　宮内謙　井上雅博　影山工　土橋康成　稲葉俊夫　筒井多圭志　大槻利樹
孫泰蔵　佐々木正　野田一夫　三上喬　河東俊瑞　三木猛義　森田譲康　阿部逸郎　古賀一夫
秋葉好江
川向正明　田辺聰　西和彦　藤原睦朗　御器谷正之　立石勝義　熊田博光　内田喜吉　山田宗徧
米倉誠一郎　南部靖之　澤田秀雄　大久保秀夫　小平尚典　佐藤隆治　佐山一郎　堀　功　清水
洋三
榛葉淳　今井康之　宮川潤一　源田泰之　伊藤羊一　前田鎌利　笠井和彦　後藤芳光　宮坂学
藤原和彦　青野史寛　冨澤文秀　羽田卓生　三輪茂基　前村祐二　川﨑堅二　手島洋　田部康喜
栃原且将
倉野充裕　関則義　抜井武暁　小寺裕恵　北嶋ゆきえ

ビル・ゲイツ　ホン・ルー（陸弘亮）テッド・ドロッタ　ロナルド（ロン）・フィッシャー　エ
リック・ヒッポー　アイリーン・ウッドワード　マルガレート・カーク　フォレスト・モーザー
ジム・ブラッドレー　イクコ・バーンズ　チャック・カールソン　ポール・サッフォー　ティ
ム・スキャネル　権宅鎮
馬雲（ジャック・マー）　マルセロ・クラウレ　ラジーブ・ミスラ　リテシュ・アガワル　ブル
ーノ・メゾニエ　ジョー・ユーテナウワー　スティーブン・バイ　イルッカ・パーナネン　マシ
ユウ・ニコルソン

# 主要参考文献

大下英治著『孫正義　起業の若き獅子』（一九九九年　講談社）
滝田誠一郎著『孫正義　インターネット財閥経営』（一九九六年　実業之日本社）
坂爪一郎著『ヤフーだけが知っている』（二〇〇二年　青春出版社）
ビル・ゲイツ著、西和彦訳『ビル・ゲイツ　未来を語る』（一九九七年　アスキー）
佐藤正忠構成『感性の勝利』（一九九六年　経済界）
関口和一著『パソコン革命の旗手たち』（二〇〇〇年　日本経済新聞社）
竹村健一著『孫正義大いに語る！』（一九九九年　ＰＨＰ研究所）
溝上幸伸著『孫正義の10年後発想』（二〇〇〇年　あっぷる出版社）
Ｉ・Ｂマッキントッシュ著、京兼玲子訳『あなたの知らないビル・ゲイツ』（二〇〇〇年　文藝春秋）
脇英世著『パーソナル・コンピュータを創ってきた人々』（一九九八年　ソフトバンク）
野田正彰著『コンピュータ新人類の研究』（一九九四年　文春文庫）
片貝孝夫、平川敬子著『パソコン驚異の10年史』（一九八八年　講談社ブルーバックス）
熊田博光著『名医のわかりやすい肝臓病』（二〇〇〇年　同文書院）
司馬遼太郎著『竜馬がゆく』（一〜八　一九九八年　文春文庫）
歴史群像シリーズ23『坂本龍馬』（学習研究社）
南部靖之著『自分を活かせ』（一九九六年　講談社）

藤田田著『勝てば官軍』（一九九六年　KKベストセラーズ）
佐々木正著『原点は夢』（二〇〇〇年　講談社）
三菱商事広報室著『時差は金なり』（一九七七年　サイマル出版会）
デイヴィッド・ロックフェラー著、楡井浩一訳『ロックフェラー回顧録』（二〇〇七年　新潮社）
安西祐一郎著『心と脳――認知科学入門』（二〇一一年　岩波新書）
蛯谷敏著『爆速経営　新生ヤフーの500日』（二〇一三年　日経BP社）
自然エネルギー財団監修『孫正義のエネルギー革命』（二〇一二年　PHPビジネス新書）
榊原康著『キレるソフトバンク』（二〇一三年　日経BP社）
ソフトバンクアカデミア特別講義、光文社新書編集部編『孫正義　危機克服の極意』（二〇一二年　光文社新書）
長沢和俊監修『学習漫画 世界の伝記　チンギス・ハン』（一九九二年　集英社）
佐々木正著『生きる力　活かす力』（二〇一四年　かんき出版）
伊藤羊一著『1分で話せ』（二〇一八年　SBクリエイティブ）
伊藤羊一著『0秒で動け』（二〇一九年　SBクリエイティブ）
前田鎌利著『プレゼン資料のデザイン図鑑』（二〇一九年　ダイヤモンド社）
前田鎌利著『ミニマム・プレゼンテーション』（二〇一九年　すばる舎）
『BOSS』（二〇〇四年四月号）
『日経ビジネス』（二〇〇〇年一二月一八・二五日号、二〇〇四年三月二二日号）
『SUCCEO サクシーオ』（一九九〇年一二月号）

『財界』（一九九六年五月二八日号、同七月二三日号）

『文藝春秋』（一九九六年一一月号）

『経済界』（二〇〇一年二月二七日号）

『ＴＨＥ　ＣＯＭＰＵＴＥＲ』（一九八七年一〇月創刊号）

『週刊現代』（一九八三年七月九日号）

『毎日新聞』（一九九六年二月二三日朝刊）

『週刊ダイヤモンド』（二〇一〇年七月二四日号）

『日本経済新聞　電子版』（二〇一四年一月一日）

『ＰＲＥＳＩＤＥＮＴ　Ｏｎｌｉｎｅ』（二〇一四年三月一三日）

『週刊東洋経済』（二〇一四年五月二四日号、同一一月一五日号）

『朝日新聞』（二〇一四年七月一二日朝刊）

『ＰＲＥＳＩＤＥＮＴ』（二〇一四年八月四日号）

『ロボコンマガジン』（二〇一四年九月号）

『東洋経済　ＯＮＬＩＮＥ』（二〇一四年一〇月一八日）

ブルームバーグ（二〇一四年一一月六日）

*THE INDUSTRY STANDARD*, September 4, 2000

*THE WALL STREET JOURNAL*, January 5, 1966, June 14, 2000

*Business Week*, August 12, 1996

*TIME*, December 7, 1998

*FORBES*, August, 1999

*FORTUNE*, August 16, 1999

＊なお、草創期の逸話についてはとくに大下英治著『孫正義　起業の若き獅子』（講談社）を参考にさせていただきました。厚くお礼申し上げます。

本文中の敬称は略させていただきました。なお、本書に登場する人物の肩書は、取材当時のものです。（著者）

『志高く　孫正義正伝』　二〇〇四年五月　小社刊単行本
『志高く　孫正義正伝　完全版』　二〇〇七年七月　小社刊単行本
同右　二〇一〇年一二月　実業之日本社文庫
『志高く　孫正義正伝　新版』　二〇一五年二月　実業之日本社文庫
『志高く　孫正義正伝　決定版』　二〇二一年八月　小社刊単行本

実業之日本社文庫 い23

志高く　孫正義正伝　決定版

2024年4月15日　初版第1刷発行
2024年7月10日　初版第2刷発行

著　者　井上篤夫

発行者　岩野裕一
発行所　株式会社実業之日本社
〒107-0062　東京都港区南青山 6-6-22 emergence 2
電話 [編集]03(6809)0473 [販売]03(6809)0495
ホームページ　https://www.j-n.co.jp/
ＤＴＰ　株式会社千秋社
印刷所　大日本印刷株式会社
製本所　大日本印刷株式会社

フォーマットデザイン　鈴木正道（Suzuki Design）


ISBN978-4-408-55876-9（第二書籍）